Đurđica Hruškar / Harald Molan

Grund- und Aufbauwortschatz

KROATISCH

BUSKE

Đurđica Hruškar, geboren in Zagreb (Kroatien), studierte Allgemeine Sprachwissenschaft sowie Kroatische Sprache und Literatur an der philosophischen Fakultät der Universität Zagreb und Skandinavistik an der Universität Paris-Sorbonne. Zurzeit lebt sie in Frankreich, wo sie Schwedisch und Wirtschaftskroatisch unterrichtet.

Harald Molan, Mag. phil., geboren in Linz (Österreich), studierte Skandinavistik und Finno-Ugristik an der Universität Wien mit Studienaufenthalten in Dänemark und Finnland. Er veröffentlichte u.a. bereits einen »Grundwortschatz Finnisch« (ISBN 978-3-87548-570-7), ist Mitglied der Österreichisch-Estnischen Gesellschaft und arbeitet als freier Übersetzer und Sprachlehrer.

Bibliografische Information der Deutschen Nationalbibliothek

Die Deutsche Nationalbibliothek verzeichnet diese Publikation in der Deutschen Nationalbibliografie; detaillierte bibliografische Daten sind im Internet über ‹http://portal.dnb.de› abrufbar.

ISBN 978-3-87548-698-8

 Gedruckt auf chlorfrei gebleichtem Papier. Umschlaggestaltung: QART Büro für Gestaltung, Hamburg. Satz: Maureen Grönke. Druck und Bindung: printingsolutions.pl. Printed in Poland.

INHALT

VORWORT

Das vorliegende Werk ist ein nach Themen sortierter Grund- und Aufbauwortschatz des Kroatischen. Er richtet sich an Lernende, die Kroatisch von Grund auf erlernen oder ihre vorhandenen Kenntnisse vertiefen möchten.

Das Buch enthält rund 4.700 Stichwörter aus verschiedenen Bereichen des Alltagslebens. Eine Unterteilung in Grund- und Aufbauwortschatz wurde nicht vorgenommen, da die Wichtigkeit einzelner Wörter und Themengebiete je nach Lernendem unterschiedlich sein kann.

Bei dem Kroatischen, das in diesem Buch angegeben ist, handelt es sich um die offizielle kroatische Standardsprache, die auf der štokavischen Variante basiert. (Daneben existieren noch die zwei Varianten Kajkavisch und Čakavisch, die wie das Štokavische nach der jeweiligen Version des Fragenwortes *was?* – što?, kaj?, ča? – benannt und in diesem Buch nur in regionalen Beispielen angegeben werden.) Da es unsere Absicht war, das Kroatische hier so deskriptiv wie möglich, also so, wie es heute gesprochen wird, darzustellen, wurden auch viele umgangssprachliche Wörter und Ausdrücke aufgenommen. Stichwörter, die wiederum vor allem in formellen Kontexten verwendet werden, haben wir, sofern es unserer Meinung nach nötig erschien, mit *(eher) form.* vermerkt.

Bei der Einteilung des Wortschatzes in Themengebiete kommt es zwangsläufig zu Überschneidungen und Wortwiederholungen. Dies ermöglicht dem Lernenden jedoch, die Themengebiete nicht der Reihe nach durcharbeiten zu müssen, und jedes Unterkapitel bildet so eine in sich abgeschlossene Einheit. Der gesammte Wortschatz wird dadurch übersichtlicher.

Die Stichwörter innerhalb eines (Unter-)Kapitels sind nicht alphabetisch angeordnet, da der Lernende dabei erfahrungsgemäß eher die Aufeinanderfolge der Wörter als ihre Bedeutung selbst memoriert. Wir haben uns daher für eine möglichst logische Abfolge der Einträge entschieden. Wird ein bestimmtes deutsches Wort gesucht, kann man es mithilfe des Wörterverzeichnisses am Ende des Buches finden.

Die zahlreichen Beispielsätze in diesem Buch sollen den Wortschatz in möglichst alltäglichen Zusammenhängen präsentieren und dem Lernenden helfen, sich die Wörter besser einzuprägen und sie selbst aktiv anwenden zu können. In den Beispielen wird z.T. auch Vokabular verwendet, das im Wortschatz selbst nicht enthalten ist. Dies soll dem Lernenden die Möglichkeit geben, Wörter eigenständig in einem Wörterbuch nachzuschlagen bzw. den Sinn einer Aussage zu erfassen, ohne dabei jedes einzelne Wort zu verstehen. Die Beispielsätze wurden möglichst so übersetzt, wie man sie im Deutschen formulieren würde, selbst wenn dabei keine wortwörtliche Übersetzung möglich war (diese wurde bei einem zu starken Auseinanderklaffen der Übersetzungen z.T. hinzugefügt).

Zahlen und Abkürzungen in Stichwörtern und Beispielsätzen werden in eckigen Klammern ausgeschrieben, um eine korrekte Lesung zu gewährleisten.

In den farblich hinterlegten Infoboxen finden sich viele nützliche Hinweise zu Sprachgebrauch und typischen sprachlichen »Stolperfallen« sowie landeskundliche Informationen, ethymologische Hintergründe und allerlei Insiderwissen.

Der Anhang bietet eine Übersicht über die Substantiv- und Adjektivdeklination, die Deklination der Personalpronomina sowie eine kurze Darstellung der verbalen Flexionsgruppen. Abgerundet wird das Buch durch ein deutsches Wörterverzeichnis, das alle im Buch vorkommenden Einträge (mit Ausnahme der Beispielsätze) enthält. Ein kroatisches Wörterverzeichnis mit eben diesen Einträgen steht unter *www.buske.de/kroatisch* als kostenloser Download zur Verfügung.

Unser Dank gilt Herrn Dr. Mate Kapović von der Philosophischen Fakultät Zagreb, Abteilung für Sprachwissenschaft, für die wertvollen Tipps bei den Akzentuierungen und beim Sprachgebrauch sowie für vieles mehr. Darüber hinaus sind wir Herrn Dr. Krešimir Međeral-Sučević vom Institut für kroatische Sprache und Sprachwissenschaft in Zagreb für das Korrekturlesen des kroatischen Teils, die wertvollen Kommentare und die vielen wichtigen Vorschläge zum kroatischen Teil des Skripts während seiner Entstehung dankbar. Für Fehler sind wir jedoch allein verantwortlich und wären für Hinweise auf ebendiese sowie auf eventuell vergessene, aber wichtige Stichwörter sehr dankbar.

Es bleibt uns nur mehr, Ihnen viel Vergnügen und viel Erfolg beim Erweitern Ihres kroatischen Grund- und Aufbauwortschatzes zu wünschen.

Paris und Wien, November 2014 — Đurđica Hruškar und Harald Molan

Literatur

Babić, S., Finka B., Moguš M.: *Hrvatski pravopis*. Školska knjiga, Zagreb 1996.

Barić, E., Lončarić, M., Malić, D., Pavešić, S., Peti, M., Zečević, V., Znika, M.: *Hrvatska gramatika*. Školska knjiga, Zagreb 1997.

Drilo, S.: Kroatisch, *Lehrbuch für Anfänger. Teil I*. Julius Groos, Tübingen 1999.

Brozović Rončević, D. (Hrsg.): *Njemačko-hrvatski univerzalni rječnik*. Nakladni zavod Globus: Institut za hrvatski jezik i jezikoslovlje, Zagreb 2005.

Šonje, J. (Hrsg.): *Rječnik hrvatskoga jezika*. Leksikografski zavod Miroslav Krleža i Školska knjiga, Zagreb 2000.

Težak, S., Babić, S.: *Gramatika hrvatskoga jezika, priručnik za osnovno jezično obrazovanje*. Školska knjiga, Zagreb 2009.

Internetquellen

Hrvatski jezični portal: http://hjp.novi-liber.hr/

Zbirka jezičnih savjeta Instituta za hrvatski jezik i jezikoslovlje: http://savjetnik.ihjj.hr/

sowie Homepages öffentlicher Medien und viele Internetforen

Erläuterungen zu den Angaben

Bei Substantiven, Adjektiven und Verben werden in diesem Buch neben der Grundform z.T. weitere Formen angegeben. Die jeweiligen Angaben stehen ausgeschrieben, wenn sie sich stark von der Grundform unterscheiden oder schwierig sind, oder werden in abgekürzter Form angegeben, wobei der senkrechte Strich (|) im Grundwort jenen Teil abschließt, an den die angegebenen Formen anzufügen sind.

Substantive

Das Geschlecht der kroatischen Substantive ist nur dann angegeben, wenn es von der Regel abweicht (s. grammatikalischen Anhang):

pomoć, *f* Hilfe

Darüber hinaus wird bei Substantiven angegeben, wenn der Plural durch Stammerweiterung oder unregelmäßig gebildet wird oder es zu lautlichen Angleichungen kommt. Der Genitiv Singular wird angegeben, wenn dieser unregelmäßig ist, sich die Betonung verändert oder es zu lautlichen Angleichungen kommt:

bod, *Npl* -ovi — Punkt
čovjek, *Npl* ljudi — Mensch
leptir, *Gsg* leptira, *Npl* leptiri — Schmetterling
pas, *Gsg* psa, *Npl* psi — Hund
la|kat, *Gsg* -kta, *Npl* -ktovi — Ellenborgen (*lies:* lakat, *Gsg* lakta, *Npl* laktovi)

Substantive mit der Angabe *mpl*, *fpl* oder *npl* werden im Plural angegeben, weil sie hauptsächlich im Plural verwendet werden, obwohl es auch entsprechende Singularformen gibt. Pluralia Tantum hingegen sind Substantive, von denen keine Singularform existiert. Sie werden zusätzlich zu *mpl*/*fpl*/*npl* mit *tant.* gekennzeichnet. Bei Wörtern mit mehreren Pluralvarianten wird meist nur die gebräuchlichste angegeben:

naočale, *fpl tant.* — Brille (existiert nur im Plural)

❐ Adjektive

Bei jedem Adjektiv wird neben der maskulinen Grundform auch die feminine und die neutrale Form angegeben. Bei Adjektiven auf -i ist das maskuline -i stets durch die feminine und neutrale Endung zu ersetzen. Hier wurde kein senkrechter Strich eingefügt. Bei beweglichem a wird jener Teil des Wortes angegeben, in welchem das a verschwindet. Bei schwierigen Wörtern wird die ganze Form angegeben:

crven, -a, -o	*lies:* crven (*m*), crvena (*f*), crveno (*n*)
francuski, -a, -o	*lies:* francuski (*m*), francuska (*f*), francusko (*n*)
vi|tak, -tka, -tka	*lies:* vitak (*m*), vitka (*f*), vitko (*n*)
bole|stan, -sna, -sno	*lies:* bolestan (*m*), bolesna (*f*), bolesno (*n*)

❐ Verben

Da der Verbalaspekt im Kroatischen eine wichtige Rolle spielt, werden Verben, die ein Aspektpaar bilden, immer in der Reihenfolge »imperfektives Verb / perfektives Verb« angegeben und durch einen Schrägstrich voneinander getrennt. Bei einigen Verben ist nur eine Aspektform angegeben (*ipf* oder *pf*), wenn die andere im jeweiligen Kontext weniger üblich ist. Verben, die sowohl perfektiv als auch imperfektiv sind, werden mit *(i)pf* gekennzeichnet. Zudem ist bei den Verben neben der Grundform die 1. Person Singular angegeben, wenn diese nicht vorhersehbar oder schwierig ist (s. grammatikalischen Anhang) oder wenn sich die betonte Silbe ändert. Eventuelle unregelmäßige oder schwierige Formen im Perfekt werden ebenfalls angegeben:

bojiti / obojiti, obojim	bojiti (imperfektiv) / obojiti (perfektiv), obojim (1. Pers. Sg. perfektiv)
izgledati, izgledam, *ipf*	(nur imperfektiv gebraucht)
telefonirati, telefoniram, *(i)pf*	telefonirati (imperfektiv und perfektiv), telefoniram (1. Pers. Sg.)
nalaziti se / naći se, nađem se, našao se, našla se	nalaziti se (imperfektiv) / naći se (perfektiv), nađem se (1. Pers. Sg. perfektiv), [ja sam] našao se (*m*, Perfekt), [ja sam] našla se (*f*, Perfekt)

Bei einigen Verben ist eine Aspektmarkierung auch im Deutschen möglich, die jedoch nicht immer der kroatischen entspricht. Das Aspektpaar **jesti**, jedem / **pojesti**, pojedem z.B. wurde mit »(auf)essen« übersetzt, wobei die imperfektive Form **jesti** mit »essen« (Vorgang) und die perfektive Form **pojesti** mit »aufessen« (Ergebnis) übersetzt werden kann, was jedoch vom Kontext abhängig ist.

❒ Sonstiges

Bei Stichwörtern, bei denen die Aussprache nicht vorhersehbar ist, wird diese mit angegeben:

puzzle [pazl] Puzzle

Genus (*m* oder *f*) wird in Beispielsätzen angegeben, wenn es im Kroatischen ausgedrückt wird, im Deutschen jedoch nicht (meist in der 1. oder 2. Person Singular).

Im Kroatischen kann die Betonung auf jede Silbe außer auf die letzte fallen (es gibt wenige Ausnahmen, z.B. einige Fremdwörter oder Ausrufe). Bei Wörtern mit mehr als zwei Silben wird die betonte Silbe in diesem Buch unterstrichen. Die angegebene Akzentuierung ist die des Štokavischen (= Standardvarietät), die z.T. von der kajkavischen oder der čakavischen abweicht, z.B. [štokavisch] *kirurg*, [kajkavisch] *kirurg*. Es ist also sehr wahrscheinlich, dass manche Stichwörter in anderen Regionen Kroatiens eine andere Betonung aufweisen als die hier angegebene. In einigen Fällen werden allerdings auch andere Akzentvarianten angegeben, wenn diese ebenso häufig gebraucht werden wie die štokavische. In Beispielsätzen wird gänzlich auf die Angabe der Betonung verzichtet.

Abkürzungen

Adv	Adverb
arch.	archaisch
Asg	Akkusativ Singular
Dim.	Diminutiv
DLsg	Dativ/Lokativ Singular
f	Femininum
form.	formale, gehobene Sprache
fpl	Femininum Plural
fpl tant.	Femininum Pluraletantum
fsg	Femininum Singular
gebr.	gebräuchlich
Gpl	Genitiv Plural
Gsg	Genitiv Singular
hist.	historisch
indekl.	indeklinabel
Isg	Instrumental Singular
ipf	imperfektiv, unvollendet
(i)pf	imperfektiv und perfektiv
m	Maskulinum
mpl	Maskulinum Plural
n	Neutrum
npl	Neutrum Plural
npl tant.	Neutrum Pluraletantum
Npl	Nominativ Plural
pf	perfektiv, vollendet
Pl	Plural
poet.	poetisch
reg.	regional, regionale Variante
ugs.	umgangssprachlich
[...]	in eckigen Klammern ist eine nicht vorherseh-bare Aussprache angegeben; die eckigen Klammern werden aber auch verwendet, um Zahlen oder Abkürzungen auszuschreiben.

ALLGEMEINES

Fragewörter

što?	was?
Što radiš u petak navečer?	*Was machst du Freitagabend?*
gdje?	wo?
Gdje je? Ne vidim ga nigdje.	*Wo ist er/es? Ich sehe ihn/es nirgends.*
odakle?	woher?
Odakle su tvoji roditelji?	*Woher sind deine Eltern?*
otkud(a)?	woher?
Otkud si?	*Woher kommst du? / Woher bist du?*
otkad(a)?	seit wann?
Otkad se niste vidjele?	*Seit wann habt ihr (fpl) euch nicht [mehr] gesehen?*
dokad(a)?	bis wann?
Dokad ostaješ na moru?	*Bis wann bleibst du am Meer?*
kamo?	wohin?
Kamo idete? Idemo u grad.	*Wo geht ihr hin? Wir gehen in die Stadt.*
kuda?	wohin?, wie?, welchen Weg?
Kuda ideš? Preko parka.	*Wie gehst du? Durch den Park.*
Pazi kuda hodaš!	*Pass auf, wo du hintrittst!*

> kamo vs. kuda
> **kamo** wird für die Richtung bzw. das Ziel verwendet, während **kuda** für den dorthin benutzten Weg verwendet wird. Das Wort **kuda** wird jedoch umgangssprachlich auch in der Bedeutung von **kamo** verwendet, obwohl dies in der Standardsprache als nicht korrekt gilt.

zašto?	warum?, wieso?
Zašto psi ne vole mačke?	*Warum mögen Hunde Katzen nicht?*
tko?	wer?
Tko je to?	*Wer ist das?*

kad(a)? — wann?

Kad si zadnji put bila kod zubara? — *Wann warst du (f) das letzte Mal beim Zahnarzt?*

kako? — wie?

Kako se na hrvatskom kaže »…«? — *Wie sagt man »…« auf Kroatisch?*

koliko? / koliko? — wie viel, wie viele?

Oprostite, znate li koliko je sati? — *Entschuldigen Sie, wissen Sie wie viel Uhr es ist?*

li — (Fragepartikel)

On je žedan. Je li (on) žedan? — *Er ist durstig. Ist er durstig?*

koji / koja / koje? — welcher, -e, -es?

Koji je danas dan? — *Welchen Tag haben wir heute?*

Farben und Formen

boja — Farbe

Jučer sam si kupila (kontaktne) leće u boji. — *Gestern habe ich (f) mir Kontaktlinsen in Farbe gekauft.*

bojiti / obojiti, obojim — färben

> [o]bojiti vs. [o]bojati
> Sowohl in der gesprochenen als auch in der Schriftsprache werden oft Formen mit -a- (*[o]bojati, ja bojam* etc.) verwendet, obwohl sie in der Standardsprache als nicht korrekt gelten.

crven, -a, -o — rot

Jučer sam opet prošao kroz crveno. — *Gestern bin ich (m) wieder bei Rot [über die Kreuzung] gefahren.*

žut, -a, -o — gelb

Zidove sobe obojili smo u žuto. — *Wir strichen [wörtl. färbten] die Wände des Raumes gelb.*

plav, -a, -o — blau

zelen, -a, -o — grün

Imam zelene oči. — *Ich habe grüne Augen.*

smeđ, -a, -e — braun

ružičast, -a, -o / **roza**, indekl. — rosa

Na tulum je došao u roza hlačama. — *Er kam in rosa Hosen zur Party.*

narančast, -a, -o — orange

crn, -a, -o — schwarz

Tamara je stalno u crnom. — *Tamara trägt immer Schwarz.*

crna kronika — »schwarze Chronik« [Teil der Zeitung, in dem von Unfällen, Verbrechen u. ä. berichtet wird]

Nikad ne čitam crnu kroniku. — *Ich lese nie die »schwarze Chronik«.*

siv, -a, -o — grau

bijel, -a, -o — weiß

tamno- — dunkel-

tamnoplav, -a, -o — dunkelblau

svijetlo- — hell-

Imao je kratku svijetlosmeđu kosu. — *Er hatte kurze hellbraune Haare.*

svijetloplav, -a, -o — hellblau

oblik, *Gsg* oblika — Form

okru|gao / okru|gao, -gla, -glo — rund

pravoku|tan, -tna, -tno — rechteckig

četvrtast, -a, -o — viereckig

kut, *Npl* -ovi — Ecke, Winkel

pravi kut — rechter Winkel

Dijagonale kvadrata sijeku se pod pravim kutom. — *Die Diagonalen des Quadrates kreuzen sich im rechten Winkel.*

> **kutom** vs. **kutem**
>
> Es wird neben **kutom** auch eine Form auf **-em** (**kutem**) verwendet. Für gewöhnlich steht die Endung -em des Instrumental Maskulin und Neutrum nur nach den Palatalen č, ć, đ, š, dž, ž, j, lj, nj, št, žd, (r, c). Nach allen anderen Lauten steht -om.
>
> Razgovarao je s ocem. — *Er sprach mit dem Vater.*
>
> Volim kavu s mlijekom. — *Ich mag Kaffee mit Milch.*
>
> Feminina haben die Endung **-om**, außer bei Substantiven, die auf einen Konsonanten enden. Letztere bekommen die Endung **-i/-(j)u** (*Nsg* **ljubav** *Isg* **ljubavi** oder **ljubavlju**).
>
> Nedjeljom ne radim ništa. — *Sonntags mache ich nichts.*

ugao, *Gsg* ugla, *Npl* uglovi — Ecke

Pošta je iza ugla. — *Die Post ist um die Ecke.*

rub, *Npl* -ovi	Kante, Rand
Na rubu sam živčanog sloma.	*Ich bin am Rande eines Nervenzusammenbruchs.*

➠ Mengen, Gewichte und andere Maßeinheiten

kila (*ugs.*)	Kilo
Koliko imaš kila? (ugs.)	*Wie viel wiegst du? (wörtl.: Wie viele Kilos hast du?)*
kilogram (kg)	Kilogramm
gram (g)	Gramm
litra (l/L)	Liter
decilitar (dcl) / dec(i) (*ugs.*)	Deziliter
Naručio je čašu vode i dva deci vina.	*Er bestellte ein Glas Wasser und zwei Deziliter Wein.*
mililitar (ml)	Milliliter
dekagram (dag) / deka (*ugs.*)	Dekagramm
Molim Vas 20 [dvadeset] deka sira.	*20 Deka Käse, bitte. [bei höflicher Anrede]*
vaga	Waage [auch Sternzeichen]
te|žak, -ška, -ško	schwer, schwierig
On je stvarno teška osoba.	*Er ist eine wirklich schwierige Person.*
Torba je teška 10 [deset] kilograma.	*Die Tasche wiegt 10 Kilo.*
težiti, *ipf*	wiegen [Gewicht]; streben (nach)
vagati (se), važem / **izvagati** (se), izvažem	(sich) wiegen, (sich) abwiegen
malo	ein wenig, ein bisschen
premalo	zu wenig
manje	weniger
neki, -a, -o	mancher, -e, -es
puno / mnogo	viel, -es
puno ljudi	viele Menschen
više	mehrere; mehr
Luka govori više jezika.	*Luka spricht mehrere Sprachen.*
Ne volim te više!	*Ich liebe dich nicht mehr!*

previše	zu viel
pre-	zu (sehr)
polovica	Hälfte
komad, *Gsg* komada	Stück
Odabrao je najveći komad mesa.	*Er nahm [wörtl.: wählte] das größte Stück Fleisch.*
Ona je pravi komad! (ugs.)	*Sie ist ein steiler Zahn! [wörtl.: Sie ist ein echtes Stück!]*
par	ein Paar (zwei Stück); ein paar (mehrere)
par rukavica	ein Paar Handschuhe
bračni par	Ehepaar
par dana	ein paar Tage, einige Tage
nekoliko	ein paar (mehrere), einige
nekoliko dana	ein paar Tage, einige Tage
oba, obje, oba / **obadva,** obadvije, obadva	beide
U nesreći je slomio obje noge.	*Bei dem Unfall brach er sich beide Beine.*
cio (cijel), cijela, cijelo	ganzer, -e, -es
Koala je najslađa životinja na cijelom svijetu!	*Der Koala ist das süßeste Tier auf der ganzen Welt!*
čitav, -a, -o	ganzer, -e, -es
cijeli / čitav dan	den ganzen Tag, der ganze Tag
bar(em)	wenigstens, mindestens
Dođi barem na dva dana.	*Komm [doch] wenigstens für zwei Tage.*
Barem dvaput tjedno zakasnim na posao.	*Ich komme mindestens zweimal pro Woche zu spät zur Arbeit.*
najmanje	mindestens, wenigstens
Zvao sam najmanje pet puta.	*Ich (m) habe mindestens fünf Mal angerufen.*
skupina / grupa	Gruppe, Menge
Akciju je organizirala anonimna skupina građana.	*Die Aktion wurde von einer anonymen Gruppe von Bürgern organisiert.*
Koja je tvoja najdraža (muzička) grupa?	*Was ist deine Lieblingsband?*
Koja je najrasprostranjenija krvna grupa?	*Welche ist die am weitesten verbreitete Blutgruppe?*

me|tar (m), *Gsg* -tra	Meter
kilome|tar (km), *Gsg* -tra	Kilometer
kilometar na sat (km/h)	Kilometer pro Stunde
centime|tar (cm), *Gsg* -tra	Zentimeter
milime|tar (mm), *Gsg* -tra	Millimeter
odavde	von hier
Nisam odavde.	*Ich bin nicht von hier.*
blizu	nahe, nah
Iako živim blizu škole, često kasnim.	*Obwohl ich nahe an der Schule wohne, verspäte ich mich oft.*
u blizini	in der Nähe
Hotel se nalazi u neposrednoj blizini gradske plaže.	*Das Hotel liegt in unmittelbarer Nähe des städtischen Strandes.*

Zahlwörter

nula	null
je|dan, -dna, -dno	eins, ein,-e
jedanput	einmal
dva, dvije, dva	zwei
dva grada	zwei Städte
u dvama gradovima	in zwei Städten
dvaput	zweimal
tri	drei
četiri	vier
Četiri puta pet jednako (je) dvadeset.	$4 \times 5 = 20$
pet	fünf
Pet manje dva jednako (je) tri.	$5 - 2 = 3$
šest	sechs
sedam	sieben
osam	acht
Osam podijeljeno s četiri jednako (je) dva.	$8 : 4 = 2$
devet	neun
deset	zehn
jedanaest	elf

dvanaest	zwölf
trinaest, četrnaest, petnaest itd.	dreizehn, vierzehn, fünfzehn etc.
dvadeset	zwanzig
dvadeset dva (22)	zweiundzwanzig
dvadeset drugi, -a, -o (22.)	zweiundzwanzigster, -e, -es
trideset	dreißig
četrdeset	vierzig
sto	hundert
stoput	hundertmal
Stoput sam ti rekao da me to ne zanima.	*Ich (m) habe dir hundertmal gesagt, dass mich das nicht interessiert.*
dvjesto	zweihundert
tisuća	tausend
dvije tisuće	zweitausend
tri tisuće	dreitausend
četiri tisuće	viertausend
pet tisuća	fünftausend
milijun, *Gsg* milijuna / **milion** (*ugs.*)	Million
milijard|a, *Gpl* -i	Milliarde
bilijun, *Gsg* bilijuna	Billion
jedinica	die Eins, Einser; (weibl.) Einzelkind
Na polugodištu je imao tri zaključene jedinice.	*Er hatte drei Einsen im Halbjahr (wörtl.: drei abgeschlossene Einsen).*
Imali su kćer jedinicu.	*Sie hatten ein Einzelkind (eine Tochter).*
dvojka	die Zwei, Zweier
trojka	die Drei, Dreier
Dobio sam trojku iz povijesti.	*Ich (m) bekam eine Drei in Geschichte.*
četvorka	die Vier, Vierer
petica	die Fünf, Fünfer
šestica	die Sechs, Sechser
Čekam šesticu već petnaest minuta.	*Ich warte [schon] seit 15 Minuten auf den Sechser (auf die Straßenbahn Nummer 6).*
sedmica	die Sieben, Siebener
U igri na sreću večeras je izvučena sedmica.	*Beim Glücksspiel heute Abend wurde die Sieben gezogen.*

osmica	die Acht, Achter
devetka	die Neun, Neuer
desetka	die Zehn, Zehner
računati / izračunati	rechnen, ausrechnen
brojiti / izbrojiti, izbrojim	zählen, abzählen

> **brojiti** vs. **brojati**
> Ebenso wie **bojiti** vs. **bojati** (siehe Seite 12) wird eine Nebenform mit -a- verwendet.

Zahlen und Fälle

Die Zahl 1 wird wie ein Adjektiv in Singular und Plural dekliniert, die Zahlen 2, 3 und 4 haben ihre eigenen Deklinationen. Für die Zahl 2 existiert eine Deklination für Maskulina und Neutra und eine Deklination für Feminina, die Zahlen 3 und 4 haben eine Deklination für alle drei Geschlechter.

N dva (m, n) / dvije (f)	N tri / četiri
G dvaju / dviju	G triju / četiriju
D dvama / dvjema	D trima / četirima
A dva / dvije	A tri / četiri
V dva / dvije	V tri / četiri
L dvama / dvjema	L trima / četirima
I dvama / dvjema	I trima / četirima

Stotina, **tisuća**, **milijarda** werden wie feminine Substantive, **milijun** wie ein maskulines Substantiv dekliniert. Andere Zahlen werden nicht dekliniert.

Nach den Zahlen 2, 3 und 4 steht der *Gsg*, nach 5–20 der *Gpl*. Diese Regel gilt für alle Zahlen, die auf diese Zahlen enden, d. h. nach 43 folgt *Gsg*, nach 69 *Gpl* etc.

ZEITANGABEN

➠ Zeit und Tageszeit

kalendar, *Gsg* kalendara	Kalender
vrijeme, *Gsg* vremena, *Npl* vremena	Zeit
Nemam vremena.	*Ich habe keine Zeit.*
Nije stigao na vrijeme.	*Er kam nicht rechtzeitig.*
za vrijeme	während, in der Zeit als
istovremeno	zur gleichen Zeit, gleichzeitig
jutro	Morgen
ujutro	am Morgen, in der Früh
danas ujutro	heute Morgen
Perem zube svako jutro.	*Ich putze mir die Zähne jeden Morgen.*
dan	Tag
dan u tjednu	Wochentag
radni dan	Werktag
neradni dan	arbeitsfreier Tag
cijeli dan	den ganzen Tag (lang)
Kod kuće sam bio cijeli dan.	*Ich (m) war den ganzen Tag zu Hause.*
svaki drugi dan	jeden zweiten Tag
za par dana	in ein paar Tagen
Javim ti se za par dana!	*Ich melde mich in ein paar Tagen!*
na tri dana	für drei Tage, drei Tage lang
(vjerski) blagdan	(religiöser) Feiertag
praznik	Feiertag
večer, *f*	Abend
večeras	heute Abend
jedne jesenje večeri	an einem Herbstabend
noć, *f*	Nacht
ponoć	Mitternacht
Obično učim po noći.	*Für gewöhnlich lerne ich in der Nacht.*
To se dogodilo u noći s petka na subotu.	*Es geschah in der Nacht von Freitag auf Samstag.*

podne	Mittag
prijepodne, *Gsg* -va / **dopodne**	Vormittag
poslijepodne, *Gsg* -va / **popodne**	Nachmittag
Nazovem te u utorak popodne!	*Ich rufe dich am Dienstagnachmittag an!*
svakodnevica	Alltag
vikend	Wochenende
preko vikenda	am Wochenende
sekund|a, *Gpl* -i / sekunda	Sekunde
minuta	Minute
sat, *Npl* -i	Stunde
Serija počinje za pola sata.	*Die Serie beginnt in einer halben Stunde.*

> **sati** vs. **satovi**
> Das Wort **sat** kann auch den Plural **satovi** haben, wenn es sich nicht um eine Stunde, sondern um eine Uhr handelt.

tje|dan, *Gsg* -dna	Woche
Treniram jednom tjedno.	*Ich trainiere einmal pro Woche.*
Već tjednima ne izlazim iz kuće.	*Ich bin schon seit Wochen nicht mehr aus dem Haus gekommen.*
mjesec	Monat; Mond
godina	Jahr
prijestupna godina	Schaltjahr
kalendarska godina	Kalenderjahr
Opet nije uspjela upisati godinu.	*Sie hat es wieder nicht geschafft, sich für das nächste Jahr einzuschreiben.*
Nismo se vidjeli godinama.	*Wir haben uns seit Jahren nicht mehr gesehen.*
Nismo se čuli već sto godina.	*Wir haben schon seit ewigen Zeiten (wörtl. hundert Jahre lang) nichts mehr voneinander gehört.*
1995. [tisuću devetsto devedeset i pete] (godine)	*im Jahr 1995*
Rođen sam 1982. [tisuću devetsto osamdeset i druge] (godine).	*Ich (m) wurde 1982 geboren.*
80-ih [osamdesetih] godina	*in den 80er Jahren*
12. 9. 1425. [dvanaestog rujna tisuću četiristo dvadeset i pete]	*12. 9. 1425*

Godina ima dvanaest mjeseci.	*Ein Jahr hat zwölf Monate.*
desetljeće	Jahrzehnt
stoljeće	Jahrhundert
dvadeseto stoljeće (1901-2000)	20. Jahrhundert
izum stoljeća	Erfindung des Jahrhunderts
u dvadesetom stoljeću	im 20. Jahrhundert
na prijelazu stoljeća	um die Jahrhundertwende
tisućljeće	Jahrtausend
tren / trenutak	Moment
Pričekaj trenutak!	*Warte einen Moment!*
jučer	gestern
prekjučer	vorgestern
danas	heute
sutra	morgen
prekosutra / prekosutra	übermorgen

Wochentage

ponedje|ljak, *Gsg* -ljka, *Npl* -ljci	Montag
Festival počinje u ponedjeljak.	*Das Festival beginnt am Montag.*
Ponedjeljkom ne radim.	*Montags arbeite ich nicht.*
uto|rak, *Gsg* -rka, *Npl* -rci	Dienstag
srijeda	Mittwoch
Srijeda je u sredini tjedna.	*Mittwoch ist in der Mitte der Woche.*
četvr|tak, *Gsg* -tka, *Npl* -(t)ci	Donnerstag
Četvrtak je četvrti dan u tjednu.	*Donnerstag ist der vierte Tag der Woche.*
pe|tak, *Gsg* -tka, *Npl* pe(t)ci	Freitag
idući petak / idućeg petka	nächsten Freitag
Petkom izlazim s prijateljima.	*Freitags gehe ich mit Freunden aus.*
Radim od ponedjeljka do petka.	*Ich arbeite von Montag bis Freitag.*
Sastanak je odgođen za idući petak.	*Das Meeting wurde auf nächsten Freitag verschoben.*
subota	Samstag
prošlu subotu / prošle subote	letzten Samstag
Sreli smo se prošle subote.	*Wir haben uns [zufällig] letzten Samstag getroffen.*

nedjelja	Sonntag
vikend	Wochenende

Monate

mjesec	Mond; Monat
ovaj mjesec / ovog(a) mjeseca	in diesem Monat
sije|čanj, *Gsg* -čnja	Januar, Jänner
U siječnju idem na skijanje.	*Im Januar gehe ich Ski fahren.*
veljača	Februar
ožu|jak, *Gsg* -jka	März
tra|vanj, *Gsg* -vnja	April
Povrat poreza počinje sredinom travnja.	*Die Steuerrückerstattung beginnt Mitte April.*
svi|banj, *Gsg* -bnja	Mai
li|panj, *Gsg* -pnja	Juni
Upoznali su se početkom lipnja.	*Sie haben sich Anfang Juni kennen gelernt.*
Vidimo se u lipnju!	*Wir sehen uns im Juni!*
sr|panj, *Gsg* -pnja	Juli
kolovoz	August
ru|jan, *Gsg* -jna	September
Gradnja sportske dvorane počinje krajem rujna.	*Der Bau der Sporthalle beginnt Ende September.*
listopad	Oktober
U listopadu pada lišće.	*Im Oktober fallen die Blätter.*
studeni	November
U studenom je zabilježen rast cijena kukuruza.	*Im November wurde eine Preissteigerung bei Mais verbucht.*
prosi|nac, *Gsg* -nca	Dezember

Die Monate

Anstelle der Monatsnamen werden oft die Ordnungszahlen verwendet: **prvi / drugi / treći / četvrti / peti / šesti / sedmi / osmi / deveti / deseti / jedanaesti / dvanaesti mjesec,** z.B.:

Vidimo se u petom mjesecu!	*Wir sehen uns im Mai (wörtl. im fünften Monat)!*
U sedmom mjesecu idemo na odmor u Hrvatsku.	*Im Juli (wörtl. im siebten Monat) fahren wir in den Urlaub nach Kroatien.*

➠ Jahreszeiten

godišnje doba	Jahreszeit
proljeće	Frühling
ljeto	Sommer
jesen	Herbst
Na jesen krećem u srednju školu.	*Im Herbst beginne ich mit der Mittelschule.*
zima	Winter

proljetos, **ljetos**, **jesenas** und **zimus** entsprechen *letzten Frühling, Sommer, Herbst, Winter (dieses Jahres).*

➠ Allgemeine Zeitausdrücke

raniji, -a, -e	früher
ranije	früher (*Adv*)
Došao sam pola sata ranije.	*Ich (m) kam eine halbe Stunde früher.*
tijekom / za vrijeme	während
tijekom rata	während des Krieges
kasno	spät (*Adv*)
Idem kasno spavati.	*Ich gehe spät schlafen.*
kasnije	später (*Adv*)
Tek kasnije sam shvatila da je lagao.	*Erst später habe ich (f) begriffen, dass er gelogen hatte.*
kasniti / zakasniti, zakasnim	sich verspäten, zu spät kommen
Opet je zakasnio na posao.	*Er kam wieder zu spät zur Arbeit.*
Stalno kasnim.	*Ich komme immer zu spät.*
(biti) to|čan, -čna, -čno / **stići na vrijeme**, *pf*	pünktlich sein
Pozvao sam taksi i stigao na vrijeme na posao.	*Ich (m) rief ein Taxi und kam pünktlich zur Arbeit.*
u zadnji čas	auf den letzten Drücker, im letzten Moment
Sve radim u zadnji čas.	*Ich mache alles auf den letzten Drücker.*
nakon / poslije	nach (temp)
Našli su se nakon posla.	*Sie trafen sich nach der Arbeit.*

najprije	erst, zuerst
zatim	dann, danach
za	in (temp)
Vraćam se za dva dana.	*Ich komme in zwei Tagen zurück.*
prije	vor (temp)
Poslao sam ti mejl prije tri dana.	*Ich (m) habe dir vor drei Tagen eine Mail geschickt.*
uvijek	immer
često	oft
Idem često u kino.	*Ich gehe oft ins Kino.*
ponekad	manchmal
rijetko	selten
jednom	einmal
Jednom sam ga vidio kako pije pivo u parku.	*Ich (m) sah ihn einmal im Park Bier trinken.*
opet	wieder
(još) jednom / jedanput	(noch) einmal
Izvedba je još jednom oduševila publiku.	*Die Aufführung hat das Publikum noch einmal begeistert.*
posljednji put	letztes Mal
svaki put	jedes Mal
već	schon
nikad	nie
Nikad nisam bio na Novom Zelandu.	*Ich (m) war noch nie in Neuseeland.*
nikad više	nie mehr, niemals wieder
Ne želim ga nikad više vidjeti.	*Ich möchte ihn nie wieder sehen.*
uopće	überhaupt nicht
To me uopće ne zanima.	*Das interessiert mich überhaupt nicht.*
sad(a)	jetzt, nun
u današnje vrijeme	heutzutage
U današnje vrijeme teško je zamisliti život bez mobitela i interneta.	*Heutzutage ist es schwierig, sich das Leben ohne Handy und Internet vorzustellen.*
danas-sutra	früher oder später, (irgendwann) einmal

odjednom	plötzlich
Odjednom mi je sinulo!	*Plötzlich fiel es mir ein!*
prije	vor (temp)
prije rata	vor dem Krieg
u zadnje vrijeme	in letzter Zeit
U zadnje vrijeme ne mogu prestati razmišljati o odlasku u neku egzotičnu zemlju.	*In letzter Zeit kann ich nicht aufhören daran zu denken, in irgendein exotisches Land zu fahren.*
uskoro	bald
nedavno	kürzlich, neulich
Čuli smo se nedavno.	*Wir hörten kürzlich voneinander.*
upravo	eben, gerade (eben)
odmah / smjesta	sofort

Uhrzeit

sat, *Npl* -ovi	Uhr
ručni sat	Armbanduhr
zidni sat	Wanduhr
digitalni sat	Digitaluhr
sunčani sat	Sonnenuhr
pješčani sat	Sanduhr
Koliko je sati?	*Wie viel Uhr ist es?*
Jedan je sat.	*Es ist ein Uhr.*
Četiri su sata.	*Es ist vier Uhr.*
Devet je sati.	*Es ist neun Uhr.*
U koliko sati? U devet (sati).	*Um wie viel Uhr? Um neun Uhr.*
Vidimo se za tri sata.	*Wir sehen uns in drei Stunden.*
Točno je osam sati.	*Es ist genau acht Uhr.*
osam i petnaest	8.15 Uhr
petnaest do deset	Viertel vor 10
deset i trideset	halb 11

halb elf *ugs. reg.* **pola jedanaest / deset i po**

Podne je.	*Es ist Mittag.*
Ponoć je.	*Es ist Mitternacht.*
Tri su sata i četiri minute.	*Es ist vier nach drei (3:04/15:04).*
Devet je sati i trideset pet minuta.	*Es ist 9:35/21:35.*

Fälle bei der Uhrzeit
pola sata, 2, 3, 4 sata und **5, 6, 7, 8 sati**

vrijeme, *Gsg* vremena, *Npl* vremena	Zeit
kazaljka	Zeiger
velika kazaljka	Minutenzeiger, großer Zeiger
mala kazaljka	Stundenzeiger, kleiner Zeiger
budilica	Wecker

Horoskop

horoskop	Horoskop
Što si po horoskopu?	*Welches Sternzeichen bist du?*
horoskopski znak	Sternzeichen
U kojem si znaku rođena?	*In welchem Sternzeichen bist du (f) geboren?*
podznak	Aszendent
U podznaku sam Lav.	*Ich bin Löwe im Aszendent.*
Ja|rac, *Gsg* -rca	Steinbock
Rođen sam u znaku Jarca.	*Ich (m) bin im Zeichen des Steinbocks geboren.*
Vodenjak, *Gsg* Vodenjaka	Wassermann
Riba	Fisch
Ovan, *Gsg* Ovna	Widder
Bik, *Npl* -ovi	Stier
Ne slažem se s Bikovima.	*Ich passe nicht zu einem Stier.*
Bliza|nac, *Gsg* -nca, *Npl* -nci	Zwilling
Rođena sam u Blizancima.	*Ich (f) bin im Zeichen des Zwillings geboren.*
Rak	Krebs
Lav	Löwe
Djevica	Jungfrau
Djevica teži savršenstvu.	*Die Jungfrau strebt nach Perfektion.*
Vaga	Waage
Vage su šarmantne, društvene i privlačne.	*Waagen sind charmant, sozial und attraktiv.*

Škorpion, *Gsg* Škorpiona — Skorpion

Strije|lac, *Gsg* -lca, *Npl* -lci — Schütze

Feiertage

Božić — Weihnachten

Čestit Božić! — *Frohe Weihnachten!*

Sretan Božić i sretna Nova godina! — *Fröhliche Weihnachten und ein glückliches neues Jahr!*

> **Čestit Božić** ist etwas formeller als **Sretan Božić**, das eher in der Umgangssprache verwendet wird, dort aber häufiger als Ersteres.

božićno drvce / (*ugs.*) bor — Weihnachtsbaum, Christbaum

djed Božićnjak — Weihnachtsmann

jaslice, *fpl tant.* — (Weihnachts-)Krippe

Badnjak — Heiligabend

Na Badnjak ukrašavamo božićno drvce. / Na Badnjak kitimo bor. (ugs.) — *An Heiligabend schmücken wir den Weihnachtsbaum.*

Essen an Heiligabend

An Heiligabend wird in Kroatien traditionell **bakalar** (*Kabeljau, Dorsch, Stockfisch*) mit Kartoffeln gegessen.

(misa) polnoćk|a, *DLsg* -i — Weihnachtsmesse

Sveti Stjepan / Stjepanovo (*ugs.*) — Stefanitag (26.12.)

Stara godina / Silvestrovo (*ugs.*) — Silvester (das alte Jahr)

Nova godina — Neujahr (1. Januar)

Sretna Nova godina! — *Gutes neues Jahr!*

Sve najbolje u novoj godini! — *Alles Gute im neuen Jahr!*

> **Groß- und Kleinschreibung von Nova/nova godina**
> Nova godina (*Neujahr[stag], 1. 1.*), nova godina (*das ganze [neue] Jahr*)

vatromet — Feuerwerk

Sveta tri kralja / Tri kralja (*ugs.*) — Heilige Drei Königstag (6. 1.)

fašnik — Fastnacht, Fasching

Pepelnica — Aschermittwoch

Uskrs *Sretan Uskrs!*	Ostern *Frohe Ostern!*
Veliki četvrtak	Gründonnerstag
Veliki petak	Karfreitag
Velika subota	Karsamstag
Uskrsni ponedjeljak	Ostermontag
korizma	Fastenzeit
Cvjetnica	Palmsonntag
Tijelovo	Fronleichnam

Ostern
Zu Ostern werden in Kroatien traditionell u.a. **šunka** (*Schinken*), **mladi luk** (*Frühlingszwiebel*), **rotkvice** (*fpl*) (*Radieschen*) und dekorierte Eier (**pisanica** *gemaltes, verziertes Ei*) gegessen.

Praznik rada / Prvi maj	1. Mai
Dan antifašističke borbe	22.6. (Tag des antifaschistischen Kampfes)
Dan državnosti	25.6. (Staatsfeiertag)
Majčin dan	Muttertag
Međunarodni dan žena / Dan žena (*ugs.*)	Internationaler Frauentag (8.3.)
Dan domovinske zahvalnosti	5.8. (Tag der heimatlichen Dankbarkeit; Ende des Kroatienkrieges 1995)
Velika Gospa	Mariä Himmelfahrt (15.8.)
Dan neovisnosti	Unabhängigkeitstag (8.10.)
Svi sveti	Allerheiligen (1.11.)
Dan mrtvih / Dušni dan	Allerseelen (2.11.)

Dan mrtvih *Der Tag der Toten* eigentlich Allerseelen, aber auch als Synonym für Allerheiligen verwendet.

FAMILIE UND PRIVATLEBEN

Verwandtschaft

obitelj, *f*	Familie
Rođendan će proslaviti s obitelji.	*Er/Sie wird seinen/ihren Geburtstag mit der Familie feiern.*
roditelj	Elternteil
roditelji, *mpl*	Eltern
Moji su roditelji u mirovini.	*Meine Eltern sind in Rente.*
ma|jka, *DLsg* -jci	Mutter
mama	Mama, Mutti
otac, *Gsg* oca, *Npl* očevi	Vater
Već godinama nije vidio oca.	*Er hat seinen Vater schon seit Jahren nicht mehr gesehen.*
tata, *m*	Papa, Vati
maćeha / poma|jka, *DLsg* -jci	Stiefmutter
očuh	Stiefvater
muška|rac, *Gsg* -rca, *Npl* -rci	Mann (nicht im Sinne von Ehemann)
sin, *Npl* -ovi	Sohn
Ovo je moj sin.	*Das ist mein Sohn.*
mladić, *Gsg* mladića	Junge
brat, *Npl* braća	Bruder
Oni su braća.	*Sie sind Brüder.*
polubrat, *Npl* polubraća	Halbbruder
žena	Frau; (*ugs.*) Ehefrau
kći, *Gsg* kćeri, *f*	Tochter

viele Töchter

kćer wird umgangssprachlich oft anstelle von **kći** als Nominativform verwendet. **Kćer**, der Akkusativ Singular von **kći**, wird, wie auch die Form **kćerka**, oft mündlich und schriftlich verwendet.

djevo|jka, *DLsg* -jci *Ne znam skoro ništa o toj djevojci.*	Mädchen *Ich weiß fast nichts über dieses Mädchen.*
polusestra	Halbschwester
sestra	Schwester
dijete, *Gsg* djeteta, *Npl* djeca izvanbračno dijete / vanbračno dijete (*ugs.*)	Kind uneheliches Kind
ime, *Gsg* -na, *Npl* imena	Name, Vorname
prezime *Koja su najsmješnija imena i prezimena za koje ste čuli?*	Familienname, Nachname *Was sind die lustigsten Vornamen und Nachnamen, die ihr gehört habt?*
rodbina	Verwandtschaft
rođak – rođakinja	Verwandter – Verwandte
baka *Bili smo kod bake na ručku.*	Großmutter, Oma *Wir waren bei Oma zum Mittagessen.*
djed, *Npl* -ovi	Großvater, Opa

Opa

Es gibt viele verschiedene regionale Wörter für *Opa*. Die am häufigsten verwendeten sind **deda**, **dida**, **nono** (alle *m*).

un|uk, *Npl* -uci	Enkel, Enkelsohn
unuka	Enkelin, Enkeltochter
jedi|nac, *Gsg* -nca, *Npl* -nci – **jedinica**	Einzelkind (Sohn) – Einzelkind (Tochter)
bliza|nac, *Gsg*-nca, *Npl*-nci – **blizanka** *Mirna i Maja su (sestre) blizanke.*	Zwillingsbruder – Zwillingsschwester *Mirna und Maja sind Zwillinge (Zwillingsschwestern).*
beba	Baby
novorođenče, *Gsg* -ta, *n*	Neugeborenes
dječ|ak, *Gsg* dječaka, *Npl* -aci	Junge
djevojčica	kleines Mädchen
bratić	Cousin
sestrična	Cousine

te|tak, *Gsg* -tka, *Npl* -tci	Onkel (Ehemann v. »tetka«)
tetka / (*ugs.*) **teta**	Tante (Schwester der Mutter oder des Vaters)

tetka und **teta**
teta wird umgangssprachlich häufiger verwendet als **tetka** und kann neben der oben genannten Bedeutung z.B. auch *Kindergartentante* (**teta u vrtiću**) und *Tante* in Sinne einer kindlichen Anrede von Erwachsenen bedeuten. Umgangssprachlich werden auch unbekannte Angestellte als **teta** bezeichnet (z.B. **teta na šalteru** *Angestellte am Schalter*, **teta u dućanu** *Geschäftsangestellte*).

uj|ak, *Npl* -aci	Onkel (Bruder der Mutter)
ujna	Tante (Ehefrau v. »ujak«)
stric, *Npl* stričevi	Onkel (Bruder des Vaters)
strina	Tante (Ehefrau v. »stric«)
sve|kar *Gsg* -kra, *Npl* -kri	Schwiegervater (Vater des Ehemannes)
svekrva	Schwiegermutter (Mutter des Ehemannes)
šurj|ak, *Npl* -aci	Schwager (Bruder der Ehefrau)
šurjakinja	Schwägerin (Ehefrau v. »šurjak«)
zet, *Npl* -ovi	Schwiegersohn
punica	Schwiegermutter
snaha	Schwiegertochter
neć|ak, *Npl* -aci	Neffe
nećakinja	Nichte
suprug, *Npl* supruzi	(Ehe-)Mann
bivši suprug	Exmann
Sjećaš li se mog bivšeg supruga?	*Kannst du dich an meinen Exmann erinnern?*
supruga	(Ehe-)Frau
bivša supruga	Exfrau

> **Ehefrau**
> **supruga** ist standardsprachlich für *Ehefrau*, während **žena** umgangssprachlich ist.

➠ Freundschaft und Liebe

prijateljstvo *Njihovo prijateljstvo ubrzo je preraslo u nešto više.*	Freundschaft *Ihre Freundschaft hat sich schnell zu etwas mehr entwickelt.*
prijatelj – prijateljica *Lažni prijatelji gori su od neprijatelja.*	Freund – -in *Falsche Freunde sind schlechter als Feinde.*
djevojka / (*ugs.*) **cura**	Mädchen; (feste) Freundin
mo|mak, *Gsg* -mka, *Npl* -mci / (*ugs.*) **dečko**, *m*	Junge; (fester) Freund
upoznati (se), *pf* *Upoznale su se na ljetnom tečaju njemačkog (jezika) u Beču.*	(sich) (das erste Mal) treffen, (sich) kennen lernen *Sie (fpl) haben sich auf einem Sommerkurs für Deutsch in Wien getroffen.*
frend, *Npl* -ovi / **frendica** (*ugs.*) *Oni više nisu frendovi. (ugs.)*	Freund – -in *Sie sind nicht mehr Freunde.*
osoba	Person
poznan|ik, *Npl* -ici – **poznanica**	Bekannter – -e
koleg|a, *Npl* -e, m – **kolegica** školski kolega – školska kolegica kolega s posla – kolegica s posla *Sviđa mi se kolega s posla.*	Kollege – -in Schulkollege – -in Arbeitskollege – -in *Ich mag meinen Arbeitskollegen.*
poznavati, poznajem, *ipf* *Poznaješ li Aninog brata? Da, znamo se već godinama.*	kennen *Kennst du Anas Bruder? Ja, wir kennen uns schon seit Jahren.*
cimer – cimerica (*ugs.*)	Mitbewohner – -in (*ugs.*)
zagrljaj	Umarmung
polju|bac, *Gsg* -pca, *Npl* -pci	Kuss
pusa (*ugs.*)	Küsschen (*ugs.*)
poljubiti, poljubim, *pf*	küssen
voljeti, volim, *ipf* *Volim te.*	lieben *Ich liebe dich.*
zaljubiti se, zaljubim se, *pf*	sich verlieben
zaljubljen, -a, -o *Zaljubljena sam u tebe preko ušiju.*	verliebt sein *Ich (f) bin bis über beide Ohren in dich verliebt.*

ljubav, *Gsg* -i, *Isg* -i/-lju, *f*	Liebe
Bila je to ljubav na prvi pogled.	*Es war Liebe auf den ersten Blick.*
Ljubavi (moja)!	*(Mein) Liebling!*

Familienfeste und Feiern

proslava	Fest, Feier
Nikada ne idem na proslavu godišnjice mature.	*Ich gehe nie zu meinem Abiturtreffen.*

regionale Ausdrücke für Fest, Feier
sind u.a. **tulum**, **fešta** und **zabava**.

krstitke, *fpl tant.*	Tauffest
prva pričest	Erstkommunion
krizma / firma	Konfirmation, Firmung
slaviti, *ipf*	feiern
rođendan	Geburtstag
Ove godine neću slaviti rođendan.	*Dieses Jahr werde ich meinen Geburtstag nicht feiern.*
čestitati, čestitam, *(i)pf*	gratulieren
čestitati (nekome) rođendan	(jdm.) zum Geburtstag gratulieren
balon, *Gsg* balona	Luftballon
poklon	Geschenk
poklanjati / pokloniti, poklonim	schenken
zaruke, *fpl tant.*	Verlobung
zaručiti se, zaručim se, *pf*	sich verloben
zaručn|ik – -ica	Verlobter – -e
zaručen, -a	verlobt sein
Tomislav i Ivana su zaručeni.	*Tomislav und Ivana sind verlobt.*
vjenčanje	Hochzeitszeremonie
vjenčani prsten	Hochzeitsring
vjenčanica	Hochzeitskleid
svadba / svatovi, *mpl*	Hochzeit(sfest)

oženiti se, oženim se, *pf*	(eine Frau) heiraten
Oženio je ženu svog života.	*Er hat die Frau seines Lebens geheiratet.*
oženjen	verheiratet (m)
neoženjen	ledig(er Mann)
udati se, *pf*	(einen Mann) heiraten
Udala se za bogatog odvjetnika.	*Sie hat einen reichen Anwalt geheiratet.*
udata / udana	verheiratet (f)
neudana / neudata	ledig(e Frau)
brak	Ehe
rastava	Scheidung
Bili su pred rastavom, a sad su ponov(n)o skupa!	*Sie standen kurz vor der Scheidung, aber jetzt sind sie wieder zusammen!*
rastati se, rastanem se od. **razvesti se**, razvedem se, *pf*	sich trennen, sich scheiden lassen
srebrni pir	silberne Hochzeit
zlatni pir	goldene Hochzeit
pozivati, pozivam / **pozvati,** pozovem	einladen
pozivnica	Einladung

Notizen:

DER MENSCH

Der Körper

tijelo	Körper
tjelesni, -a, -o	körperlich
tjelesni čuvar	Bodyguard
tjelesni odgoj	Sportunterricht
Na satu tjelesnog (odgoja) radili smo vježbe istezanja.	*Im Sportunterricht machten wir Dehnungsübungen.*
sustav	System
limfni sustav	das lymphatische System
probavni sustav	Verdauungssystem
dišni sustav	Atmungssystem
živčani sustav	Nervensystem
stas	Figur
Vitkog je stasa.	*Er/Sie hat eine schlanke Figur.*
čovjek, *Npl* ljudi	Mensch
muška|rac *Gsg* -rca, *Npl* -rci	Mann *(nicht Ehemann)*
žena	(Ehe-)Frau
Ona je pametna i sposobna žena.	*Sie ist eine kluge und fähige Frau.*
koža	Haut
Pojavio joj se osip na koži.	*Sie bekam einen Hautausschlag.*
tetovirati, tetoviram, *(i)pf*	tätowieren, tätowieren lassen
Morana si je tetovirala violinski ključ na leđa.	*Morana hat sich einen Notenschlüssel auf den Rücken tätowieren lassen.*
tetovaža	Tätowierung, Tatoo
Imam dvije tetovaže.	*Ich habe zwei Tatoos.*
glava	Kopf
Gepard ima malu i okruglu glavu.	*Ein Gepard hat einen kleinen, runden Kopf.*
lice	Gesicht
Platio je kaznu na licu mjesta.	*Er bezahlte seine Strafe an Ort und Stelle (wörtl.: auf dem Gesicht des Platzes).*

čelo	Stirn
Imam prišt na čelu.	*Ich habe einen Pickel auf meiner Stirn.*
obrva	Augenbraue
Imam guste obrve.	*Ich habe dichte Augenbrauen.*
trepavica	Wimper
ka|pak *Gsg* -pka, *Npl* -pci	Augenlid
oko, *n*, *Npl* oči (*f* !) / oka	Auge
kurje oko, *Npl* kurje oči (!)	Hühnerauge

oko siehe Infobox für **uho** auf der nächsten Seite.

sljepoočnica	Schläfe
slijep, -a, -o	blind
naočale, *fpl tant.*	Brille
naočarka (*ugs.*)	Brillenschlange
Ljeti nikad ne izlazim iz kuće bez sunčanih naočala.	*Im Sommer verlasse ich nie das Haus ohne Sonnenbrille.*
vidjeti, vidim, *(i)pf*	sehen
gledati, *ipf*	zusehen, ansehen, schauen
nos, *Npl* -ovi/-evi	Nase

Plural von nos
-ovi ist der (grammatikalisch) korrekte Plural, jedoch ist oft **-evi** zu hören und zu lesen.

nosnica	Nasenloch
njušiti, njušim / **nanjušiti,** nanjušim	schnüffeln, erschnüffeln
Pas je nanjušio 10 kg [deset kilograma] marihuane.	*Der Hund hat zehn Kilo Marihuana erschnüffelt.*
mirisati, mirišem, *ipf*	riechen (itr.)
Cijela soba mirisala je na lavandu.	*Das ganze Zimmer roch nach Lavendel.*
miris	Duft
U zraku se osjećao miris ruža.	*Der Duft von Rosen lag in der Luft.*
smrdjeti, smrdim, *ipf*	(unangenehm) riechen, stinken
Nešto smrdi.	*Irgendetwas stinkt.*
zaudarati, *ipf*	stinken
Podrum je zaudarao na vlagu.	*Der Keller moderte (wörtl. stank nach Feuchte).*

disati, dišem, *ipf* — atmen
Dišeš li na usta ili na nos? — *Atmest du durch den Mund oder durch die Nase?*

udisati, udišem / **udahnuti,** udahnem — Luft holen, einatmen
Izišla je na balkon udahnuti svježeg zraka. — *Sie ging auf den Balkon um frische Luft zu schnappen.*

uho, *n*, *Npl* uši (*f*!) / uha — Ohr

uho
uši ist der Plural von **uho**, wenn die Ohren als Sinnesorgan bezeichnet werden. **Uho** ist ein Neutrumwort, sein Plural ist allerdings feminin. **Uha** wird als neutraler Plural von **uho** verwendet, wenn **uho** nicht als Sinnesorgan gemeint ist (z.B.: **uho na loncu** *Topfhenkel*) bzw. nach **dva**, **oba**, **tri**, **četiri**. Ebenso auch **oko** (*n*), Plural **oči** (*f*), aber **oka na mreži** (*n*) *(etwa) Maschenöffnung eines Netzes.*

čuti, čujem, *(i)pf* — hören
Ne čujem ništa. — *Ich höre nichts.*

slušati, *ipf* — (zu)hören
Slušam radio svaki dan. — *Ich höre jeden Tag Radio.*

madež — Muttermal
Bila je kod dermatologa na pregledu madeža. — *Sie war beim Dermatologen zur Muttermaluntersuchung.*

bora — Falte
Imam nekoliko bora oko usana. — *Ich habe einige Falten um meine Lippen.*

pjega / pjegica (*Dim.*) — Sommersprosse
Imam pjegice po cijelom tijelu. — *Ich habe am ganzen Körper Sommersprossen.*
Pipi Duga Čarapa ima pjegice. — *Pippi Langstrumpf hat Sommersprossen.*

pjegav, -a, -o — sommersprossig

usta, *npl tant.* — Mund

usna — Lippe
stidne usne — Schamlippen

usnica — Lippe
gornja / donja usnica — Ober- / Unterlippe

jez|ik, *Npl* -ici — Zunge; Sprache
Okrenuo se i isplazio mi jezik. — *Er drehte sich um und zeigte mir die Zunge.*
hrvatski jezik — die kroatische Sprache

znakovni jezik	Gebärdensprache

Zunge und Sprache
Das Wort **jezik** bedeutet sowohl *Zunge* als auch *Sprache*. Ebenso bedeutet **brada** sowohl *Kinn* als auch *Bart*.

brada	Kinn; Bart
Pustio je bradu i brkove.	*Er ließ sich den Bart wachsen (wörtl.: Er ließ einen Bart und einen Oberlippenbart).*
čeljust, *f*	Kiefer
mo|zak, *Gsg* -zga, *Npl* -zgovi	Gehirn
jednjak	Speiseröhre
nepce	Gaumen
Palatali/Tvrdonepčanici se tvore dodirom jezika s tvrdim nepcem.	*Einen Palatal erhält man, indem man mit der Zunge den harten Gaumen berührt.*
Adamova jabučica	Adamsapfel
glasnice, *fpl*	Stimmbänder
Od vikanja su mi skoro pukle glasnice.	*Vom Schreien sind meine Stimmbänder fast gerissen.*
grkljan	Kehlkopf
Grkljan služi za stvaranje glasova.	*Der Kehlkopf dient zur Lautproduktion.*
sinusi, *mpl*	Nebenhöhlen
Imao sam upalu sinusa.	*Ich (m) hatte eine Nebenhöhlenentzündung.*
kosa	Haar (auf dem Kopf)
Diže mi se kosa na glavi od užasa.	*Mir stehen vor Schrecken die Haare zu Berge.*
vlas, *f*	(einzelnes) Haar
dlaka	Haar (am Körper)
Srećko je dlakav po cijelom tijelu.	*Srećko hat Haare am ganzen Körper.*
vrat, *Npl* -ovi	Genick
Opet mi se ukočio vrat.	*Ich habe mir wieder das Genick verrenkt.*
dušnik, *Gsg* dušnika, *Npl* dušnici	Luftröhre
Dušnik vodi zrak do ždrijela.	*Die Luftröhre befördert die Luft in den Rachen.*
rame, *Gsg* ramena, *Npl* ramena	Schulter

ruka	Hand; Arm
u najmanju ruku	zumindest
nadlaktica	Oberarm
podlaktica	Unterarm
la|kat, *Gsg* -kta, *Npl* -ktovi	Ellenbogen
nalaktiti se, *pf*	sich auf die Ellenbogen stützen
Nalaktio se na prozor i zapalio cigaretu.	*Er stützte seine Ellenbogen auf das Fenster und zündete sich eine Zigarette an.*
šaka	Faust
prst, *Npl* -i	Finger; Zehe
Na prstima se išuljala iz sobe.	*Sie schlich sich auf Zehenspitzen aus dem Zimmer.*
kažiprst	Zeigefinger
srednji prst	Mittelfinger
mali prst	kleiner Finger
nožni prst	Zehe
prst ruke	Finger (der Hand)
prstenjak, *Gsg* prstenjaka, *Npl* prstenjaci	Ringfinger
palac, *Gsg* palca, *Npl* palci/palčevi	Daumen
dlan, *Npl* dlanovi	Handfläche
Od uzbuđenja mi se znoje dlanovi.	*Meine Handflächen schwitzen vor Aufregung.*
no|kat, *Gsg* -kta, *Npl* -kti	(Finger-, Zehen-)Nagel
Kad sam nervozan grizem nokte.	*Wenn ich (m) nervös bin, kaue ich an meinen (Finger-)Nägeln.*
stopalo	Fuß
Kad je bila mala imala je spuštena stopala.	*Als sie klein war, hatte sie Plattfüße.*
gle|žanj, *Gsg* -žnja, *Npl* gležnj(ev)i	Knöchel
taban	Fußsohle
peta	Ferse; Absatz
Ona nikad ne nosi (visoke) pete.	*Sie trägt nie (hohe) Absätze.*
prsa, *npl tant.*	Brust
Osjetio je bol u prsima.	*Er fühlte einen Schmerz in der Brust.*

trbuh	Bauch
Moj susjed Željko ima ogroman pivski trbuh.	*Mein Nachbar Željko hat einen riesigen Bierbauch.*
želudac, *Gsg* želuca, *Npl* želuci	Magen
Ručali smo pileće želuce u umaku od povrća.	*Wir hatten Hühnermagen in Gemüsesoße zu Mittag.*
pu|pak, *Gsg* -pka, *Npl* pupci/pupkovi	Nabel
pupčana vrpca	Nabelschnur
leđa, *npl tant.*	Rücken
Pojavili su mu se prištići na leđima.	*Er bekam kleine Pickel am Rücken.*
pazuh	Achselhöhle
Brijem se pod pazuhom jednom tjedno.	*Ich rasiere meine Achselhöhle einmal pro Woche.*
noga, *DLsg* nozi	Bein
Dala mu je nogu nakon tjedan dana veze. (ugs.)	*Nach einer Woche Beziehung gab sie ihm einen Korb (wörtl.: … ein Bein).*
bedro	Oberschenkel
list, *Npl* -ovi	Wade

list

Das Wort **list** kann zahlreiche Bedeutungen haben, u.a.: 1) *Wade*, 2) *Blatt* (sowohl im Sinne von Laub als auch im Sinne von Blatt Papier, aber auch in Namen von Zeitungen als »Blatt«, z.B. in **Jutarnji list** »Morgenblatt«, eine der größten Zeitungen Kroatiens) und 3) *Seezunge*.

koljeno	Knie
Običaj se prenosio s koljena na koljeno.	*Der Brauch wurde von Generation zu Generation (wörtl.: von Knie zu Knie) weitergegeben.*
kuk, *Npl* -ovi	Hüfte
prepona	Leiste
krilo	Schoß; Flügel
Mačka mu je sjedila u krilu dok je čitao knjigu.	*Die Katze saß auf seinem Schoß, während er ein Buch las.*
kost, *Isg* -sti/-šću, *Npl* -sti, *f*	Knochen
mišić, *Gsg* mišića	Muskel
Popaj ima jake mišiće.	*Popeye hat kräftige Muskeln.*

mišićav, -a, -o	muskulös
kostur	Skelett
lubanja	Schädel
kralješnica / kralježnica / (*ugs.*) **kičma**	Rückgrad

> Das von dem Wort **kičma** abgeleitete Wort **beskičmenjak**, *Gsg* beskičmenjaka, *Npl* beskičmenjaci bedeutet *rückgradloser Mensch*.

zglob, *Npl* -ovi	Gelenk
srce	Herz
Pao mi je kamen sa srca kad sam ga ugledao.	*Mir fiel ein Stein vom Herzen, als ich (m) ihn/es sah.*
krv, *f*	Blut
Krv nije voda.	*Blut ist dicker als Wasser (wörtl.: Blut ist nicht Wasser).*
jetra	Leber
Stvarno mi ide na jetra / na živce.	*Er/Sie geht mir wirklich auf die Nerven (wörtl.: auf die Leber / auf die Nerven).*
pluća, *npl*	Lunge
plućno krilo	Lungenflügel
bubr|eg, *Npl* -ezi	Niere
On živi kao bubreg u loju.	*Er lebt wie Gott in Frankreich (wörtl.: wie eine Niere im Talg).*
organ, *Gsg* organa	Organ
spolni organ	Geschlechtsorgan
dojka	Brust
bradavica	Brustwarze; Warze
struk, *Npl* -ovi	Taille
Primio me oko struka i strastveno poljubio.	*Er umarmte meine Taille und küsste mich leidenschaftlich.*
stražnjica	Hintern
dvanaesn|ik, *Npl* -ici / (*ugs.*) **dvanaeste|rac**, *Gsg* -rca, *Npl* -rci	Zwölffingerdarm
gušterača	Bauchspeicheldrüse
Gušterača je žlijezda.	*Die Bauchspeicheldrüse ist eine Drüse.*

štitnjača	Schilddrüse
slezena	Milz
Nakon trčanja zaboljela me slezena.	*Nach dem Laufen bekam ich Seitenstechen (wörtl. einen Schmerz in der Milz).*
crijevo	Darm
slijepo crijevo	Blinddarm
tanko crijevo	Dünndarm
debelo crijevo	Dickdarm

Aussehen

izgled	Aussehen
izgledati, izgledam, *ipf*	aussehen
Dobro izgleda.	*Er/Sie/Es sieht gut aus.*
mlad, -a, -o	jung
Mlađi je od mene.	*Er ist jünger als ich.*
star, -a, -o	alt
biti, jesam, sam, *(i)pf*	sein
Je li ovo tvoja knjiga? Je(st).	*Ist das dein Buch? Ja(, ist es).*
imati, *ipf*	haben; existieren, da sein
Na ulici nema ni jednog jedinog auta.	*Es ist kein einziges Auto auf der Straße.*
ni|zak, -ska, -sko	niedrig; (bei Menschen) klein
Ivan je niži od Martine.	*Ivan ist kleiner als Martina.*
visok, -a, -o	hoch; (bei Menschen) groß
Viši je od mene za glavu.	*Er ist einen Kopf größer als ich.*
malen, -a, -o	klein
velik, -a, -o	groß
Nikola ima velik nos.	*Nikola hat eine große Nase.*
vi|tak, -tka, -tko	schlank
mršav, -a, -o	dünn
mršavjeti, mršavim, *ipf*	dünner werden, Gewicht verlieren
Kupila je čaj za mršavljenje.	*Sie kaufte Tee zur Abmagerung.*
debeo, debela, debelo	dick
Predebeo je.	*Er ist zu dick.*

debljati se / udebljati se dick werden, zunehmen
Opet se udebljala. *Sie nahm wieder zu.*

korpulen|tan, -tna, -tno korpulent, beleibt

bucmast, -a, -o / **debeljuškast**, -a, -o mollig
Ima okruglo i bucmasto lice. *Er/Sie hat ein rundes und molliges Gesicht.*

nje|žan, -žna, -žno zierlich
Ruke su joj bile nježne i meke. *Ihre Hände waren zierlich und weich.*

lijep, -a, -o schön, hübsch
»Lijepa naša domovino« naziv je himne Republike Hrvatske. *»Unser schönes Heimatland« ist der Titel der kroatischen Nationalhymne.*

zgo|dan, -dna, -dno gutaussehend, hübsch, schön
Užasno je zgodan! (ugs.) *Er ist wahnsinnig gutaussehend! (wörtl.: schrecklich gutaussehend)*

schrecklich gut und **furchtbar schlecht**
Die Adjektive **užasan** (*schrecklich*) und **strašan** (*furchtbar*) werden verstärkend im Sinne von *sehr, ganz, wahnsinnig* gebraucht, z.B.: Užasno sam umoran. *Ich (m) bin schrecklich müde.* Užasno je fotogeničan. *Er ist wahnsinnig fotogen.* Strašno je glup. *Er ist furchtbar dumm.* Strašno je pametan. *Er ist wahnsinnig klug.*

ru|žan, -žna, -žno hässlich
Osjećala se kao ružno pače. *Sie fühlte sich wie ein hässliches Entlein.*

fotogeni|čan, -čna, -čno fotogen

ure|dan, -dna, -dno sorgsam, sorgfältig, ordentlich
Soba mi je uvijek uredna jer ne podnosim nered. *Mein Zimmer ist immer ordentlich, weil ich Unordnung nicht ausstehen kann.*

neure|dan, -dna, -dno schlampig, unsorgfältig, unordentlich
Neuredan životni stil narušio mu je zdravlje. *Sein schlampiger Lebensstil beeinträchtigte seine Gesundheit.*

privla|čan, -čna, -čno attraktiv
Koji tip muškarca je ženama privlačan? *Welchen Männertyp finden Frauen attraktiv?*

seksi, *indekl. (ugs.)* sexy
Ona ma prekrasan osmijeh i seksi glas. *Sie hat ein bezauberndes Lächeln und eine sexy Stimme.*

nalikovati, nalikujem, *ipf* ähneln
Moj sin sve više nalikuje na mene. *Mein Sohn sieht mir immer ähnlicher.*

sličiti, *ipf* *Tanja i Sanja sliče jedna drugoj kao jaje jajetu.* *Mirna sliči bratu.*	(jdm) ähneln, (jdm) ähnlich sein *Tanja und Sanja ähneln sich wie ein Ei dem anderen.* *Mirna ähnelt ihrem Bruder.*
ukus	Geschmack

Geschmack

Die Wörter **ukus** und **okus** haben die Bedeutung *Geschmack*, wobei **okus** für den Geschmack von Speisen und Getränken (z.B. **sladak,** slatka, slatko *süß*, **go|rak**, -rka, -rko *bitter*, **kiseo**, kisela, kiselo *sauer*, **ljut**, -a, -o *scharf*) , d.h. im eigentlichen Sinne verwendet wird, während **ukus** Geschmack im übertragenen Sinne bezeichnet, d.h. Geschmack für Kunst, Kleidung etc.: Ima dobar ukus. *Er/Sie hat einen guten Geschmack.* Als Adjektiv **uku|san,** -sna, -sno kann es auch für Speisen verwendet werden, z.B. Jelo je bilo ukusno. *Das Essen war schmackhaft.*

Charaktereigenschaften

karakter	Charakter
ponašati se, ponašam se, *ipf* *Iako ima trideset godina, ponaša se kao pubertetlija.*	sich benehmen *Obwohl er 30 ist, benimmt er sich wie ein Pubertierender.*
ponašanje *Crtani filmovi utječu na razvoj i ponašanje djeteta.*	Benehmen *Zeichentrickfilme beeinflussen die Entwicklung und das Benehmen eines Kindes.*
vladanje *Dobio je opomenu iz vladanja.*	Benehmen, Betragen *Er bekam eine Ermahnung für sein Betragen.*
samopouzdan, -a, -o / **samouvjeren,** -a, -o *Nakon poraza izgubio je samopouzdanje.*	selbstbewusst *Nach der Niederlage verlor er sein Selbstbewusstsein.*
pame|tan, -tna, -tno *Donijele su pametnu odluku.*	klug *Sie (fpl) fällten eine kluge Entscheidung.*
glup, -a, -o *Stvarno se ponaša glupo!*	dumm *Er/Sie benimmt sich wirklich dumm!*
zaba|van, -vna, -vno *Volim gledati zabavni program.*	unterhaltsam *Ich sehe mir gerne das Unterhaltungsprogramm an.*

temperament / temperament	Temperament
temperamen|tan, -tna, -tno *Temperamentne osobe reagiraju burno.*	temperamentvoll *Termeramentvolle Personen reagieren stürmisch.*
melankoli|čan, -čna, -čno / **sje|tan,** -tna, -tno	melancholisch
flegmati|čan, -čna, -čno	phlegmatisch
koleri|čan, -čna, -čno / **žučljiv,** -a, -o *O tome se još uvijek vodi žučljiva rasprava.*	cholerisch *Darüber werden noch immer sehr hitzige Diskussionen geführt.*
hladnokr|van, -vna, -vno *Hladnokrvni ubojica pušten je na slobodu.*	kaltblütig *Der kaltblütige Mörder wurde in die Freiheit entlassen.*
razdražljiv, -a, -o *U zadnje je vrijeme mrzovoljan i razdražljiv.*	reizbar *Er ist in letzter Zeit mürrisch und reizbar.*
pono|san, -sna, -sno *Trener je bio ponosan na svoje igrače.*	stolz *Der Trainer war stolz auf seine Spieler.*
duhovit, -a, -o *Tražim inteligentnu i duhovitu djevojku za ozbiljnu vezu.*	geistreich *Ich suche ein intelligentes und geistreiches Mädchen für eine ernsthafte Beziehung.*
ravnodu|šan, -šna, -šno *Postala je ravnodušna prema svemu.*	gleichgültig *Ihr ist alles gleichgültig geworden.*
uobražen, -a, -o / **umišljen,** -a, -o *Umišljena osoba umislila si je da je ono što nije.*	überheblich, eingebildet *Eine eingebildete Person hat sich eingebildet, etwas zu sein, das sie nicht ist.*
ohol, -a, -o	hochmütig
drzak, drska, drsko / **bezobra|zan,** -zna, -zno *Kažnjen je za drsko ponašanje na javnom mjestu.*	dreist, frech *Er wurde für sein freches Benehmen in der Öffentlichkeit bestraft.*
(ne)zainteresiran, -a, -o	desinteressiert
nestabi|lan, -lna, -lno	labil
stabi|lan, -lna, -lno *U dugoj su i stabilnoj vezi.*	beständig, stabil *Sie sind in einer langen und stabilen Beziehung.*

pristo|jan, -jna, -jno / **ljuba|zan**, -zna, -zno	höflich
Pristojno me zamolio da ugasim cigaretu.	*Er bat mich höflich, die Zigarette auszumachen.*
nepristo|jan, -jna, -jno / **neljuba|zan**, -zna, -zno	unhöflich
Osoblje hotela bilo je neljubazno, a hrana loša.	*Die Hotelangestellten waren unhöflich und das Essen schlecht.*
znatiže|ljan, -ljna, -ljno	neugierig
živa|han, -hna, -hno	lebhaft, flink, munter
Vedrana je znatiželjno i živahno dijete.	*Vedrana ist ein neugieriges und lebhaftes Kind.*
pričljiv, -a, -o	gesprächig
Nije baš nešto pričljiv.	*Er ist nicht besonders gesprächig.*
brbljav, -a, -o	geschwätzig
šutljiv, -a, -o	schweigsam
škrt, -a, -o	geizig
Oduvijek je bio škrt na riječima.	*Er war schon immer sparsam (wörtl.: geizig) mit Worten.*
pohle|pan, -pna, -pno	gierig
mi|ran, -rna, -rno	ruhig
Navijači su mirno sjedili na tribini.	*Die Anhänger saßen ruhig auf der Tribüne.*
rezerviran, -a, -o	reserviert
suzdržan, -a, -o	zurückhaltend
sramežljiv, -a, -o	schüchtern
ozbi|ljan, -ljna, -ljno	ernst
Nisam to ozbiljno mislio.	*Das habe ich (m) nicht ernst gemeint.*
iskren, -a, -o	ehrlich
Cijenim iskrenost.	*Ich schätze Ehrlichkeit.*
neiskren, -a, -o	(un)ehrlich
lud, -a, -o	verrückt
Pa on je skroz poludio!	*Er ist ja völlig verrückt geworden!*
glupan / idiot / budala	Idiot
smije|šan, -šna, -šno	komisch
neobi|čan, -čna, -čno	ungewöhnlich

ču|dan, -dna, -dno	merkwürdig, eigenartig, ungewöhnlich
Oni su čudan par.	*Sie sind ein merkwürdiges Paar.*
ljudski, -a, -o	menschlich
Griješiti je ljudski.	*Irren ist menschlich.*
lijen, -a, -o	faul
marljiv, -a, -o	fleißig
Nikad nije bio marljiv u školi.	*Er ist in der Schule niemals fleißig gewesen.*

Stimmungen

rado|stan, -sna, -sno / **veseo,** vesela, veselo	froh, fröhlich
Na školskoj priredbi bilo je veselo i zabavno.	*Auf der Schulveranstaltung war es lustig und unterhaltsam.*
sre|tan, -tna, -tno	glücklich
Sretno!	*Viel Glück!*
sreća	Glück
Nemam sreće u ljubavi.	*Ich habe kein Glück in der Liebe.*
mrzovo|ljan, -ljna, -ljno	mürrisch
(ne)raspoložen, -a, -o	schlecht gelaunt / gut gelaunt
biti dobre / loše volje	gut / schlecht gelaunt sein
Danas sam loše volje.	*Ich bin heute schlecht gelaunt.*
nervo|zan, -zna, -zno	nervös
uzbuđen, -a, -o	aufgeregt
iznenađen, -a, -o	überrascht
Pogledala me iznenađeno.	*Sie sah mich überrascht an.*
iznenađenje	Überraschung
dosa|dan, -dna, -dno	langweilig
Dosadno mi je.	*Mir ist langweilig.*
zadovo|ljan, -ljna, -ljno	zufrieden
Zadovoljni smo postignutim rezultatima.	*Wir sind zufrieden mit den erreichten Resultaten.*
nezadovo|ljan, -ljna, -ljno	unzufrieden

smijati se, smijem se, *ipf*	lachen
smiješiti se, *ipf* *Osmjehnuo se.*	lächeln *Er lächelte.*
nasmiješiti se, nasmiješim se, *pf* *Nasmiješio mi se.*	anlächeln *Er lächelte mich an.*
osmij|eh, *Npl* -esi / **smije|šak,** *Gsg* -ška, *Npl* -šci	Lächeln
smijeh, *Npl* smjehovi puknuti od smijeha	Lachen in Gelächter ausbrechen
vikati, vičem, *ipf*	rufen, schreien
derati se, derem se, *ipf* *Ne deri se na mene!*	schreien, brüllen *Schrei mich nicht an!*
urlati, *ipf*	brüllen
zabrinut, -a, -o *Djelovao je zabrinuto.*	besorgt *Er wirkte besorgt.*
ogorčen, -a, -o	verbittert
živčan, -a, -o *Darko je stalno živčan.*	nervös *Darko ist immer nervös.*
uzrujan, -a, -o	aufgeregt, erregt
zbunjen, -a, -o	verwirrt
umo|ran, -rna, -rno umoran kao pas mrtav umoran	müde hundemüde totmüde
bezvo|ljan, -ljna, -ljno	apathisch
utučen, -a, -o / **potišten,** -a, -o	niedergeschlagen
deprimiran, -a, -o / **u bedu** (*ugs.*) *U bedu sam. (ugs.)*	deprimiert *Ich bin deprimiert.*

bed kommt vom Englischen »bad«: U bedu sam. *Ich bin »im Schlechten«.*

tu|žan, -žna, -žno / **žalo|stan,** -sna, -sno *Žao mi je.*	traurig *Es tut mir leid.*
tuga / žalost, *f*	Trauer, Leid
plakati, plačem, *ipf*	weinen

ljubomo|ran, -rna, -rno	eifersüchtig
Nikolina je ljubomorna na sve bivše cure svog(a) dečka. (ugs.)	*Nikolina ist eifersüchtig auf alle Exfreundinnen ihres Freundes.*
ljubomora	Eifersucht
To je rekla iz čiste ljubomore.	*Sie sagte das aus purer Eifersucht.*
mrziti, *ipf*	hassen
mržnja	Hass
Mržnja izjeda onog koji mrzi.	*Der Hass frisst denjenigen auf, der hasst.*
bije|san, -sna, -sno	wütend
ljut, -a, -o	böse, sauer
Ljut sam na samog sebe.	*Ich (m) bin auf mich selbst böse.*
savjest	Gewissen
Osjećam grižnju savjesti.	*Mein schlechtes Gewissen frisst mich auf.*
Imam čistu savjest.	*Ich habe ein gutes (wörtl. reines) Gewissen.*
usamljen, -a, -o	einsam
nedostajati, nedostajem, *ipf*	vermissen
Nedostaješ mi.	*Ich vermisse dich.*

faliti, *ugs.* Synonym von **nedostajati**, kann regional verschiedene Bedeutungen haben: 1) in Zagreb **faliti**, *ipf vermissen, fehlen*: Fališ mi. *Ich vermisse dich. / Du fehlst mir.* (etymologisch wahrscheinlich vom Deutschen *fehlen*); 2) in Dalmatien **faliti**, *pf misslingen, verfehlen* (vom Italienischen *fallire*): Falio je tri lopte. *Er hat drei Mal daneben geschossen.*

čeznuti, čeznem, *ipf*	Sehnsucht haben, vermissen
Čeznem za domovinom.	*Ich vermisse meine Heimat.*
čežnja	Sehnsucht
paničariti, paničarim, *ipf*	in Panik geraten
Moja žena je prava paničarka.	*Meine Frau ist eine echte Panikmacherin.*
bojati se, bojim se, *ipf*	sich fürchten, Angst haben vor
Bojim se zmija.	*Ich habe Angst vor Schlangen.*
strah	Angst
Panično me strah letenja avionom.	*Ich habe panische Flugangst.*
stra|šan, -šna, -šno	furchterregend, schrecklich
užas	Schrecken, Grauen
Obožavam gledati filmove strave i užasa.	*Ich liebe es, Horrorfilme zu schauen.*
uža|san, -sna, -sno	schrecklich, grauenhaft

KOMMUNIKATION

➠ Begrüßen und Verabschieden

pozdravljati / pozdraviti	grüßen, begrüßen
kimati / kimnuti, kimnem	nicken
kimati / kimnuti glavom	mit dem Kopf nicken
kimati / kimnuti u znak pozdrava	zur Begrüßung nicken
Mahnuo mi je i kimnuo u znak pozdrava.	*Er winkte mir und nickte mir zur Begrüßung.*
mahati, mašem / **mahnuti**, mahnem	winken
opraštati se, opraštam se / **oprostiti se,** oprostim se	sich verabschieden
Bok!	Hallo! Grüß dich!; Tschüs!

bok wird manchmal auch [bog] ausgesprochen und auch so geschrieben. Regional begegnet man auch anderen Begrüßungen, z.B. **ćao** in Istrien.

Dobro jutro!	Guten Morgen!
Dobar dan!	Guten Tag!
Dobra večer!	Guten Abend!

Guten Abend

Die Begrüßung *Guten Abend* hat im Kroatischen umgangsprachlich vier Varianten: **Dobra večer**, **Dobro veče(r)**, **Dobar večer** und **Dobru večer.** Es werden alle vier Varianten verwendet, empfohlen wird jedoch die feminine Form im Nominativ **Dobra večer** als die grammatikalisch korrekte Form sowie auch **Dobru večer**, die der Akkusativ von **Dobra večer** ist.

Doviđenja!	Auf Wiedersehen!
Do slušanja!	Auf Wiederhören!
Laku noć!	Gute Nacht!
Vidimo se!	Wir sehen uns!
Čujemo se!	Wir hören uns!

Zbogom!	Lebe wohl!
Ugodan dan!	Schönen Tag noch!
Ugodan vikend!	Schönes Wochenende!
gospodin, *Npl* gospoda (*fsg*)	Herr (Anrede)
Dobro došli, gospodine Kramariću!	*Willkommen, Herr Kramarić!*
gospoda, *fsg*	(eine Gruppe) Männer
Dame i gospodo!	*Meine Damen und Herren!*
gospođa	Frau (Anrede)
Dobar dan, gospođo Kramarić!	*Guten Tag, Frau Kramarić!*
gospođica / gospodična (*reg.*)	Fräulein (Anrede)
Gospođice Marenić!	*Fräulein Marenić!*
Gospodična!	*Fräulein!*

Anrede

Bei der Anrede wird der Vokativ verwendet. Maskuline Familiennamen werden dekliniert, feminine hingegen nicht.

reći, rekao, rekla, *pf*	sagen

Das Verb **reći** wird im Präsens kaum verwendet.

kazati, kažem, *pf*	sagen
riječ, *Isg* -ju/-i, *f*	Wort
Držim te za riječ!	*Ich nehme dich beim Wort! (wörtl.: Ich halte dich für ein Wort!)*
govoriti, govorim, *ipf*	sprechen
komunicirati, komuniciram, *(i)pf*	kommunizieren
komunikacija	Kommunikation
pričati, *ipf*	erzählen, plaudern, reden
govor	Rede
držati, držim / **održati**, održim **govor**	eine Rede halten
pričljiv, -a, -o	redselig, gesprächig
razgovor	Gespräch, Unterhaltung
razgovarati, razgovaram, *ipf*	sich unterhalten, sprechen, diskutieren
poslovica	Sprichwort

obraćati se / obratiti se, obratim se **s »Vi«**	siezen
biti na »Vi« s kim / (*ugs.*) **»vikati«**, *ipf*	per »Sie« mit jdm. sein
Nepoznatim se osobama iz pristojnosti obraćamo s »Vi«.	*Unbekannte Personen werden aus Höflichkeit gesiezt.*
obraćati se / obratiti se, obratim se **s »ti«**	duzen
biti na »ti« s kim / (*ugs.*) **»tikati«**, *ipf*	per »du« mit jdm. sein
Na »ti« smo si.	*Wir sind per du.*
Starijoj osobi nepristojno je govoriti »ti«.	*Es ist nicht höflich, eine ältere Person mit du anzusprechen.*
zvati, zovem / **pozvati**, pozovem	(jdn.) rufen
zvati se, zovem se, *ipf*	heißen
pitati / upitati, upitam	fragen, befragen
pitanje	Frage
postaviti pitanje	eine Frage stellen
raspitivati se, raspitujem se / **raspitati se**, raspitam se	sich erkundigen
odgovarati, odgovaram / **odgovoriti**, odgovorim	antworten
odgovarati / odgovoriti na pitanje	auf eine Frage antworten; eine Frage beantworten
odgovor	Antwort
objašnjavati, objašnjavam / **objasniti**, objasnim	erklären
Možeš li nam to objasniti?	*Kannst du uns das erklären?*
objašnjenje	Erklärung
ustanovljivati, ustanovljujem / **ustanoviti**, ustanovim / **utvrđivati**, utvrđujem / **utvrditi**, utvrdim	feststellen
ponavljati, ponavljam / **ponoviti**, ponovim	wiederholen
pisati, pišem / **napisati**, napišem	schreiben, aufschreiben
vijest, *Isg* vijesti/viješću, *f*	Nachricht

obavij|est, *Isg* -esti/-ešću, *f*	Benachrichtigung, Mitteilung
(**SMS** [es em es]) **por|uka**, *DLsg* -uci *Pošalji mi poruku kad budeš u blizini.* *Volim slati i primati SMS-ove [es em esove] jer su jeftini.*	SMS *Schick mir eine SMS, wenn du in der Nähe bist.* *Ich mag es, SMS zu schicken und zu bekommen, weil sie billig sind.*
ostavljati / ostaviti poruku *Ostavite poruku nakon zvučnog signala.*	eine Nachricht hinterlassen *Hinterlassen Sie Ihre Nachricht nach dem Signalton.*
(e-)mail [(i)mejl] / **mejl**, *Npl* -ovi / (*form.*) **e-pošta** / (*form.*) **elektronička pošta**	E-Mail
slati, šaljem / **poslati**, pošaljem **mail** [mejl] / **mejl**	eine E-Mail schicken

➠ Diskussion und Meinung

raspravljati / raspraviti	verhandeln, diskutieren
diskutirati, diskutiram, *(i)pf*	diskutieren
rasprava / diskusija / diskusija	Diskussion
debata	Debatte
komentirati, komentiram, *(i)pf* *Kako biste komentirali ovaj događaj?*	kommentieren *Wie würdet ihr / würden Sie dieses Ereignis kommentieren?*
mišljenje biti istog / različitog mišljenja promijeniti mišljenje po mom mišljenju *O tome nemam baš nikakvo mišljenje.*	Meinung der gleichen / anderer Meinung sein die Meinung ändern meiner Meinung nach *Ich habe dazu überhaupt keine Meinung.*
proturječiti, *ipf*	widersprechen
prepi|rka, *DLsg* -rci / **svađa**	Zank, Streit
svađati se / posvađati se od. **posvaditi se** *Opet smo se posvađali oko gluposti.*	streiten *Wir haben uns schon wieder über eine Dummheit gestritten.*

Glupost! / Koješta! / Svašta! / Ma daj!	Quatsch!
derati se, derem se / **zaderati se**, zaderem se	brüllen, anschreien
Prestani se derati na mene!	*Hör auf, mich anzuschreien!*
šaptati, šapćem / **šapnuti**, šapnem	flüstern
šutjeti, šutim / **zašutjeti**, zašutim	schweigen, verstummen
prešućivati, prešućujem / **prešutjeti**, prešutim	verschweigen, verheimlichen
priznavati, priznajem / **priznati**	zugeben, eingestehen
Priznajem, bila sam u krivu.	*Ich gebe zu, ich (f) hatte Unrecht.*
lagati, lažem / **slagati**, slažem	lügen, anlügen
Opet mi lažeš!	*Du lügst mich schon wieder an!*
lažlji|vac, *Gsg* -vca, *Npl* -vci – **lažljivica**	Lügner – -in
laž, *Gsg* -i, *Isg* -i/-ju, *f*	Lüge
istina	Wahrheit
govoriti istinu	die Wahrheit sagen
psovati, psujem / **opsovati**, opsujem	fluchen, beschimpfen
Ne psuj preda mnom!	*Hör auf, hier zu fluchen!*
psovka	Schimpfwort

Modalverben

morati, *ipf*	müssen, gezwungen sein; sollen
Moram priznati da sam ovaj puta bila u krivu.	*Ich muss zugeben, dass ich (f) dieses Mal Unrecht hatte.*
Morate smjesta doći!	*Ihr müsst/sollt sofort kommen!*
trebati, *ipf*	sollen; brauchen, benötigen, nötig haben
trebam … / treba mi …	ich soll …, ich muss …; ich brauche …
Treba mi novi auto.	*Ich brauche ein neues Auto.*
Što trebamo učiniti?	*Was sollen wir tun?*
voljeti, volim, volio, voljela, *ipf*	lieben; mögen, gern haben
On se voli svađati.	*Er streitet gerne.*
Volim prirodu.	*Ich liebe die Natur.*

htjeti, hoću, hoćeš, htio, htjela, *ipf*	wollen, Lust haben, mögen
Hoćeš li ići sa mnom u kino?	*Hast du Lust, mit mir ins Kino zu gehen? / Willst du mit mir …?*
Hoću mir i tišinu!	*Ich will Ruhe und Frieden!*
željeti, želim, želio, željela, *ipf*	wünschen, wollen
Želim Vam sve najbolje!	*Ich wünsche Ihnen alles Gute!*
Što želiš popiti?	*Was möchtest/willst du trinken?*
smjeti, smijem, smio, smjela, *ipf*	dürfen
Smijem li ući?	*Darf ich hereinkommen?*
Zbog bolesti ne smijem piti alkohol.	*Wegen der Krankheit darf ich keinen Alkohol trinken.*
moći, mogu, možeš, mogao, mogla, *ipf*	können; dürfen
Mogu li sada ići?	*Kann/Darf ich jetzt gehen?*
Ne mogu doći jer sam bolestan.	*Ich (m) kann nicht kommen, weil ich krank bin.*
znati, *ipf*	wissen; können, beherrschen
Znate li (govoriti) njemački?	*Können Sie Deutsch (sprechen)?*
Ne znam što misliš o meni.	*Ich weiß nicht, was du von mir denkst.*

Interjektionen

hm	äh (allgemeines Füllwort, während man nachdenkt, wie man den Satz zu Ende sprechen soll; drückt auch Zweifel aus)
e(j)!	he (du / Sie da)!
brrrr!	(Ausruf bei Kälte)
joj!	ach, ah (Ausdruck einer positiven oder negativen Reaktion auf etwas)
Joj, super!	*(etwa) Ah, super!*
Joj kako mi ide na živce!	*Er/Sie geht mir so auf die Nerven!*
au!	au! aua! (wenn etwas weh tut)
hura!	hurra!
oho!	oho! (Verwunderung: was, echt?)
uf!	uff! (unangenehme Überraschung)

mljac! / njam(-njam)!	mjam!
buć!	platsch!
tres!	rums!, krach!
bum!	bumm!
fuj!	pfui!
bljak!	igitt!, pfui Teufel!
aha	aha
O.K. [okej]	okay
o ne!	oh nein!
o, moj Bože!	oh, mein Gott!
stari, … (*ugs.*)	Alter, …
čovječe, ... (*ugs.*) *Čovječe, kako mi ide na živce! (ugs.)*	Mann, … *Mann, er/sie geht mir so auf die Nerven!*
halo!	hallo! (am Telefon)
apćiha!	hatschi!
nazdravlje!	Gesundheit!
živjeli!	prost!

Notizen:

HAUS UND GARTEN

Wohnung und Haus

kuća	Haus
obiteljska kuća	Einfamilienhaus
kamena kuća	Steinhaus
Nazvat ću te čim dođem kući.	*Ich rufe dich an, sobald ich nach Hause komme.*
Idem kući. / (ugs.) Idem doma.	*Ich gehe heim.*
kod kuće / (*ugs.*) doma	zu Hause
Nisam kod kuće prije 8 [osam].	*Ich bin nicht vor acht zu Hause.*
od kuće	von zu Hause
Krećem od kuće oko pola sedam.	*Ich gehe gegen halb sieben weg von zu Hause.*
kat, *Npl* -ovi	Etage, Stockwerk
Stanujem na trećem katu.	*Ich wohne im dritten Stockwerk.*
prizemlje	Erdgeschoss
Poštanski sandučići nalaze se u prizemlju.	*Die Briefkästen befinden sich im Erdgeschoss.*
vikendica	Ferienhaus
Kupili smo vikendicu u Hrvatskom zagorju.	*Wir haben uns ein Ferienhaus in (der Region) Hrvatsko Zagorje gekauft.*
stanovati, stanujem, *ipf*	wohnen
stan, *Npl* -ovi	Wohnung
jednosoban stan	Einzimmerwohnung
dvosoban stan	Zweizimmerwohnung
podrumski stan	Kellerwohnung
tavanski stan	Dachgeschosswohnung
unajmljeni stan	Mietwohnung
unajmljivati, unajmljujem / **unajmiti**, unajmim	mieten
Unajmili smo poslovni prostor u strogom centru grada.	*Wir haben eine Geschäftsfläche direkt im Zentrum gemietet.*

iznajmljivati, iznajmljujem / **iznajmiti**, iznajmim	vermieten
Iznajmili smo stan mladom bračnom paru.	*Wir haben die Wohnung an ein junges verheiratetes Paar vermietet.*
ugovor o najmu	Mietvertrag
na|jam, *Gsg* -jma, *Npl* -jmovi	Miete, das Mieten
davati / dati u najam	vermieten
uzimati / uzeti u najam	mieten
stanarina	Miete, Mietzins
Plaćam stanarinu svakog prvog (dana) u mjesecu.	*Ich zahle die Miete an jedem Ersten des Monats.*
podstanar – -ka	Mieter – -in
Živim kao podstanar već pet godina.	*Ich (m) wohne schon seit fünf Jahren in einer Mietwohnung.*
stanoda|vac, *Gsg* -vca, *Npl* -vci – **stanodavka**	Vermieter – -in
okolica	Umgebung
Mjesecima bezuspješno tražim smještaj u okolici Zagreba.	*Ich suche seit Monaten ohne Erfolg nach einer Unterkunft in der Umgebung von Zagreb.*
grad, *Npl* -ovi	Stadt
živjeti u gradu	in einer Stadt leben
predgrađe	Vorort
Oduvijek sam želio živjeti u predgrađu.	*Ich (m) wollte schon immer in einem Vorort leben.*
naselje	Stadtteil, Siedlung
U kojem naselju stanujete?	*In welchem Stadtteil wohnen Sie?*
četvrt / (*ugs.*) **kvart**	Viertel, Stadtteil
Iz kojeg si kvarta ?	*Aus welchem Viertel bist du?*
selo	Dorf; Land (im Gegensatz zu Stadt)
živjeti na selu	auf dem Land leben
Živim u malom selu nedaleko od (grada) Siska.	*Ich wohne in einem kleinen Dorf, unweit der Stadt Sisak.*
područje	Gebiet, Bereich
Cijene nekretnina na području Jadrana u stalnom su porastu.	*Die Immobilienpreise im Adriagebiet sind permanent im Steigen.*

regija	Region
Razgovarali smo o stanju u regiji.	*Wir diskutierten über die Situation in der Region.*

regija
Als **regija** wird oft das ungefähre Gebiet des ehemaligen Jugoslawien bezeichnet.

posjed	Besitz
privatni posjed	Privatgelände, Privatbesitz
adresa	Adresse
Prijavu za stipendiju poslali smo na pogrešnu adresu.	*Wir haben die Anmeldung für das Stipendium an die falsche Adresse geschickt.*
cen|tar, *Gsg* -tra, *Npl* -tri	Zentrum
u centru grada	im Stadtzentrum
kućepazitelj – kućepaziteljica	Hausmeister – -in
palača	Palast
dvo|rac, *Gsg* -rca, *Npl* -rci	Burg, Schloss
preseliti se, preselim se, *pf*	umziehen, übersiedeln
preseliti se u novi stan	in eine neue Wohnung ziehen
Ivanova se obitelj preselila iz Zadra u Rijeku.	*Ivans Familie zog von Zadar nach Rijeka um.*
nalaziti se / naći se, nađem se, našao se, našla se	sich befinden; sich treffen
Poštanski ured nalazi se na glavnom trgu.	*Das Postamt befindet sich auf dem Hauptplatz.*
Našle smo se ispred knjižare.	*Wir (fpl) trafen uns vor der Buchhandlung.*
smješten, -a, -o	gelegen
biti smješten	liegen, sich befinden
Zagreb je smješten u podnožju Medvednice.	*Zagreb liegt am Fuße des (Berges) Medvednica.*
ležati, ležim, *ipf*	liegen, sich befinden
Osijek leži na (rijeci) Dravi.	*Osijek liegt an der Drau.*
susjed – susjeda	Nachbar – -in
nekretnina	Immobilie
Cijene nekretnina pale su za oko 20 % [dvadeset posto].	*Die Immobilienpreise sind um 20% gefallen.*

zemljište — Grundstück
prodaja zemljišta — Grundstücksverkauf, Grundstück zu verkaufen

zgrada — Gebäude

graditi / izgraditi, izgradim — bauen, aufbauen

renovirati, renoviram, *(i)pf* — renovieren

dizalo / lift, *Npl* -ovi — Fahrstuhl, Lift

> **Seilbahnen**
> Die Standseilbahn in der Zagreber Altstadt wird **uspinjača** (= dt. Standseilbahn) genannt, eine Seilbahn im Allgemeinen **žičara**.

vrata, *npl tant.* — Tür
ulazna vrata — Haustür

uređaj — Anlage, Gerät, Apparat
protuprovalni uređaj — Alarmanlage
rashladni uređaj / klima (-uređaj) (*ugs.*) — Klimaanlage

podrum — Keller

soba — Zimmer

mjesto — Platz, Ort, Stelle
Zabranjeno je pušiti na radnom mjestu. — *Es ist verboten, am Arbeitsplatz zu rauchen.*

prostor — Platz, Raum
Nemamo dovoljno prostora u stanu. — *Wir haben nicht genug Platz in der Wohnung.*

prostran, -a, -o — geräumig

zid, *Npl* -ovi — Wand

prozor — Fenster

pod, *Npl* -ovi — Fußboden

prekidač, *Gsg* prekidača — Schalter

utičnica — Steckdose

struja — Strom
Sinoć smo ostali bez struje. — *Gestern Abend hatten wir keinen Strom.*

žarulja — Glühbirne
promijeniti žarulju — eine Glühbirne wechseln

sli|ka, *DLsg* -ci — Bild

bi|ljka, *DLsg* -ljci	Pflanze
ukrasna biljka	Topfpflanze
tegla	Blumentopf
smeće	Müll
otpad	Abfall
biološki otpad	Biomüll
kućni otpad	Haushaltsmüll
glomazni otpad	Sperrmüll
U tijeku je akcija prikupljanja i odvoza glomaznog otpada.	*Das Einsammeln und Wegbringen des Sperrmülls ist gerade im Gange.*
stari papir, *Gsg* starog papira	Altpapier
Škola je organizirala akciju prikupljanja starog papira.	*Die Schule hat eine Altpapiersammlung organisiert.*
kanta za smeće	Abfalltonne
koš, *Npl* -evi **za smeće**	Papierkorb, Mistkübel
recikliranje	Recycling
tapete, *fpl*	Tapete(n)
U kuhinji imamo tapete s cvjetnim uzorkom.	*Wir haben Tapeten mit Blumenmuster in der Küche.*
kamin, *Gsg* kamina	Kamin
balkon, *Gsg* balkona	Balkon
grijanje	Heizung
radijator	Heizkörper
tavan	Dachboden
Na tavanu čuvam gomilu starih, nepotrebnih stvari.	*Ich habe einen Haufen alte und nutzlose Sachen auf dem Dachboden.*
potkrovlje	Dachgeschoss
Tražim stan u potkrovlju.	*Ich suche eine Wohnung im Dachgeschoss.*
krov, *Npl* -ovi	Dach
dimnj|ak, *Npl* -aci	Schornstein
strop, *Npl* -ovi / **plafon**, *Gsg* plafona	Zimmerdecke
garaža	Garage
parkiralište / (*ugs.*) **parking**, *Npl* parkinzi	Parkplatz (Areal)

parkirno mjesto	(einzelner) Parkplatz
Preko dana je gotovo nemoguće naći parkirno mjesto u centru grada.	*Tagsüber ist es beinahe unmöglich, einen Parkplatz im Stadtzentrum zu finden.*
stube, *fpl* / **stepenice**, *fpl*	Stufen
stubište	Treppenhaus, Stiege, Stiegenhaus
prvo stubište	Stiege 1
Na stubištu sam sreo simpatičnu susjedu Ružu.	*Im Treppenhaus habe ich (m) die sympatische Nachbarin Ruža getroffen.*
dvorište	Hof
veža / (*reg.*) **haustor** od. **portun**, *Gsg* portuna	Haustor, Eingangsbereich, Einfahrt
hodnjik, *Npl* -ici	Korridor, Flur
predvorje	Vorhalle
Čekam te u predvorju hotela.	*Ich warte in der Hotelvorhalle auf dich.*
ulaz	Eingang
otirač, *Gsg* otirača	Fußabtreter
žlica za cipele	Schuhlöffel
interfon / **portafon**	Gegensprechanlage
ključ, *Npl* -evi	Schlüssel
brava	(Tür-)Schloss
Ostavila sam ključ u bravi.	*Ich (f) habe den Schlüssel im Schloss stecken lassen.*
zaključavati, zaključavam / **zaključati**	absperren, versperren, zusperren
otključavati, otključavam / **otključati**	aufsperren
Zaključaj vrata na odlasku!	*Sperr die Tür ab, wenn du gehst!*

➠ Einrichtungsgegenstände und Wohnzimmer

namještaj / **pokućstvo**	Möbel
kuhinjski namještaj	Küchenmöbel
komad, *Gsg* komada **namještaja**	Möbelstück
namještati, namještam / **namjestiti**	einrichten, möblieren
regal, *Gsg* regala	Regal
polica	Regalboden, Bord, Fach, (Regal-)Brett

police za knjige, *fpl*	Bücherregal
ormar, *Gsg* ormara	(Kleider-) Schrank
Cipele su na polici u ormaru.	*Die Schuhe sind auf dem Regal im Schrank.*
naslonjač, *Gsg* naslonjača / **fotelja**	Lehnsessel, Sessel, Fauteuil
Kristijan se zavalio u fotelju, otvorio vrećicu čipsa i upalio televizor.	*Kristijan hat sich im Lehnsessel bequem zurückgelehnt, eine Packung Chips geöffnet und den Fernseher eingeschaltet.*
stolica	Stuhl
stol, *Npl* -ovi	Tisch
kuhinjski stol	Küchentisch, Esstisch
pisaći stol	Schreibtisch
radni stol	Arbeitstisch
stolnj|ak, *Npl* -aci	Tischtuch, Tischdecke
Na stolnjaku je ostala mrlja od crnog vina.	*Auf dem Tischtuch blieb ein Rotweinfleck zurück.*
vaza	Vase
komoda	Kommode
ladica	(Schub-)Lade
sli|ka, *DLsg* -ici	Gemälde, Bild
svjetiljka / lampa	Lampe
plafonska svjetiljka	Deckenlampe
stolna svjetiljka	Tischlampe
zidna svjetiljka	Wandlampe
stojeća svjetiljka	Stehlampe
luster	Kronleuchter
kauč / sofa	Couch, Sofa
kauč na razvlačenje	Bettsofa
sjediti / sjedjeti, sjedim, *ipf*	sitzen
Iva sjedi u čekaonici kod zubara i šalje SMS-ove [es em esove].	*Iva sitzt im Wartezimmer beim Zahnarzt und schickt [einige] SMS.*
sjesti, sjednem, pf	sich setzen
Sjeo je na tepih, prekrižio noge i duboko udahnuo.	*Er setzte sich auf den Teppich, verkreuzte die Beine und atmete tief ein.*
tep|ih, *Npl* -isi	Teppich
tapison, *Gsg* tapisona	Teppichboden

vješalica	Kleiderbügel
zavjese, *fpl*	Vorhang

Küche und Kochutensilien

kuhinja	Küche
štednj|ak, *Npl* -aci	Herd, Küchenherd
Juha mi se razlila po štednjaku.	*Die Suppe ist mir auf dem Herd übergekocht.*

Herd
Es existieren viele regionale Ausdrücke für Herd, z.B.: **špar(h)et, šporet**. All diese Ausdrücke kommen vom deutschen »Sparherd«.

peć, *Npl* -i, *f*	Ofen
krušna peć	Steinofen
Naručili smo pizzu iz krušne peći.	*Wir haben eine Steinofenpizza bestellt.*
pećnica	Backofen
mikrovalna pećnica / (*ugs.*) mikrovalna	Mikrowellenherd
Ne volim kokice iz mikrovalne.	*Ich mag kein Popkorn aus der Mikrowelle.*
hladnj|ak, *Npl* -aci / (*ugs.*) **frižider**, *Gsg* fridžidera	Kühlschrank
zamrzivač, *Gsg* zamrzivača	Gefriertruhe
zamrzavati, zamrzavam / **zamrznuti**, zamrznem / (*ugs.*) **smrzavati**, smrzavam / **smrznuti**, smrznem	einfrieren (Lebensmittel)
smrznuto povrće	Tiefkühlgemüse
odmrzavati, odmrzavam / **odmrznuti**, odmrznem	auftauen
(po)suđe	Geschirr
sredstvo za pranje (po)suđa	Spülmittel
prati, perem / **oprati**, operem	waschen
prati (po)suđe	abwaschen, das Geschirr spülen
stroj, *Npl* -evi **za pranje (po)suđa** / (*ugs.*) **mašina za pranje (po)suđa**	Spülmaschine

sudoper	Spüle
kućanski aparati, *mpl*	Hausgeräte
aparat, *Gsg* aparata **za kavu**	Kaffeemaschine
čajn|ik, *Npl* -ici	Teekanne
toster	Toaster
mikser	Mixer
šeflja (*reg.*), **kaciola** (*reg.*)	Kelle, Schöpfkelle

Schöpfkelle

Es gibt eine Reihe regional unterschiedlicher Ausdrücke, z.B.: **zaimača**, **kutljača**. Das standardsprachliche Wort für Schöpfkelle wird selten verwendet.

kuhača	Kochlöffel
ribež	Reibe
cjedilo / cjedi|ljka, *DLsg* -ljci/-i	Sieb
va|ljak za tijesto, *Gsg* -ljka, *Npl* -ljci	Nudelholz
valjati / izvaljati, izvaljam	(aus)walken, ausrollen
izvaljati tijesto	den Teig ausrollen
tava	Pfanne
lo|nac, *Gsg* -nca, *Npl* -nci	Kochtopf
Lonac je (proizveden) od nehrđajućeg čelika.	*Der Kochtopf ist aus rostfreiem Stahl (hergestellt).*
zdjela	Schüssel
zdjela za salatu	Salatschüssel
jedaći pribor	Besteck
vilica / vilju|ška, *DLsg* -šci	Gabel
žlica	Löffel
žlica za juhu	Suppenlöffel
jušna žlica	1 EL (1 Esslöffel)
Izmiješajte 1 [jedno] jaje, 1 [jednu] jušnu žlicu tekućeg meda i 2 [dvije] jušne žlice maslinovog ulja.	*Vermengen Sie ein Ei, 1 EL flüssigen Honig und 2 EL Olivenöl.*
čajna žličica	Dessertlöffel
čajna žlica	1 TL (1 Teelöffel)

nož, *Npl* -evi	Messer
kuhinjski nož	Küchenmesser
ubrus (*form.*) / **salveta** (*ugs.*)	Serviette
tanjur, *Gsg* tanjura	Teller
čaša	Glas
čaša mlijeka / soka	ein Glas Milch / Saft
šalica	Tasse
porculanska šalica	Porzellantasse
šalica za čaj	Teetasse
šalica za kavu	Kaffeetasse
šalica kave / čaja	eine Tasse Kaffee / Tee
tanjurić	Untertasse
žeđ, *Isg* -i/-u, *f*	Durst
že|dan, -dna, -dno	durstig
Žedan sam. / Žedna sam.	*Ich bin durstig., Ich habe Durst. (m/f)*
piti, pijem / **popiti**, popijem	(aus)trinken
glad, *Isg* glađu/-i, *f*	Hunger
gla|dan, -dna, -dno	hungrig
Gladan sam. / Gladna sam.	*Ich bin hungrig., Ich habe Hunger. (m/f)*
jesti, jedem / **pojesti**, pojedem	(auf)essen
probati, *pf* / **kušati**, *(i)pf*	probieren, kosten
prijati, *ipf*	schmecken
okus	Geschmack (nur im eigentlichen Sinne)
Bezalkoholno pivo ima isti okus kao i obično pivo.	*Alkoholfreies Bier schmeckt wie gewöhnliches Bier.*
Fino mi je. (ugs.)	*Das schmeckt (mir) gut.*
uku|san, -sna, -sno	schmackhaft, lecker, geschmackvoll
pra|zan, -zna, -zno	leer
Je li čaša napola puna ili napola prazna?	*Ist das Glas halb voll oder halb leer?*
pun, -a, -o	voll
Stan mu je pun knjiga.	*Seine Wohnung ist voller Bücher.*
boca / (*reg.*) **flaša**	Flasche
doru|čak, *Gsg* -čka, *Npl* -čci	Frühstück
Za doručak sam jeo jaje na oko.	*Zum Frühstück aß ich (m) Spiegelei.*

doručkovati, doručkujem, *(i)pf*	frühstücken
Nikad ne doručkujem prije posla.	*Ich frühstücke nie vor der Arbeit.*
ru|čak, *Gsg* -čka, *Npl* -čkovi	Mittagessen
ručati, *(i)pf*	zu Mittag essen
večerati, *(i)pf*	zu Abend essen
večera	Abendessen
pripremati, pripremam / **pripremiti**, pripremim	zubereiten, herrichten
pripremati / pripremiti jelo	das Essen zubereiten
kuhati / skuhati	kochen, Essen machen
kuhati na pari	dämpfen
kipjeti, kipim / **zakipjeti**, zakipim; **ključati / proključati**	sieden, kochen
peći, pečem / **ispeći**, ispečem	backen
Jutros smo ispekli makovnjaču i ostavili je u pećnici.	*Heute Morgen haben wir Mohnstrudel gebacken und ihn im Ofen gelassen.*
pržiti / ispržiti	braten
rezati, režem / **izrezati**, izrežem	schneiden
guliti / oguliti, ogulim	schälen
ribati / naribati, naribam	reiben
ribani sir	geriebener Käse
ribana mrkva	geriebene Karotte
tijesto	Teig
lisnato tijesto	Blätterteig
Doručkovali smo hrenovke u lisnatom tijestu.	*Wir hatten Würstchen im Blätterteig zum Frühstück.*
sol, *Isg* -i/-ju, *f*	Salz
pa|par, *Gsg* -pra	Pfeffer
ostava / smočnica	Speisekammer

Schlaf- und Kinderzimmer

spavaća soba	Schlafzimmer
krevet	Bett
bračni krevet	Doppelbett, Ehebett
namještati, namještam / **namjestiti**	aufstellen, einrichten
namještati / namjestiti krevet; pospremati / pospremiti krevet	das Bett machen
pospremati, pospremam / **pospremiti**, pospremim	aufräumen
noćni ormarić	Nachttisch
ogledalo / zrcalo	Spiegel
odraz u ogledalu	Spiegelbild
spavati / zaspati, zaspim	schlafen; einschlafen
Zaspao sam kao mala beba.	*Ich (m) habe geschlafen (wörtl. bin eingeschlafen) wie ein Baby.*
ići u krevet / ići spavati	ins Bett gehen, schlafen gehen
čepići za uši, *mpl*	Ohropax
Ne mogu zaspati bez čepića za uši.	*Ich kann nicht ohne Ohropax einschlafen.*
hrkati, hrčem, *ipf*	schnarchen
Ponekad toliko jako hrčem da sâm sebe probudim.	*Manchmal schnarche ich (m) so laut, dass ich mich selbst aufwecke.*

> sam vs. sâm
> **sam** [sam] mit kurzem »a« bedeutet *(ich) bin* und der Zirkumflex auf dem a in **sâm** *selbst, einsam* steht um Verwechslungen zu vermeiden und um anzuzeigen, dass das »a« lange gesprochen wird: sâm [sa:m]

umo|ran, -rna, -rno	müde
nesanica	Schlaflosigkeit
Već dugo patim od nesanice.	*Ich leide schon seit Langem an Schlaflosigkeit.*
buditi se / probuditi se, probudim se	aufwachen
Probudio sam se usred noći.	*Ich (m) wachte mitten in der Nacht auf.*
Obično se budim oko 6 [šest] (sati).	*Für gewöhnlich wache ich gegen sechs Uhr auf.*
buditi / probuditi, probudim	aufwecken
Probudi me u pola osam.	*Weck mich um halb acht auf.*

ustajati, ustajem / **ustati**, ustanem	aufstehen
Svakoga dana ustajem u pola sedam.	*Ich stehe jeden Tag um halb sieben auf.*
ležati, ležim, *ipf*	liegen
leći, legnem, *pf*	sich hinlegen
san, *Gsg* sna, *Npl* snovi / sni	Traum; Schlaf
Ostvario mi se san.	*Mein Traum wurde wahr.*
Imam prilično tvrd san.	*Ich habe einen ziemlich festen Schlaf.*
sanjati, *ipf*	träumen
Sanjao sam da sam sâm na svijetu.	*Ich (m) träumte, dass ich alleine auf der Welt war.*
noćna mora	Albtraum
Opet sam imala noćnu moru.	*Ich (f) hatte wieder einen Albtraum.*
posteljina	Bettwäsche, Bettzeug
plahta	Laken, Betttuch
poplun	Steppdecke
pokrivač, *Gsg* pokrivača / **deka**	Bettdecke, Decke
prekrivač, *Gsg* prekrivača	Tagesdecke
madrac, *Gsg* madraca, *Npl* madraci	Matratze
jast|uk, *Npl* -uci	Kissen
Uvijek spavam s rukama ispod jastuka.	*Ich schlafe immer mit den Händen unter dem Kissen.*
jastučnica	Kissenbezug
pričati / ispričati, ispričam	erzählen, reden
priča za laku noć	Gutenachtgeschichte
Bio jednom jedan *(m)* **… / Bila jednom jedna** *(f)* **…**	Es war einmal (ein, -e) …
I živjeli su dugo i sretno do kraja života.	*Und wenn sie nicht gestorben sind, dann leben sie noch heute. (wörtl.: Und sie lebten lange und glücklich bis ans Lebensende.)*
dječja soba	Kinderzimmer
dijete, *Gsg* djeteta, *Npl* djeca	Kind
beba	Baby
kolije|vka, *DLsg* -vci	Wiege
duda	Schnuller, Sauger

lutka	Puppe
plišani medo	Teddybär
igračka plišana igračka	Spielzeug Plüschspielzeug
igrati se, *ipf*	spielen
igra igrati igru	Spiel ein Spiel spielen
puzzle [pazl], *m* / oft auch *fpl*	Puzzle

Badezimmer

kupaonica / kupaona *Svako jutro provedem barem sat vremena u kupaoni(ci).*	Badezimmer *Ich verbringe jeden Morgen mindestens eine Stunde im Badezimmer.*
kupati se / okupati se, okupam se	baden
kada	Badewanne
pjena za kupanje	Schaumbad
sapun, *Gsg* sapuna	Seife
prati (se), perem (se) / **oprati (se)**, operem (se)	(sich) waschen
Oprao sam kosu šamponom protiv prhuti.	*Ich (m) habe meine Haare mit Anti-Schuppen- Shampoo gewaschen.*
Oprala sam se sapunom od lavande.	*Ich (f) habe mich mit Lavendelseife gewaschen.*
kućni ogrtač, *Gsg* ogrtača	Morgenmantel
četka (za kosu)	(Haar-)Bürste
četkica za zube *Koristim električnu četkicu za zube.*	Zahnbürste *Ich verwende eine elektrische Zahnbürste.*
pasta za zube	Zahnpasta
prati, perem / **oprati**, operem **zube** *Perem zube triput dnevno.*	die Zähne putzen *Ich putze mir die Zähne dreimal täglich.*
zubni ko|nac, *Gsg* -nca, *Npl* -nci	Zahnseide
češ|alj, *Gsg* -lja, *Npl* -ljevi	Kamm

tuš, *Npl* -evi	Dusche
Ne razumijem zašto neki ljudi vole pjevati pod tušem.	*Ich verstehe nicht, warum einige Leute in der Dusche gerne singen.*
tuširati se, tuširam se, *ipf*	duschen
istuširati se, istuširam se, *pf* / **otuširati se**, otuširam se, *pf*	(ab)duschen
tuširanje	(das) Duschen
Krešimir pjevuši uvijek istu pjesmu za vrijeme tuširanja.	*Krešimir trällert immer das gleiche Lied, während er duscht.*
gel, *Npl* -ovi **za tuširanje**	Duschgel
spužva	Schwamm
umivaon|ik, *Gsg* umivaonika, *Npl* -ici / *(ugs.)* **lavabo**, *m*	Waschbecken
ručn|ik, *Gsg* ručnika, *Npl* -ici	Handtuch
vla|žan, -žna, -žno	feucht
mo|kar, -kra, -kro	nass
Bio sam potpuno mokar od znoja.	*Ich (m) war klatschnass vor Schweiß.*
suh, -a, -o	trocken
sušiti / osušiti, osušim	trocknen
zahod / WC [vece], *Gsg* **WC**-a, *Npl* **WC**-i od. **ve-ce**, -a, -i	WC, Toilette
zahodska školjka	Toilettenmuschel
voda	Wasser
hla|dan, -dna, -dno	kalt
Nakon treninga otuširao sam se hladnom vodom.	*Nach dem Training nahm ich (m) eine kalte Dusche.*
vruć, -a, -e	heiß
to|pao, -pla, -plo	warm

Hausarbeit

usisavati, usisavam / **posisati**, posišem	staubsaugen
usisavač, *Gsg* usisavača	Staubsauger
prašina	Staub
krpa za prašinu	Staubtuch
čist, -a, -o	sauber, rein
prljav, -a, -o	schmutzig
pra|šak za pranje rublja, *Gsg* -ška, *Npl* -šci/-škovi	Waschmittel
omekšivač, *Gsg* omekšivača	Weichspüler
kućanski poslovi, *mpl*	Hausarbeit
pospremati, pospremam / **pospremiti**, pospremim	aufräumen
čistiti / očistiti	putzen
brisati, brišem / **obrisati**, obrišem	wischen
brisati / obrisati prašinu	Staub wischen
Uvijek zaboravim obrisati prašinu ispod kreveta.	*Ich vergesse immer, den Staub unter dem Bett zu wischen.*
mesti, metem / **pomesti**, pometem	fegen
Damir je pomeo komadiće razbijenog stakla na stubištu.	*Damir fegte die Glasscherben im Treppenhaus zusammen.*
glačati / izglačati, izglačam; (*ugs.*) **peglati / ispeglati**	bügeln
glačalo / (*ugs.*) **pegla**	Bügeleisen
ribati / oribati, oribam	schrubben
sušiti / osušiti, osušim	trocknen
roba (*ugs.*) / **odjeća**	Wäsche, Kleidung
prljava roba (*ugs.*) / **prljava odjeća**	Schmutzwäsche
perilica / vešmašina (*ugs.*)	Waschmaschine
kvačica / štipaljka	Wäscheklammer
kućna pomoćnica	Putzhilfe

Im Garten

vrt, *Npl* -ovi	Garten
Nakon doručka volim sjediti u vrtu i čitati novine ili listati neki zanimljivi časopis.	*Nach dem Frühstück liebe ich es, im Garten zu sitzen und die Zeitung zu lesen oder in einem interessanten Magazin zu blättern.*
vrtni stol, *Npl* (vrtni) -ovi	Gartentisch
vrtna stolica	Gartenstuhl
drvo, *Gsg* drveta	Baum; Holz
bi|ljka, *DLsg* -ljci	Pflanze
začinska biljka	Gewürzpflanze
zalijevati, zalijevam / **zaliti**, zalijem	gießen
grm, *Npl* -ovi	Busch, Strauch
grmlje, nsg	Gebüsch, Sträucher
živica	Hecke
cvijet, *Npl* cvjetovi	Blume
cvijeće, nsg	Blumen
rasti, rastem / **narasti**, narastem	wachsen, aufwachsen
Pred kućom nam raste biljka čuvarkuća.	*Vor unserem Haus wächst eine Dach-Hauswurz (Sempervivum tectorum).*
saditi / **posaditi**, posadim	pflanzen
Ispred kuće sam posadila ruže penjačice.	*Vor dem Haus habe ich (f) Kletterrosen gepflanzt.*
podrezivati, podrezujem / **podrezati**, podrežem	stutzen
uzgajati, uzgajam / **uzgojiti**, uzgojim	züchten, aufzüchten
U loncu na prozoru uzgojili smo bosiljak.	*Wir haben Basilikum in einem Topf am Fenster gezüchtet.*
ograda	Zaun
Lopta nam je odletjela preko ograde i pala ravno u susjedov vrt.	*Der Ball ist uns über den Zaun und direkt in den Garten des Nachbarn geflogen.*
travnj|ak, *Npl* -aci	Rasen
trava	Rasen, Gras
kositi / **pokositi**, pokosim **travu**	Rasen mähen

kosilica — Rasenmäher

ljuljačka — Schaukel

bazen, *Gsg* bazena — Schwimmbecken, Swimmingpool
kuća s bazenom — ein Haus mit Pool

Notizen:

SPEISEN UND GETRÄNKE

Alkoholfreie Getränke

bezalkoho|lan, -lna, -lno	alkoholfrei
piće	Getränk
gazirano piće	kohlensäurehaltiges Getränk
negazirano piće	kohlensäurefreies Getränk
(voćni) sok, *Npl* -ovi	(Frucht-)Saft
sok od jabuke/naranče	Apfelsaft / Orangensaft
limunada	Limonade
coca-cola / kola (*ugs.*)	Cola
kava	Kaffee
crna kava	schwarzer Kaffee
bijela kava	Milchkaffee
Zrinka uvijek pije kavu s mlijekom, a Nataša kavu sa šlagom.	*Zrinka trinkt Kaffee immer mit Milch und Nataša mit Schlagsahne.*
čaj, *Npl* -evi	Tee
voćni čaj	Früchtetee
čaj od mente	Pfefferminztee
čaj s limunom	Tee mit Zitrone
ledeni čaj	Eistee
mlijeko	Milch
punomasno mlijeko	Vollmilch
polumasno mlijeko	Halbfettmilch
kiselo mlijeko	Sauermilch
kakao, *Gsg* kakaa	Kakao
vruća čokolada	heiße Schokolade
voda	Wasser
mineralna voda	Mineralwasser
izvorska voda	Quellwasser
podrigivati, podrigujem / **podrignuti**, podrignem	rülpsen

podrigivati / podrignuti werden oft reflexiv verwendet (**podrigivati se / podrignuti se**), z.B. im Kajkavischen.

natašte / na prazan želudac	auf leeren / nüchternen Magen
Jutros sam popio kavu natašte.	*Heute Morgen trank ich (m) Kaffee auf leeren Magen.*
kocka leda	Eiswürfel
slamka	Strohhalm
sok na slamku	Saftpäckchen mit Strohhalm

Alkoholische Getränke

alkohol	Alkohol
alkoholičar – -ka	Alkoholiker – -in
pripit, -a, -o	beschwipst, angeheitert
u pripitom stanju	in beschwipstem Zustand
pijan, -a, -o	betrunken
u pijanom / alkoholiziranom stanju	in betrunkenem / alkoholisiertem Zustand
teturati, *ipf*	taumeln, torkeln
mamurluk	Kater (*ugs.*)
biti mamu|ran, -rna	einen Kater haben (*ugs.*)
pivo	Bier
krigla	Krügerl, eine Art Bierglas
krigla piva	ein Krügerl Bier
kašeta / gajba piva	ein Kasten / eine Kiste Bier

kašeta und gajba sind beide regionale Ausdrücke für einen Kasten / eine Kiste eines Getränks, z.B. Bier. **Kašeta** wird eher in Istrien und im Süden verwendet, **gajba** wird u.a. in Zagreb verwendet.

Kupili smo raznorazne grickalice i gajbu piva i sjeli pred televizor.	*Wir haben alles mögliche Knabberzeug und einen Kasten Bier gekauft und setzten uns vor den Fernseher.*

Kroatische Biermarken
Einige kroatische Biermarken: **Karlovačko pivo, Ožujsko pivo, Velebitsko pivo, Tomislav pivo**

vino	Wein
crno vino	Rotwein
bijelo vino	Weißwein
bevanda	Wein mit Wasser (sehr beliebt in der Küstenregion)
gemišt	(Weiß-)Weinschorle, (weißer) G'Spritzer

Kroatische Weine
Einige kroatische Weine sind **Dingač**, **Postup** (Weine aus Pelješac), **Malvazija**, **Teran** (Weine aus Istrien). In Istrien existiert die traditionelle Speise **istarska supa** (warmer Rotwein mit Olivenöl, Zucker, Salz, Pfeffer und gegrilltem Brot, serviert in einer Kanne oder einem Krug). Weitere Bezeichnungen in Bezug auf Wein sind **vrhunsko vino** (Spitzenwein), **kvalitetno vino** (Qualitätswein), **stolno vino** (Tafelwein), **suho vino** (trockener Wein).

žestoko piće / (*ugs.*) **žestica**	Spirituose, starkes alkoholisches Getränk
Ne pijem žestice.	*Ich trinke keine harten Sachen.*
rakija	Schnaps
medica	Schnaps mit Honig
maraschino / maraskino	Likör aus Maraska-Kirschen
liker, *Gsg* likera	Likör
koktel, *Gsg* koktela / **koktel**	Cocktail
pelinko|vac / pelinko|vac, *Gsg* -vca	eine Art Bitterlikör
kruško|vac, *Gsg* -vca, *Npl* -vci	Birnenschnaps
šljivovica	Pflaumenschnaps, Schliwowitz
viski, *Gsg* viskija	Whiskey
šampa|njac, *Gsg* -njca, *Npl* -njci	Champagner
bambus	Cola Rot, Mischgetränk aus Cola und Rotwein

džin, *Npl* -ovi	Gin
zdravica	Toast
održati zdravicu	einen Toast aussprechen
kucnuti se, kucnem se, *pf*	anstoßen
Kucnuli su se i otpili gutljaj vina.	*Sie stießen an und nahmen einen Schluck Wein.*
otpiti, otpijem, *pf*	einen Schluck nehmen, nippen
popiti, popijem, *pf*	austrinken
Popio je čašu vode.	*Er trank ein Glas Wasser [aus].*
napiti se, napijem se, *pf*	(sich voll)trinken; sich betrinken
Napio sam se vode.	*Ich (m) habe Wasser getrunken [und habe nun genug Wasser getrunken].*
Nisam se već dugo napio.	*Ich (m) war schon länger nicht mehr betrunken.*
(is)piti naiskap / (*ugs.*) **na eks**	auf ex (aus)trinken
utažiti, utažim **žeđ / glad**, *pf*	den Durst löschen / den Hunger stillen

Frühstück

doru|čak, *Gsg* -čka, *Npl* -čci	Frühstück
doručkovati, doručkujem, *(i)pf*	frühstücken
ma|stan, -sna, -sno / (*ugs.*) **ma|san**, -sna, -sno	fett, fettig
šećer	Zucker
Kupujem isključivo smeđi šećer.	*Ich kaufe ausschließlich braunen Zucker.*
jogurt	Joghurt
Ne volim voćni jogurt.	*Ich mag keinen Früchtejoghurt.*
vrhnje	Sahne, Obers
kiselo vrhnje	(etwa) saure Sahne
tučeno vrhnje (*form.*) / **slatko vrhnje** (*form.*) / **šlag**	Schlagsahne, Schlagobers
Prejeli smo se jagoda sa šlagom.	*Wir haben uns an Erdbeeren mit Schlagsahne überessen.*
prejesti se, prejedem se, *pf*	sich überessen

jaje	Ei
jaje na oko / prženo jaje	Spiegelei / gebratenes Ei
meko / tvrdo kuhano jaje	weich- / hartgekochtes Ei
kajgana	Rührei
omlet	Omelett
riža na mlijeku	Milchreis
griz / krupica	Gries
griz na mlijeku	Gries auf Milch
maslac / pu|tar, *Gsg* -tra	Butter
margarin, *Gsg* margarina	Margarine
sir, *Npl* -evi	Käse
šunka	Schinken
salama	Salami
kruh, *Npl* -ovi	Brot
bijeli kruh	Weißbrot
crni kruh	Schwarzbrot
kukuruzni kruh	Maisbrot
integralni kruh	Vollkornbrot
raženi kruh	Roggenbrot
kriška / šnita (*reg.*) / feta (*reg.*) kruha	Brotscheibe
francuski kruh / francuz, *Gsg* francuza	Baguette
tost, *Npl* -evi/-ovi	Toastbrot
dvop|ek, *Npl* -eci	Zwieback
žemlja	Brötchen, Semmel
pecivo	Gebäck
kolač, *Gsg* kolača	Kuchen
palačinka	Pfannkuchen
Pojeo sam jednu palačinku s orasima i dvije s pekmezom od šljiva.	*Ich (m) aß einen Pfannkuchen mit Nüssen und zwei mit Pflaumenmarmelade.*
marmelada / pekmez	Marmelade
džem, *Npl* -ovi	Konfitüre
med	Honig
namaz	Aufstrich, Brotaufstrich
pašteta	Pastete

dodavati, dodajem / **dodati**	reichen (geben)
rezati, režem / **odrezati**, odrežem	schneiden, abschneiden

➠ Obst und Gemüse

voće	Obst, Frucht
povrće	Gemüse
jabuka	Apfel
banana	Banane
guliti / **oguliti**, ogulim	schälen
limun	Zitrone
naranča	Orange, Apfelsine
ananas	Ananas
jagoda	Erdbeere
dinja	(Zucker-, Honig-)Melone
lubenica	Wassermelone
dunja	Quitte
trešnja	Kirsche
višnja *Na internetu smo pronašli odličan recept za domaći sok od višanja.*	Sauerkirsche *Wir haben im Internet ein ausgezeichnetes Rezept für hausgemachten Sauerkirschsaft gefunden.*

ⓘ Jagoda, Dunja und Višnja sind auch weibliche Vornamen.

malina	Himbeere
borovnica *Borovnice su bogate vitaminom C [ce].*	Heidelbeere, Blaubeere *Heidelbeeren sind reich an Vitamin C.*
kupina	Brombeere
kivi, *Gsg* kivija	Kiwi
marelica	Aprikose, Marille
breskva	Pfirsich
grejpfrut / **grejp**	Grapefruit

mandarina	Mandarine
klementina	Klementine
grožđe, *nsg*	Weintrauben
grožđice, *fpl*	Rosinen
šljiva	Pflaume
datulja	Dattel
lješnj|ak, *Npl* -aci	Haselnuss
orah, *Npl* orasi	Walnuss
badem	Mandel
Za masažu koristim bademovo ulje.	*Für eine Massage verwende ich Mandelöl.*
kikiriki, *Gsg* kikirikija	Erdnuss
kikiriki u ljusci	Erdnuss in der Schale
maslac od kikirikija	Erdnussbutter
rogač, *Gsg* rogača	Carob (Frucht des Johannisbrotbaums)
Naručili smo domaći liker od rogača.	*Wir haben hausgemachten Caroblikör bestellt.*
salata	Salat
zelena salata	grüner Salat, Kopfsalat
kristalka	Eisbergsalat
puterica	Buttersalat
cvjetača / karfiol, *Gsg* karfiola	Blumenkohl, Karfiol
brokula	Broccoli
papr|ika, *DLsg* -ici	Paprika
gra|šak, *Gsg* -ška	Erbse
grah	Bohne
špinat, *Gsg* špinata	Spinat
krasta|vac, *Gsg* -vca, *Npl* -vci	Gurke
tikvica	Zucchini
Obožavam punjene tikvice.	*Ich liebe gefüllte Zucchini.*
mrkva	Karotte
češnjak, *Gsg* češnjaka	Knoblauch
češanj češnjaka	Knoblauchzehe

luk	Zwiebel
mladi luk	Frühlingszwiebel
poriluk	Lauch, Porree
rajčica / (*reg.*) **paradajz** / (*reg.*) **pomidor,** *Gsg* pomidora	Tomate, Paradeiser
krumpir, *Gsg* krumpira	Kartoffel, Erdapfel
šparoga	Spargel
Berba šparoga počinje u travnju ili svibnju.	*Die Spargelernte beginnt im April oder Mai.*
kukuruz	Mais, Kukuruz
cikla	Rote Bete, Rote Rübe
gljiva	Pilz
tartuf	Trüffel

Trüffel
Istrien (vor allem die Wälder von Motovun) ist bekannt für seine Trüffel. (Siehe auch Kapitel 14)

Speisen und Beilagen

ru|čak, *Gsg* -čka, *Npl* -čkovi	Mittagessen
večera	Abendessen
obrok	Mahlzeit
jelo	Essen, Speise
predjelo	Vorspeise
glavno jelo	Hauptspeise
desert	Nachspeise, Dessert
vegetarijanski, -a, -o	vegetarisch
vegetarija|nac, *Gsg* -nca, *Npl* -nci – **vegetarijanka**	Vegetarier – -in
organski, -a, -o	Bio-, biologisch
iz organskog uzgoja	aus biologischem Anbau
bez glutena / bezglutenski, -a, -o	glutenfrei
juha	Suppe

srkati, srčem / **srknuti**, srknem	schlürfen
Nepristojno je srkati juhu za stolom.	*Es ist unhöflich, bei Tisch die Suppe zu schlürfen.*
kost, *Isg* kosti /*(selten)* košću, *Npl* -i, *f*	Knochen; Gräte
riblja kost	Gräte

riblja kost ist auch eine Art Fischzopf (Frisur).

bez kostiju	ohne Knochen; entgrätet
file / file, *Gsg* filea	Filet
kotlet, *Gsg* kotleta	Kotelett
odre|zak, *Gsg* -ska, *Npl* -sci / *(reg.)* **šnicl(a)**	Schnitzel
bečki odrezak / bečka šnicla / bečki šnicl	Wiener Schnitzel
svinjski odrezak	Schweineschnitzel
krušne mrvice, *fpl* / **prezle**, *fpl*	Paniermehl, Brösel
jetrica *(Dim.)* / **jetra**	Leber
pileća jetrica	Hühnerleber
teleća jetrica	Kalbsleber
svinjska jetrica	Schweineleber
kobasica	Wurst
hreno|vka, *Gsg* -vke, *Npl* -vke	Hotdog-Würstchen
hot dog / hotdog	Hotdog
krvavica	Blutwurst
kulen	eine Art Rohwurst

kulen wird meist in Slawonien hergestellt und hat einen würzig scharfen Geschmack und eine dunkelrote Farbe.

safalada	Zervelatwurst
slanina / *(reg.)* **špek**	Speck
pršut	Prosciutto
prsa, *npl tant.*	Brust
pileća prsa	Hühnerbrust
pileći batak	(Hühner-)Schenkel
pileće krilo	(Hühner-)Flügel
hamburger	Hamburger

sendvič	Sandwich
sendvič od šunke / sendvič sa šunkom	Schinkensandwich
roštilj, *Gsg* roštilja / (*reg.*) **gradele,** *fpl*	Grill
s roštilja / na gradele	gegrillt, Grill-
ra|žanj, *Gsg* -žnja	Spieß
s ražnja	vom Spieß
janjetina s ražnja	Lamm am Spieß
ražnjić	Schaschlik, Fleischspießchen
pržen, -a, -o	gebraten, Brat-
pržene lignje	gebratene Kalamari
pečen, -a, -o	gebacken, Back-
pečeni krumpir	gebackene Kartoffel
sušen, -a, -o	getrocknet, Trocken-
sušena kobasica	getrocknete Wurst
kuhan, -a, -o	gekocht
kuhana šunka	gekochter Schinken
dimljen, -a, -o	geräuchert, Räucher-
Ne volim dimljeni sir.	*Ich mag keinen geräucherten Käse.*
sirov, -a, -o	roh
pril|og, *Npl* -ozi	Beilage
pomfrit / pomfrit	Pommes frites
riža	Reis
rizi-bizi, *Gsg* rizi-bizija	Rizi-Bizi
Djeca vole rizi-bizi.	*Kinder lieben Rizi-Bizi.*
krumpir, *Gsg* krumpira	Kartoffel, Erdapfel
pire / pire, *Gsg* pirea / **pire krumpir / krumpir pire**	Kartoffelpüree
um|ak, *Npl* -aci / **sos**	Soße
tjestenina	Pasta
pizza [pica]	Pizza
sol, *Gsg* soli, *Isg* soli/solju, *f*	Salz
pa|par, *Gsg* -pra	Pfeffer
go|rak, -rka, -rko	bitter

sla|dak, -tka, -tko — süß

ljut, -a, -o — scharf; (Person) sauer, böse

slan, -a, -o — salzig

bljutav, -a, -o — fade, schal

Fleisch und Meeresfrüchte

meso — Fleisch
mljeveno meso / (*reg.*) faširano meso — Hackfleisch

svinjetina — Schweinefleisch

govedina — Rindfleisch

piletina — Hühnerfleisch

puretina — Putenfleisch

janjetina — Lammfleisch

teletina — Kalbfleisch

zečetina — Hasenfleisch

pačetina — Entenfleisch

divljač, *f* — Wild

pripremati, pripremam / **pripremiti**, pripremim — vorbereiten, zubereiten

marinirati, mariniram, *(i)pf* — marinieren

riba — Fisch
plava riba — Fische mit dunklerem Fleisch (z. B. Thunfisch, Makrele, Sardelle)
bijela riba — Fische mit hellerem Fleisch (z. B. Goldbrasse, Scholle)

tuna — Thunfisch

sipa — Tintenfisch

lignja — Kalmar

rep, *Npl* -ovi — Schwanzflosse, Schwanz

glava — Kopf

ljuska — Schale; Schuppe

peraja — Flosse (auch als Tauchutensil)

svjež, -a, -e	frisch
smrznut, -a, -o	(tief)gefroren
bakalar, *Gsg* bakalara sušeni bakalar	Kabeljau, Dorsch, Stockfisch getrockneter Dorsch
skuša	Makrele
pastrva	Forelle
šaran	Karpfen
list, *Npl* -ovi	Seezunge
srdela	Sardelle
sardina	Sardine
hobotnica	Krake, Oktopus
rak, *Npl* -ovi	Krebs
kozice, *fpl*	Garnele, Shrimp
školjka	Muschel
dagnja	Miesmuschel
oštriga / kamenica	Auster
jast|og, *Npl* -ozi kuhani jastog	Hummer gekochter Hummer
škamp	Kaisergranat
prstac, *Gsg* **prstaca** *U Hrvatskoj je zabranjeno vađenje prstaca iz mora.*	Steindattel (eine Muschelart) *In Kroatien ist es verboten Steindatteln aus dem Meer zu holen.*

Kroatische Spezialitäten

štrukle, *fpl* / **štrukli,** *mpl*	eine Art Teigtaschen (typisch für Zagorje – zagorski štrukli; kann süß oder salzig sein)
gibanica	eine Art Kuchen aus Nordkroatien (z.B. aus der Region Međimurje: međimurska gibanica, Hauptzutaten sind Käse, Mohn, Nüsse, Äpfel usw.)

paški sir	Käse von der Insel Pag (eine der berühmtesten kroatischen Käsesorten)
pršut	Prosciutto (dalmatinischer Schinken)
ispod peke	(Zubereitungsart, bei der die Speise in einen Steinofen gegeben und mit einem Metalldeckel zugedeckt wird, auf dem sich glühende Kohlen befinden)
škampi na buzaru	(traditionelle Zubereitungsart von Scampi in Soße)
škampi na gradele	Scampi vom Grill
ćevapi / ćevapčići, *mpl*	Ćevapi / Ćevapčići (Fleischröllchen aus Hackfleisch)
ćevapi / ćevapčići u somunu	Ćevapi / Ćevapčići in einer Art Fladenbrot
somun, *Gsg* somuna	(eine Art Fladenbrot, das mit Ćevapčići serviert wird)
ražnjići, *mpl*	Schaschlik, Spießchen
janjetina s ražnja	Lamm am Spieß
pljeskavica	eine Art Frikadelle, Fleischlaibchen
(pečene, pržene, punjene) **lignje**, *fpl*	(gebackener, gerösteter, gefüllter) Kalmar
salata od hobotnice	Oktopussalat
gulaš	Gulasch
grah	Bohne; Bohneneintopf
(riblji / fiš) paprikaš	(Fisch-)Paprikaeintopf, Fischgulasch
blitva	Mangold
blitva s krumpirom	Mangold mit Kartoffeln
mlinci, *mpl*	eine Art gebratene Teigware (Beilage)
purica s mlincima	Truthahn mit »Mlinci«
sataraš	eine Art Ratatouille
punjena paprika	gefüllte Paprika
sarma	Kohlrouladen

ajvar	eine scharfe Beilage u.a. aus pürierten Paprika, Auberginen und Tomaten
burek (sa sirom / s mesom)	Burek (Blätterteiggericht mit Käse-/ Fleischfüllung)
savijača / (*reg.*) **štrudl(a)**	Strudel
rožata	eine Art Pudding aus Dalmatien, ähnlich einer Crème Brûlée
kuglof	Guglhupf
zagrebački odrezak	Schnitzel nach Zagreber Art (ähnlich wie Cordon Bleu)
pašticada	Dalmatinischer Braten in einer speziellen Soße mit Gnocchi (meist mit Rindfleisch zubereitet)
paštašuta	etwa Pasta Asciutta (typisch für Dalmatien)
paštafažol, *Gsg* paštafažola	Pasta mit Bohnen
palenta / žganci	Polenta
orahnjača / orehnjača	Nussstrudel
makovnjača	Mohnstrudel
odojak pečeni odojak	Ferkel gebratenes Ferkel
kotlovina	Schweinesteaks und Würste, zubereitet in einem Kessel im Freien
krvavica	Blutwurst (mit vielen verschiedenen Beilagen, z.B. krvavice s dinstanim zeljem i restanim krumpirom: Blutwurst mit gedünstetem Kohl und Kartoffelschmarrn)
žličnj|ak, *Npl* -aci / (*reg.*) **noklica / nokl(a)**	Nocke, Nockerl
juha s noklicama / sa žličnjacima	Suppe mit Nockerl
manistra / manestra	dicke Suppe mit Pasta (in Dalmatien)
maneštra	dicke Gemüsesuppe mit Mais (in Istrien)

kremšnita	Cremeschnitte
kroštule, *fpl*	ein Gebäck aus Istrien und Dalmatien, das u.a. für seine eigenwillige Form bekannt ist
kesten-pire / kesten pire / k. pire, *Gsg* pirea	Maronireis
arambašići, *mpl*	kleine Kohlrouladen, typisch für das dalmatinische Binnenland
hladetina	Sülze
francuska salata	»französischer Salat« (Mayonnaisesalat aus Karotten, Erbsen, Essiggurken, Kartoffeln und Eiern)
fileki, *mpl* / **tripice**, *fpl*	Kutteln
domaći rezanci, *mpl*	hausgemachte Suppennudeln
baklava	Baklava
bečki odrezak	Wiener Schnitzel
sir i vrhnje	Bauernkäse mit saurer Sahne
krpice sa zeljem, *fpl*	Krautfleckerl

Nachtisch und Süßigkeiten

kolač, *Gsg* kolača	Kuchen
krema	Creme
torta	Torte
rođendanska torta	Geburtstagstorte
svadbena torta	Hochzeitstorte
torta od čokolade	Schokoladentorte
paprenj|ak, *Gsg* paprenjaka, *Npl* -aci	Pfefferkuchen
medenj|ak, *Gsg* medenjaka, *Npl* -aci	Lebkuchen (mit Honig)
puding	Pudding
puding od vanilije	Vanillepudding
keks	Keks
piškota	Löffelbiscuit, Biskotte

voćna salata	Obstsalat
sladoled	Eis, Eiscreme
sladoledni kup	Eisbecher
sladoled u kornetu	Tüteneis
sladoled na štapiću	Eis am Stiel
sladoled od lješnjaka	Haselnusseis
Pojeo sam tri kuglice sladoleda.	*Ich (m) habe drei Kugeln (wörtl. Kügelchen) Eis gegessen.*
kornet, *Gsg* korneta	Tüte (aus Waffel für Eis)
čokolada	Schokolade
čokolada za kuhanje	Haushaltsschokolade, Kochschokolade
čokoladni preljev	Schokoladenglasur
biskvit, *Gsg* biskvita	Biscuit
bombon, *Gsg* bombona	Bonbon
slatkiši, *mpl*	Süßigkeiten
lizalica / lizaljka	Lutscher, Lolli
marcipan, *Gsg* marcipana	Marzipan

Im Restaurant und Café

restoran, *Gsg* restorana	Restaurant
kafić, *Gsg* kafića / (*ugs.*) **birc**	Café
Svako jutro idemo na kavu u isti birc.	*Wir gehen jeden Morgen ins gleiche Café auf einen Kaffee.*
pizzeria [piceria]	Pizzeria
stol, *Npl* -ovi	Tisch
stol za dvoje	ein Tisch für zwei
rezervacija	Reservierung
rezervirati, rezerviram, *(i)pf*	reservieren
rezerviran, -a, -o	reserviert
dio, *Gsg* dijela **za nepušače / pušače**	(Nicht-)Raucherbereich
konobar – konobarica	Kellner – -in

konobariti, konobarim, *ipf (ugs.)*	kellnern
Dosta mi je konobarenja za 20 [dvadeset] kuna po satu!	*Ich habe das Kellnern für 20 Kuna die Stunde satt!*
gost, *Npl* -i, *m*	Kunde, Gast
nuditi / ponuditi	bieten, anbieten
poslužiti, poslužim, *pf*	bedienen, servieren, bewirten
posl|uga, *DLsg* -uzi	Bedienung, Service
Razljutila nas je loša i spora posluga.	*Wir haben uns über die schlechte und langsame Bedienung geärgert.*
preporučivati, preporučujem / **preporučiti**, preporučim	empfehlen
naručivati, naručujem / **naručiti**, naručim	bestellen
jelovnik *Gsg* jelovnika, *Npl* jelovnici	Speisekarte
jelo	Essen, Speise
jelo po narudžbi	Essen à la carte
piće	Getränk
vinska karta	Weinkarte
račun, *Gsg* računa	Rechnung
Molim Vas račun!	*Die Rechnung, bitte!*
plaćati, plaćam / **platiti,** platim	zahlen, bezahlen
Mogu li platiti?	*Kann ich zahlen, bitte!*
napojnica	Trinkgeld

Trinkgeld

In Kroatien ist es nicht obligatorisch, Trinkgeld zu geben. Wird jedoch Trinkgeld gegeben, wird wie in Deutschland oder Österreich aufgerundet.

IN DER STADT

Einkaufen: Allgemeines

prodavač, *Gsg* prodavača – **prodavačica**	Verkäufer – -in
prodavati, prodajem / **prodati**	verkaufen
pomagati, pomažem / **pomoći**, pomognem	helfen
Mogu li Vam pomoći?	*Kann ich behilflich sein? / Kann ich Ihnen helfen?*
pomoć, *f*	Hilfe
ku|pac, *Gsg* -pca, *Npl* -pci	Käufer
klijent	Kunde
stalni klijent	Stammkunde
predmet	Gegenstand

Als **predmet** wird auch ein Schulfach bezeichnet: **(školski) predmet**.

gledati / pogledati	schauen, anschauen
Ne, hvala, samo gledam.	*Nein danke, ich sehe mich nur um.*
tražiti, *ipf*	suchen
kupovati, kupujem / **kupiti**	kaufen; einkaufen
Kruh i mlijeko uvijek kupujem u istom dućanu na uglu Ilice i Medulićeve (ulice).	*Ich kaufe Brot und Milch immer im gleichen Laden an der Ecke Ilicastraße und Medulićstraße.*
kupovina / kupnja	Einkauf, das Einkaufen
ići u kupovinu	einkaufen gehen
ići u šoping (*ugs.*)	shoppen
trgovački centar / šoping-centar	Einkaufszentrum
Našli su se u pola 5 [pet] ispred šoping-centra.	*Sie trafen sich um halb fünf vor dem Einkaufszentrum.*

kolica (u samoposluživanju), *npl tant.*	Einkaufswagen
košarica	Einkaufskorb
(plastična) vrećica	(Plastik-)Tüte

Weitere Bedeutungen von *kolica, košarica* und *vrećica*
(Dječja) kolica wird auch für *Kinderwagen* verwendet. **Košarica** (*Dim.* von **košara** *Korb*) bedeutet wörtlich *Körbchen* und **vrećica** (*Dim.* von **vreća** *Sack*) *Säckchen*. **Vreća za smeće** *Müllsack*, **vreća za spavanje** *Schlafsack*, **vreća krumpira** *Kartoffelsack*.

blagajna	Kasse
Stajao sam skoro pola sata u redu za blagajnu.	*Ich (m) habe fast eine halbe Stunde an der Kasse Schlange gestanden.*
roba	Ware
artikl	Artikel
namirnice, *fpl*	Lebensmittel, Nahrungsmittel
trebati, *ipf*	brauchen, benötigen
proizvod	Produkt
odlučivati, odlučujem / **odlučiti (se)**, odlučim (se)	(sich) entscheiden
nabavljati / nabaviti	anschaffen, besorgen
odjel	Abteilung
cijena	Preis
snižena cijena	reduzierter Preis
PDV [pe de ve], **porez na dodanu vrijednost**	MwSt., Mehrwertsteuer
PDV [pe de ve] u Hrvatskoj trenutno iznosi 25 % [dvadeset i pet posto].	*Die Mehrwertsteuer in Kroatien beträgt aktuell 25%.*
plaćati / platiti	(be)zahlen
plaćati / platiti (kreditnom) karticom	mit (Kredit-)Karte zahlen
plaćati / platiti gotovinom	bar zahlen
popust	Nachlass, Rabatt
Salon namještaja nudi 20 % [dvadeset posto] popusta na gotovinsko plaćanje.	*Das Möbelhaus gibt 20% Rabatt bei Barzahlung.*
sniženje (cijena)	(Preis-)Ermäßigung
Skijašku opremu kupili smo na sniženju.	*Wir kauften die Skiausrüstung ermäßigt.*

rasprodaja	Ausverkauf
Na rasprodaji sam našao traperice za 10 [deset] kuna.	*Ich (m) habe im Ausverkauf Jeans um 10 Kuna gefunden.*
koštati, *ipf*	kosten
Koliko ovo košta ?	*Was / Wie viel kostet das?*
skup, -a, -o	teuer
jeftin, -a, -o	billig
povo|ljan, -ljna, -ljno	preiswert, günstig
pristupa|čan, -čna, -čno	erschwinglich; zugänglich
pristupačna cijena	erschwinglicher Preis
nepristupačna osoba	unzugängliche Person
bespla|tan, -tna, -tno	gratis
kvaliteta	Qualität
proizvod vrhunske kvalitete	Produkt mit Topqualität
kvalite|tan, -tna, -tno	von guter Qualität
nov|ost, *Gsg* -osti, *Isg* -osti/-ošću, *f*	Neuheit
novost na tržištu	Neuheit auf dem Markt
nov, -a, -o	neu
izbor	Auswahl
bogat izbor	reiche Auswahl
asortiman, *Gsg* asortimana	Sortiment
birati / izabrati, izaberem o. izaberem; **odabrati**, odaberem o. odaberem	(aus)wählen
ponuda	Angebot
bon, *Npl* -ovi	Gutschein
poklon-bon	Geschenkgutschein
povratna boca	Pfandflasche
primati / primiti	akzeptieren, annehmen
Ne primamo kovanice manje od 50 [pedeset] lipa.	*Wir akzeptieren keine Münzen unter 50 Lipa.*
pakirati, pakiram, *ipf*	packen
upakirati, upakiram / **spakirati**, spakiram / (*ugs.*) **zapakirati**, zapakiram, *pf*	einpacken

zamotavati, zamotavam / **zamotati**	einwickeln, einpacken
pult, *Npl* -ovi	Ladentisch, Theke, Tresen
blagajna	Kasse
platiti na blagajni	an der Kasse zahlen
red, *Npl* -ovi	Schlange, Reihe, Reihenfolge
Sad si ti na redu.	*Jetzt bist du dran.*
stajati u redu / (*ugs.*) stajati u repu	Schlange stehen (wörtl.: in der Reihe / im Schwanz stehen)
račun, *Gsg* računa	Quittung, Kassenbeleg, Rechnung
reklamacija	Reklamation
vraćati / vratiti	zurückgeben
zamjenjivati, zamjenjujem / **zamijeniti**, zamijenim	umtauschen
naručivati, naručujem / **naručiti**, naručim	bestellen
narudžba	Bestellung
narudžbenica	Bestellschein
rezervirati, rezerviram, *(i)pf*	reservieren
dobivati, dobivam / **dobiti**, dobijem	bekommen
tržnica	Markt
Svake nedjelje idem na tržnicu po sir i vrhnje.	*Jeden Sonntag gehe ich zum Markt, um Bauernkäse mit [saurer] Sahne [traditionelles kroatisches Produkt] zu kaufen.*
cjenkati se, *ipf*	(um den Preis) feilschen
Marko se na tržnici uvijek cjenka jer mu je cjenkanje zabavno.	*Marko feilscht auf dem Markt immer um den Preis, weil er das Feilschen amüsant findet.*

Geschäfte

trgovina	Laden, Geschäft; Handel
trgovina mješovite robe (eher *form.*)	Gemischtwarenhandlung
trgovina obuće (eher *form.*)	Schuhgeschäft
trgovina elektroničkih uređaja	Elektrogeschäft
minimarket / market, *Gsg* marketa	kleines Geschäft, Laden

dućan, *Gsg* dućana / **prodavaonica**	Geschäft
dućan sportske opreme	Sportgeschäft
drogerija	Drogerie
knjižara	Buchhandlung
cvjećarnica / (*ugs.*) **cvjećarna**	Blumenladen
but|ik, *Gsg* butika, *Npl* -ici / **but|ik**	Boutique
otvarati, otvaram / **otvoriti**, otvorim	öffnen, aufmachen
otvoren, -a, -o	offen, geöffnet
zatvarati, zatvaram / **zatvoriti**, zatvorim	schließen
Zatvaramo u 8 [osam] (sati).	*Wir schließen um acht (Uhr).*
zatvoren, -a, -o	geschlossen
vući, vučem / **povući**, povučem	ziehen
Vuci	Ziehen (Hinweis an Türen)
gurati / **gurnuti**, gurnem	schieben, stoßen, drücken
Guraj / Rini	Drücken (Hinweis an Türen)
izl|og, *Npl* -ozi	Schaufenster
U izlogu je ugledao svoju omiljenu igračku iz djetinjstva.	*Er sah sein Lieblingsspielzeug aus Kindertagen im Schaufenster.*
ulaz	Eingang
izlaz	Ausgang
izlaz u nuždi	Notausgang
samoposluživanje	Supermarkt; Selbstbedienung
samoposl|uga, *DLsg* -uzi / **supermarket**, *Gsg* supermarketa	Supermarkt
robna kuća	Warenhaus, Kaufhaus
cigareta	Zigarette
kio|sk, *Npl* -sci	Kiosk
Odjurio je na kiosk po novine i šteku cigareta.	*Er rannte zum Kiosk, um die Zeitung und eine Stange Zigaretten [zu kaufen].*
šteka (cigareta)	Stange (Zigaretten)
duhan, *Gsg* duhana	Tabak
pekara	Bäckerei

pekarnica — Bäckerei

U pekarnici sam kupio pirošku sa sirom, bučnicu i mini pizzu. — *Ich (m) habe in der Bäckerei eine Käsetasche, einen Kürbisstrudel und eine Minipizza gekauft.*

> **pekara** und **pekarnica**
> **pekara** ist die Bäckerei, der Ort, an dem Brot hergestellt wird, **pekarnica** hingegen ist eine Bäckerei, das Geschäft, in dem Brot verkauft wird. Das Wort **pekara** wird jedoch umgangssprachlich oft anstelle von **pekarnica** verwendet. **Pekarna** wird auch oft verwendet, gehört allerdings nicht zur kroatischen Standardsprache.

voćarnica / (*ugs.*) voćarna — Obsthandel

slastičarnica / (*ugs.*) slastičarna — Konditorei

mesnica — Metzgerei

ribarnica — Fischgeschäft

ljekarna / apot|eka, *DLsg* -eci — Apotheke

čišćenje — Reinigung

kemijsko čišćenje — chemische Reinigung

postolar, *Gsg* postolara — Schuhmacher, Schuster

> **postola / postol**
> **Postolar** kommt von **postola** bzw. **postol**, alte slawische, aber nur regional verwendete Wörter für *Schuh*. Das standardkroatische Wort für *Schuh* **cipela** ist ein Lehnwort aus dem Ungarischen **cipő**.

optičar — Optiker

zlatar, *Gsg* zlatara — Goldschmied

urar, *Gsg* urara — Uhrmacher

Kleidung

gol, -a, -o — nackt

nositi, *ipf* — (etw.) tragen

> **nositi** kann tragen im Sinne von *anhaben* und tragen im Sinne von *etwas in der Hand tragen* bedeuten.

odijevati (se), odijevam (se) / **odjenuti (se)**, odjenem (se) — (sich) anziehen (nur Kleidung)

obuvati (se), obuvam (se) / **obuti (se)**, obujem (se)	(sich) anziehen (Fußbekleidung)
oblačiti (se), oblačim (se) / **obući (se)**, obučem (se)	(sich) anziehen
stavljati / staviti	aufsetzen (Hut, Mütze); anlegen (Krawatte, Schmuck)
izuvati (se), izuvam (se) / **izuti (se)**, izujem (se)	(sich) ausziehen (Fußbekleidung)
skidati (se) / skinuti (se), skinem (se)	(sich) ausziehen
pristajati, pristajem, *ipf* / (*ugs.*) **pasati**, pašem, *ipf*	passen
Ne znam koja boja kose mi najbolje pristaje / paše.	*Ich weiß nicht, welche Haarfarbe am besten zu mir passt.*
stajati, stojim, *ipf*	stehen; (jdm) stehen (auch Kleidung)
Dobro ti stoji zelena boja.	*Grün steht dir gut.*
kabina za presvlačenje	Umkleidekabine
probati, *(i)pf*	(an)probieren; kosten (Speisen)
šivaći stroj, *Npl* (šivaći) -evi / **šivaća mašina**	Nähmaschine
tkanina	Stoff
odjeća	Kleidung
dječja odjeća	Kinderkleidung
hlače, *fpl tant.*	Hose(n)
kratke hlače	Shorts
traperice, *fpl tant.* / **traper-hlače**	Jeans
gaće, *fpl tant.*	Unterhose

gaće wird oft im Diminutiv **gaćice** verwendet und bedeutet dann, wie im Deutschen, *Höschen, Damenslip*. Regional wird **gaće** auch für eine (Über-)Hose verwendet.

kupaće gaće	Badehose
kupaći kostim / badekostim, *Gsg* badekostima / (*ugs.*) **badić**	Badeanzug
štrample, *fpl tant.*	(dickere) Strumpfhose
najlonke, *fpl tant.*	Nylonstrumpfhose
bokserice, *fpl tant.*	Boxershorts

treni|rka / treni|rka, *DLsg* -rci	Jogginganzug, Trainingsanzug
Cijeli dan hodam po stanu u trenirci.	*Ich laufe den ganzen Tag in der Wohnung mit Jogginghosen herum.*
remen	Gürtel
suknja	Rock
čarapa	Strumpf
sokna	Socke
dokolje|nka, *DLsg* -nci	Kniestrumpf, Stutzen

Stutzen ≠ štucna (*reg.*)
Das Kroatische **štucna** bedeutet *Beinwärmer*.

košulja	Hemd
potkošulja	Unterhemd
rukav, *Gsg* rukava	Ärmel
dugih rukava	langärmelig
kratkih rukava	kurzärmelig
bez rukava	ärmellos
majica	Shirt
majica s dugim rukavima / majica dugih rukava	Sweatshirt
majica s kratkim rukavima / majica kratkih rukava	T-Shirt
izrez	Ausschnitt
v-izrez [ve izrez]	V-Ausschnitt
pulover / džemper	Pullover
džemper na kopčanje	Pullover zum Zuknöpfen
vesta	Weste (mit Ärmel)
prsl|uk, *Npl* -uci	Weste (ärmellos)
prsluk za spašavanje	Rettungsweste, Schwimmweste
Prsluk za spašavanje nalazi se ispod sjedala.	*Die Schwimmweste befindet sich unter dem Sitz.*
kravata	Krawatte
haljina	Kleid
jakna	Jacke
(kišna) kabanica	Regenmantel

kaput, *Gsg* kaputa	Mantel
krzneni kaput	Pelzmantel
vjetro|vka, *DLsg* -vci / **vindjakna**	Anorak, Windjacke
grudnj|ak, *Npl* -aci	BH
odijelo	Anzug
vjenčanica	Hochzeitskleid
narodna nošnja	Nationaltracht
spavaćica	Nachthemd

> spavaćica vs. spavačica
> Im Gegensatz zu **spavaćica** (mit **ć**) (*Nachthemd*) ist **spavačica** (mit **č**) eine *schlafende (Frau)*.

pidžama	Pyjama
Od jutra sam u pidžami.	*Ich trage den Pyjama seit dem Morgen.*
okovratn|ik, *Npl* -ici / **kragn(a)**	Kragen
džep, *Npl* -ovi	(Hosen-, Mantel-, Jacken-)Tasche
Osobnu (iskaznicu) nosim u stražnjem džepu hlača, a mobitel u prednjem.	*Meinen Personalausweis trage ich in der hinteren Hosentasche und das Handy in der vorderen.*
dugme, *Gsg* -ta, *Npl* dugmeta / **gumb**, *Npl* -i	Knopf
zakopčavati, zakopčavam / **zakopčati**	zuknöpfen
otkopčavati, otkopčavam / **otkopčati**	aufknöpfen
veličina	Größe
konfekcijski broj, *Npl* (konfekcijski) -evi	Konfektionsgröße (wörtl.: Konfektionsnummer)
elegan|tan, -tna, -tno	elegant
sa stilom	stilvoll
Kristina je žena sa stilom.	*Kristina ist eine Frau mit Stil.*
mode|ran, -rna, -rno	modern, modisch
moda	Mode
Mokasin(k)e su opet u modi.	*Mokassins sind wieder in Mode.*
biti »in«	in sein
Znaš li uopće što je trenutno »in«?	*Weißt du überhaupt was gerade »in« ist?*

izaći / izići (izađem / iziđem) **iz mode**	aus der Mode kommen
Jastučići su već odavno izašli iz mode.	*Schulterpolster sind schon lange aus der Mode [gekommen].*
proljetna kolekcija	Frühlingskollektion

Schuhwerk und Accessoires

cipela	Schuh
planinarske cipele	Wanderschuhe
kožne cipele	Lederschuhe
par cipela	ein Paar Schuhe
Žuljaju me cipele.	*Meine Schuhe drücken.*
žulj, *Npl* -evi	Blase, Schwiele
Imam žulj na lijevoj peti.	*Ich habe eine Blase auf meiner linken Ferse.*
kurje oko, *Npl* oči	Hühnerauge
Možete li mi preporučiti neku dobru kremu protiv kurjih očiju?	*Können Sie mir eine gute Creme gegen Hühneraugen empfehlen?*
tenisice, *fpl*	Turnschuhe, Sportschuhe
potplat / (*ugs. reg.*) **đon**, *Npl* -ovi	(Schuh-) Sohle
peta	Absatz; Ferse
visoka / niska peta	hoher / niedriger Absatz
Na poslu se jutros pojavila u minici i visokim petama.	*Sie erschien heute Morgen in Minirock und Highheels zur Arbeit.*
čizma	Stiefel
gumene čizme, *fpl*	Gummistiefel
japanke, *fpl*	Flipflops
Baš me briga, danas idem na posao u japankama.	*Ach was soll's, ich gehe heute mit Flipflops zur Arbeit.*
sandale, *fpl*	Sandalen
mokasin(k)e / mokasin(k)e, *fpl*	Mokassins
papuče, *fpl*	Pantoffeln
balerinke, *fpl*	Ballerinas
vezice, *fpl*	Schnürsenkel, Schuhband
či|čak, *Gsg* -čka, *Npl* -čci	Klette; Distel
cipele na vezice / cipele na čičak	Schuhe mit Schnürsenkel/Klettverschluss

vezice
Regional werden für *Schnürsenkel* umgangssprachlich öfter **žnira|nac**, *Gsg* -nca, *Npl* -nci oder **špigeta** verwendet: **Odvezane su ti špigete.** / **Odvezani su ti žniranci.** *Deine Schnürsenkel sind offen.*

marama	(Hals-, Kopf-)Tuch
šal, *Npl* -ovi	Schal
rukavica	Handschuh
skijaške rukavice, *fpl*	Skihandschuhe
kapa	Kappe, Mütze, Haube
vunena kapa	Wollmütze
šešir, *Gsg* šešira	Hut
nositi šešir	einen Hut tragen
slamnati šešir	Strohhut
torba	Tasche
školska torba	Schultasche
putna torba	Reisetasche
ruks|ak, *Npl* -aci	Rucksack
kišobran	Regenschirm
šestinski kišobran	Regenschirm von Šestine

Regenschirm von Šestine
Die Tracht von Šestine (eine Gegend um Zagreb), zu der der Regenschirm gehört, war einst die traditionelle Tracht der Region, wird heute zu gewissen Veranstaltungen und Festlichkeiten getragen. Der Regenschirm hingegen ist heute ein beliebtes Souvenir.

sunčane naočale, *fpl tant.*	Sonnenbrille(n)
lančić	Kettchen
zlatni la|nac, *Gsg* -nca, *Npl* -nci / **zlatni lančić**	Goldkette/ Goldkettchen
ogrlica	Halskette, Halsband
biserna ogrlica	Perlenkette
pseća ogrlica	Hundehalsband
privje|sak, *Gsg* -ska, *Npl* -sci	Anhänger, Klunker
prsten, *Npl* -(ov)i / (eher *gebr.*) **prstenje**, *Npl*	Ring
zaručnički prsten	Verlobungsring
vjenčani prsten	Ehering

nakit	Schmuck
narukvica	Armband
naušnica	Ohrring, Ohrschmuck
broš, *Npl* -evi	Brosche
dijamant / dijamant	Diamant
zlato	Gold
srebro	Silber
bronca	Bronze

➠ Hygieneartikel und Make-up

četkica za zube	Zahnbürste (wörtl.: Bürstchen für (die) Zähne)
zubna pasta	Zahnpasta
prati, perem / **oprati,** operem **zube**	die Zähne putzen
ko|nac, *Gsg* -nca, *Npl* -nci	Zwirn, Faden
zubni konac	Zahnseide
tampon, *Gsg* tampona	Tampon
higijenski uložak, *Gsg* (higijenskog) uloška, *Npl* (higijenski) ulošci	Damenbinde
vata	Watte
štapići, *mpl* **za uši**	Wattestäbchen
sapun, *Gsg* sapuna	Seife
tekući sapun	Flüssigseife
gel *Npl* -ovi **za tuširanje**	Duschgel
pjena za kupanje	Schaumbad
losion, *Gsg* losiona **za tijelo**	Körperlotion
puder	Puder
puder za tijelo	Körperpuder
puder za lice	Gesichtspuder
spužva	Schwamm
kozmet|ika, *DLsg* -ici	Kosmetik, Kosmetika
šminka	Schminke

šminkati (se) / našminkati (se)	(sich) schminken
bora	Falte
krema	Creme
krema protiv bora	Anti-Faltencreme
hidratantna krema	Feuchtigkeitscreme
koža	Haut
osjetljiva koža	empfindliche Haut
masna koža	fettige Haut
suha koža	trockene Haut
čišćenje	Reinigung
mlijeko za čišćenje lica	Gesichtsreinigungsmilch
maska za lice	Gesichtsmaske
lak *Npl* -ovi **za nokte**	Nagellack
aceton, *Gsg* acetona	Nagellackentferner
parfem, *Gsg* parfema	Parfüm
maskara	Wimperntusche, Mascara
sjenilo za oči	Lidschatten
ruž, *Npl* -evi **(za usne)**	Lippenstift
pinceta	Pinzette
no|kat, *Gsg* -kta, *Npl* -kti	(Finger-, Zehen-)Nagel
škare, *fpl tant.*	Schere
škarice za nokte, *fpl tant.*	Nagelschere
grickalica (za nokte)	Nagelklipser

> **grickalica und andere Diminutive**
> Steht das Wort **grickalica** im Singular, hat es die Bedeutung *Nagelklipser*, steht das Wort im Plural, hat es die Bedeutung *Knabberzeug*. Ebenso ändert sich die Bedeutung von **škare**, *fpl tant. Schere*, wenn das Wort im Diminutiv steht, zu **škarice (za nokte)** *Nagelschere* oder *kleine Schere*.

rezati, režem, *ipf*	schneiden
rezati / odrezati nokte	die Nägel (ab)schneiden
depilacija	Enthaarung
depilirati (se), depiliram (se), *(i)pf*	(sich) enthaaren
toaletni papir, *Gsg* (toaletnog) papira	Toilettenpapier

➠ Beim Frisör

frizer, *Gsg* frizera – **frizerka**	Frisör – -in
frizerski salon, *Gsg* (frizerskog) salona	Frisörsalon
češljaonica	Coiffeur (alt für Frisör)
če|šalj, *Gsg* -šlja, *Npl* -šljevi	Kamm
češljati (se) / počešljati (se)	(sich) kämmen
četka za kosu	(Haar-)Bürste
četkati, *ipf*	bürsten
kosa	Haar (auf dem Kopf)
obojana kosa / ofarbana kosa / (*reg.*) pofarbana kosa	gefärbtes Haar
kovrčava kosa	lockiges Haar
ravna kosa	glattes Haar
kratka kosa	kurzes Haar
duga kosa	langes Haar
Maja ima plavu kosu.	*Maja hat blonde Haare.*

blaue Haare
Im Kroatischen ist blond wörtlich »blau«.

vlas, *Npl* -i, *f*	(einzelnes) Haar
kra|tak, -tka, -tko	kurz
ra|van, -vna, -vno	glatt
dug, -a, -o	lang
kovrča / uvo|jak, *Gsg* -jka, *Npl* -jci	Locke
kovrčav, -a, -o / **frčkav,** -a, -o	lockig

kovrčav ist ein wenig formeller als **frčkav**.

šišati / ošišati (se), ošišam (se)	(sich) die Haare schneiden
šišanje	Haareschneiden
Idem na šišanje barem jednom mjesečno.	*Ich lasse mir mindestens einmal im Monat die Haare schneiden.*
brijanje	Rasieren, Rasur
pjena za brijanje	Rasierschaum

brijati (se), brijem (se) / **obrijati (se)**, obrijem (se)	(sich) rasieren
Bilo mi je toliko vruće da sam poželio obrijati glavu na ćelavo.	*Mir war so heiß, dass ich (m) mir meinen Kopf kahl rasieren wollte.*
brijaći aparat, *Gsg* (brijaćeg) aparata	Elektrorasierer
britvica	Rasierklinge
losion *Gsg* losiona **poslije brijanja**	Rasierwasser
brada	Bart, Kinn
brkovi, *mpl*	Oberlippenbart, Schnurrbart
zulufi, *mpl*	Koteletten
ispirati, ispirem / **isprati**, isperem	ausspülen
podšišati, podšišam, *pf*	(Haare) kürzen, stutzen
razdje|ljak, *Gsg* -ljka, *Npl* -ljci	Scheitel
sušilo / fen za kosu	Haartrockner
sušiti / osušiti, osušim **(kosu)**	föhnen
trajna frizura / (*ugs.*) **trajna**	Dauerwelle
šampon, *Gsg* šampona	Shampoo
regenerator / regenerator (za kosu)	Pflegemittel, Conditioner
lak *Npl* -ovi **za kosu**	Haarspray
ukosnica (*form.*) / **špangica**	Spange
gumica za kosu	Haargummi
konjski rep, *Npl* (konjski) -ovi	Pferdeschwanz
pletenica	(geflochtener) Zopf
riblja kost, *Gsg* kosti, *Isg* kosti/košću, *f*	»Gräte« (eine Art Zopf)
punđa	Dutt
per|ika, *DLsg* -ici	Perücke
dredloksi, *mpl*	Dreadlocks
pramenovi, *mpl*	Strähnen
prhut, *Isg* -i, *f* / **perut**, *Isg* -i, *f*	Schuppen
ispucani vrhovi, *mpl*	gespaltene Haarspitzen

➠ Elektronik und Foto

žarulja	Glühbirne
slušalice, *fpl*	Kopfhörer
kamera	Kamera
filmska kamera	Videokamera
snimati / snimiti	filmen
snimati / snimiti film	einen Film drehen
fotoaparat, *Gsg* fotoaparata / (*ugs.*) **fotić**	Kamera, Fotoapparat
digitalni fotoaparat	Digitalkamera
digitalni, -a, -o	digital
memorijska kartica	Speicherkarte
fotografirati, fotografiram, *(i)pf*	fotografieren
slikati se, *ipf* (*ugs.*)	sich fotografieren lassen
fotografija	Foto
mobilni telefon, *Gsg* (mobilnog) telefona / **mobitel**	Mobiltelefon, Handy
PIN [pin] **(broj**, *Npl* -evi)	PIN-Code (auch bei Kreditkarten)
PUK [puk] **(broj**, *Npl* -evi)	PUK-Code
SIM [sim] **kartica**	SIM-Karte
baterija / baterija	Akku; Batterie
puniti / napuniti	(auf)laden
punjač, *Gsg* punjača	Ladegerät
zaslon (*form.*) / **monitor** / **ekran**, *Gsg* ekrana	Display, Bildschirm

> Die Wörter **zaslon**, **monitor** und **ekran** werden für ein *Computerdisplay* verwendet, aber nur **ekran** kann auch *Fernsehbildschirm* bedeuten. Für Handys werden meist **zaslon** (eher *form.*) und **ekran** verwendet.

tablet / (*form.*) **tablet(-)računalo**	Tablet-PC
(loš) prijem	(schlechter) Empfang (z.B. Radio, TV)
(loš) signal, *Gsg* signala	(schlechter) Empfang (z.B. Handy)

mp3 player [em pe tri plejer]	MP3-Player
zvučn|ik, *Npl* -ici	Lautsprecher
kabel, *Gsg* kabla/(-a), *Npl* kablovi/(-i)	Kabel

Schreibwarenhandlung

pisati, pišem / **napisati**, napišem	(auf)schreiben
(obična) olovka tehnička olovka kemijska olovka / (eher *arch.*) penkala	Bleistift Minenbleistift Kugelschreiber

Slavoljub Penkala war ein bekannter kroatischer Ingenieur und Erfinder. Das Wort **penkala** (umgangssprachliches Synonym von **kemijska olovka** *Kugelschreiber*) geht auf ihn zurück, da ihm die Entwicklung und Patentierung des Kugelschreibers zugeschrieben wird. Das Wort wird heutzutage jedoch immer weniger verwendet.

(drvene) bojice, *fpl*	Buntstifte
papir, *Gsg* papira	Papier
(školska) bilježnica	(Schul-)Heft
ravnalo	Lineal
gumica	Radiergummi
šiljilo	Bleistiftspitzer
šiljiti / našiljiti	spitzen
skalpel	Cutter Stanleymesser
spajalica	Büroklammer
selotejp	Klebestreifen, Klebeband

Bank

banka	Bank
no|vac, *Gsg* -vca, *Npl* -vci	Geld
sitniš, *Gsg* sitniša	Kleingeld
euro	€, Euro

kuna	Kuna (Währung); Mader
Možemo li platiti u kunama?	*Können wir in Kuna bezahlen?*
lipa	Lipa (Währung, 1 Kuna = 100 Lipa); Linde

HRK – hrvatska kuna
1 Kuna = 100 Lipa
In Kroatien wird **kuna** mit **kn** abgekürzt und **lipa** mit **lp**.

kovanica	Münze
novčanica	Geldschein
Na novčanici od 50 [pedeset] kuna nalazi se portret književnika Ivana Gundulića.	*Auf dem 50-Kuna-Schein ist ein Porträt des Schriftstellers Ivan Gundulić.*
pristojba	Gebühr
RTV [er te ve] pristojba	Radio- und Fernsehgebühr
virman, *Gsg* virmana	Überweisung
plaćati / platiti	zahlen, bezahlen
plaćati / platiti virmanom	überweisen
uplaćivati, uplaćujem / **uplatiti**, uplatim	einzahlen
podizati, podižem / **podignuti (podići)**, podignem	abheben, beheben
podizati / podignuti novac	Geld abheben, Geld beheben
PIN [sim] **(broj**, *Npl* -evi**)**	Geheimzahl, PIN-Code
bankomat, *Gsg* bankomata	Geldautomat, Bankomat
gotovina	Bargeld
plaćati / platiti gotovinom	bar zahlen
račun, *Gsg* računa	(Bank-)Konto; Quittung, Rechnung
žiro-račun	Girokonto
tekući račun	Gehaltskonto
devizni račun	Devisenkonto
broj računa	Kontonummer
stanje na računu	Kontostand
otvoriti, otvorim – **zatvoriti**, zatvorim **račun**, *pf*	ein Konto eröffnen – schließen

prekoračenje	Überschreitung, Übertretung
dopušteno prekoračenje	Überziehungsrahmen
biti u minusu	im Minus sein
štedjeti, štedim / **uštedjeti**, uštedim	(ein)sparen
štednja	Sparen
oročena štednja	(Sparform, bei der das Geld erst nach einer bestimmten Zeitperiode abgehoben werden kann)
štedna knjižica	Sparbuch
ušteđevina	Ersparnisse
tro|šak, *Gsg* -ška	Ausgabe
troškovi, *mpl*	Ausgaben
trošiti / potrošiti, potrošim	ausgeben
potrošač, *Gsg* potrošača – **potrošačica**	Konsument – -in, Verbraucher – -in
trajni nal|og, *Npl* (trajni) -ozi	Einzugsauftrag, Dauerauftrag
osiguranje	Versicherung
životno osiguranje	Lebensversicherung
kartica	(Plastik-)Karte
plaćati / platiti karticom	mit Karte (be)zahlen
kreditna kartica	Kreditkarte
kredit, *Gsg* kredita	Kredit
beskamatni kredit	zinsenfreier Kredit
kupovati, kupujem / **kupiti na kredit**	auf Kredit kaufen
uzeti kredit	einen Kredit aufnehmen
kreditno sposo|ban, -bna, -bno	kreditfähig
kamate, *fpl*	Zinsen
kamatna stopa	Zinssatz
stečaj / bankrot, *Gsg* bankrota	Konkurs, Bankrott
valuta	Währung
strana valuta	ausländische Währung, Valuten
(švicarski) fra|nak, *Gsg* -nka, *Npl* -nci	(Schweizer) Franken
(američki) dolar	(Amerikanischer) Dollar

(britanska) funta	(Britischer) Pfund
(švedska / danska / norveška) kruna	(Schwedische / Dänische / Norwegische) Krone
iznos	Betrag
provizija / provizija	Bankgebühr
promijeniti, promijenim, *pf* promijeniti novac	(um)wechseln, (um)tauschen Geld (um)wechseln
mjenjačnica	Wechselstube
tečaj, *Npl* -(ev)i	Wechselkurs
tečajna lista	Wechselkurstabelle
ček, *Npl* -ovi *U Hrvatskoj je plaćanje čekom sve rjeđe.*	Scheck *In Kroatien ist das Zahlen mit Scheck immer seltener.*
dug, *Npl* -ovi biti u dugovima *Do grla sam u dugovima.*	Schulden Schulden haben *Ich stecke bis zum Hals in Schulden.*
dugovati, dugujem, *ipf* *Tena mi duguje 300 [tristo] kuna.*	(jdm) etwas schulden *Tena schuldet mir 300 Kuna.*
biti du|žan, -žna, -žno *Dužna sam ti 23 [dvadeset tri] kune.*	schuldig sein *Ich (f) schulde dir 23 Kuna.*

➠ Postamt

pošta zračna pošta	Post, Postamt Luftpost, Airmail
poštanski ured	Postamt
poštanska marka	Briefmarke
poštanski sandučić	Briefkasten (der Post und des Empfängers)
poštanski broj, *Npl* (poštanski) -evi *Poštanski je broj grada Rijeke 51000 [pedeset i jedna tisuća].*	Postleitzahl *Die Postleitzahl von Rijeka ist 51000.*
primatelj / primalac, *Gsg* primaoca, *Npl* primaoci	Empfänger

pošiljatelj /pošiljalac, *Gsg* pošiljaoca, *Npl* pošiljaoci	Absender
slati, šaljem / **poslati**, pošaljem	(ver)schicken, (ver)senden
slati / poslati pismo	einen Brief schicken
uručivati, uručujem / **uručiti**, uručim	liefern, zustellen
poši|ljka, *DLsg* -ljci	Sendung
preporučena pošiljka	eingeschriebene Sendung, Einschreiben
vrijednosna pošiljka	Wertsendung
žurna pošiljka	Eilsendung
primati / primiti	bekommen, erhalten
primiti paket	ein Paket erhalten
paket, *Gsg* paketa	Paket
pismo	Brief
prioritetno pismo	Priority-Brief
omotnica	Briefumschlag, Kuvert

Kuvert ist ein Wort, das den Formenreichtum der kroatischen Umgangssprache deutlich macht, z.B. **koverta**, **kuverta** oder **kuve|rat**, *Gsg* -rta.

adresa	Adresse, Anschrift
poštar – poštarica	Briefträger – -in
poštarina	Porto, Postgebühr
telefon, *Gsg* telefona	Telefon
bežični telefon	Schnurlostelefon
mobilni telefon	Mobiltelefon
telefonski razgovor	Telefonat, Telefongespräch
nazivati, nazivam / **nazvati**, nazovem	(jdn) anrufen
telefonirati, telefoniram, *(i)pf*	telefonieren
razgovarati na telefon	am Telefon sprechen
Opet visiš na telefonu!	*Du hängst schon wieder am Telefon!*

Skype®
In geschriebener Form trifft man meist auf zwei Schreibweisen: **skype** und **skajp**. Beide werden [skajp] ausgesprochen. In flektierter Form sind noch mehr Varianten zu finden, z.B. im Satz *Wir hören uns auf Skype:* **Čujemo se skypeom** oder **Čujemo se preko** (dt. via) **skypea / skype-a / skypa / skajpa / Skype-a / …**

telefonski imen|ik, *Npl* (telefonski) -ici	Telefonbuch
telefonski broj, *Npl* (telefonski) -evi	Telefonnummer
predbroj / pozivni broj	Vorwahl
Predbroj za Zagreb je 01 [nula jedan], a za Hrvatsku 385 [tri osam pet].	*Die Vorwahl von Zagreb ist 01 und die von Kroatien 385.*

Behörden

iskaznica	Ausweis
osobna iskaznica / (*ugs.*) osobna	Personalausweis
OIB [oib] **(osobni identifikacijski broj)**	Personenkennziffer
putovnica / pasoš	Pass
rodni list, *Npl* (rodni) -ovi / **izva|dak**, -tka, -(t)ci **iz matične knjige rođenih**	Geburtsurkunde
vjenčani list, *Npl* (vjenčani) -ovi / **izva|dak**, -tka, -(t)ci **iz matične knjige vjenčanih**	Heiratsurkunde
smrtni list, *Npl* (smrtni) -ovi / **izva|dak**, -tka, -(t)ci **iz matične knjige umrlih**	Todesurkunde
MUP [mup] **(Ministarstvo unutarnjih poslova)**	(entspricht etwa) Verwaltungsbehörde, Magistrat (wörtl.: Ministerium für innere Angelegenheiten)

MUP

Folgendes fällt in den Zuständigkeitsbereicht des **MUP**: 1) Melde- und Aufenthaltsbestätigung, 2) Reisepass, 3) Führerschein, 4) Personalausweis, 5) KFZ-Anmeldung, 6) Antrag auf kroatische Staatsbürgerschaft, 7) Waffenschein bzw. Anmeldung einer Waffe, 8) Arbeitserlaubnis

porezna uprava	Finanzamt, Steueramt
porez	Steuer
porez na dohodak / porez na prihod	Einkommenssteuer
plaćati / platiti porez	Steuern zahlen
porezni obvezn|ik, *Npl* -ici – **porezna obveznica**	Steuerzahler – -in
dohodak, *Gsg* dohotka, *Npl* dohoci	Einkommen

obrazac, *Gsg* obrasca, *Npl* obrasci / **formular**, *Gsg* formulara	Formular
ispunjavati, ispunjavam / **ispuniti**	ausfüllen
državljanstvo	Staatsangehörigkeit, Staatsbürgerschaft
dvojno državljanstvo	Doppelstaatsbürgerschaft
domovina	Heimatland
manjina	Minderheit
nacionalna manjina	nationale Minderheit
pisati, pišem / **napisati**, napišem	(auf)schreiben
potpisati, potpišem, *pf*	unterschreiben
potpis	Unterschrift
vlastoručni potpis	eigenhändige Unterschrift
krivotvoreni potpis	gefälschte Unterschrift
dozvola	Erlaubnis, Genehmigung
boravišna dozvola	Aufenthaltsgenehmigung
radna dozvola	Arbeitserlaubnis
čekati, *ipf*	warten
Čekam te u 6 [šest] ispod sata.	*Ich warte auf dich um sechs unter der Uhr [beliebter Treffpunkt auf dem Hauptplatz von Zagreb, dem Trg-bana-Josipa-Jelačića].*
sjedati / sjesti, sjednem	sich setzen
Sjela sam na stolicu i zapalila cigaretu.	*Ich (f) setzte mich auf den Stuhl und zündete mir eine Zigarette an.*
boraviti, *ipf*	sich aufhalten
bora|vak, *Gsg* -vka, *Npl* -vci	Aufenthalt
ostajati, ostajem / **ostati**, ostanem	bleiben
useljen|ik, *Gsg* useljenika, *Npl* useljenici – **-ica**	Einwanderer – -in
iseljen|ik, *Gsg* iseljenika, *Npl* iseljenici – **-ica**	Auswanderer – -in
stra|nac, *Gsg* -nca, *Npl* -nci – **strankinja**	Ausländer – -in

državljanin, *Npl* državljani – **državljanka**	Staatsbürger – -in
strani državljanin, *Npl* strani državljani – **strana državljanka**	ausländischer Staatsbürger – -e -in
izbjeglica, *m, f*	Flüchtling
progoniti, progonim / **prognati**	vertreiben, verjagen
prognan|ik, *Npl* -ici – **-ica**	Vertriebener – -e
azilant / azilant – azilantica / azilantica	Asylant – -in
pomoć, *f*	Hilfe
Upomoć!	*Hilfe!*
pomagati, pomažem / **pomoći**, pomognem	helfen
boravište	(Neben-)Wohnsitz, Aufenthaltsort
prebivalište	(Haupt-)Wohnsitz
prijava	Anmeldung
prijava promjene adrese stanovanja	Umzugsmeldung (das Abmelden an der alten Adresse und das Anmelden an der neuen)
prijava prebivališta	Anmeldung des (Haupt-)Wohnsitzes
odjava	Abmeldung
odjava prebivališta	Abmeldung des (Haupt-)Wohnsitzes

Notizen:

NATUR

➠ In der Natur

brežu|ljak, *Gsg* -ljka, *Npl* -ljci — Hügel

brijeg, *Npl* bregovi — kleiner Berg, bis zu ca. 500 m

brdo — Berg (von ca. 500 bis zu ca. 1000 m)
Na Hušnjakovom brdu kraj Krapine pronađeni su ostaci krapinskog pračovjeka. — *Auf dem Berg Hušnjak bei Krapina wurden die [sterblichen] Überreste des Krapiner Urmenschen gefunden.*

gora — (hoher) Berg
Najviši vrh Ravne gore nalazi se na nadmorskoj visini od 686 [šesto osamdeset šest] metara. — *Die höchste Erhebung des Ravna Gora liegt 686 Meter über dem Meeresspiegel.*

planina — (großes) Gebirge; (hoher) Berg
Planina Dinara najviša je planina u Hrvatskoj. — *Das Dinara Gebirge ist das höchste Gebirge in Kroatien.*

> **Berge**
> **Brdo** ist kleiner als **gora** und **planina.** Ursprünglich wurde **gora** für einen bewaldeten und **planina** für einen unbewaldeten Berg verwendet (z.B. **Sljeme** = gora, **Alpe** = planina). Heute gelten sie nahezu als Synonyme. **Gora** wird heute fast nur mehr in Namen von Bergen verwendet (z.B. **Ravna gora**, **Žumberačka gora**).

stijena — Felsen
Skočio je u more sa stijene visoke 8 [osam] metara. — *Er sprang von einem acht Meter hohen Felsen ins Meer.*

dolina — Tal
U dolini rijeke Neretve nalazi se nekoliko gradova. — *Im Tal des Flusses Neretva befinden sich mehrere Städte.*

nizina — Niederung

livada — Wiese
Maslačak raste po livadama i poljima. — *Löwenzahn wächst auf Wiesen und Feldern.*

polje	Feld
U sjevernoj Hrvatskoj nalazi se čuveni park prirode Lonjsko polje.	*In Nordkroatien liegt der berühmte Naturpark Lonjsko polje.*
šuma	Wald
Šume u Hrvatskoj zauzimaju 47% [četrdeset sedam posto] kopnene površine.	*47% der Landmasse Kroatiens sind von Wäldern bedeckt.*
močvara	Sumpf
jezero	(der) See
rij|eka, *DLsg* -eci	Fluss
Tri najdulje rijeke u Hrvatskoj su Dunav, Sava i Drava.	*Die drei längsten Flüsse Kroatiens sind die Donau, die Save und die Drau.*
izvor (rijeke)	Quelle (eines Flusses)
ušće (rijeke)	(Fluss-)Mündung
teći, tečem, tekao, tekla, *ipf*	fließen
Rijeke teku od izvora prema ušću.	*Flüsse fließen von der Quelle zur Mündung.*
strujiti od. **strujati**, strujim, *ipf*	strömen; zirkulieren
struja	Strömung, Strom (a. elektr.)
slap, -ovi	Wasserfall
Slapovi rijeke Krke dio su Nacionalnog parka.	*Die Wasserfälle des Flusses Krka sind Teil des Nationalparks.*
poluot|ok, *Npl* -oci	Halbinsel
zaljev	Bucht
Otok Krk nalazi se u Kvarnerskom zaljevu.	*Die Insel Krk liegt in der Kvarner Bucht.*
more	Meer, (die) See
Jadransko more	die Adria
Sredozemno more	das Mittelmeer
Crno more	das Schwarze Meer
ocean, *Gsg* oceana	Ozean
Tihi ocean	der Pazifische Ozean
Atlantski ocean	der Atlantische Ozean
plivati, *ipf*	**schwimmen**
kupati se / okupati se, okupam se	baden
kupati se / okupati se u moru	im Meer baden
obala	Küste, Ufer
Crkva se nalazi uz samu obalu mora.	*Die Kirche liegt direkt am Meeresufer.*

plaža *Na plaži obično čitam (neko) lagano štivo.*	Strand *Am Strand lese ich gewöhnlicherweise leichte Lektüre.*
strm, -a, -o	steil
ra|van, -vna, -vno	flach
pli|tak, -tka, -tko	seicht
plićak, *Gsg* plićaka, *Npl* plićaci *Djeca se brćkaju u plićaku.*	seichte Stelle *Die Kinder plantschen im seichten Wasser.*
ot|ok, *Npl* -oci	Insel
otočje	Inselgruppe, Archipel
pješačiti, pješačim, *ipf*	zu Fuß gehen, wandern
neb|o, *Gsg*, *Npl* -a / (im übertr. Sinne) -esa	Himmel
sunce	Sonne
sunčan, -a, -o *Hvar je najsunčaniji hrvatski otok.*	sonnig *Hvar ist die sonnigste Insel Kroatiens.*
sunčanje *Pretjerano sunčanje može biti opasno za kožu.*	(das) Sonnen; Sonnenbad *Übermäßiges Sonnen kann gefährlich sein für die Haut.*
sunčati se, *ipf*	sich sonnen
izgorjeti, izgorim, *pf* *Osobe svijetle puti lakše će izgorjeti na suncu.*	einen Sonnenbrand bekommen *Personen mit heller Haut bekommen leichter einen Sonnenbrand [in der Sonne].*
zvijezda	Stern
mjesec	Mond; Monat
mjesečina	Mondschein
svemir	Weltraum
planet, *Gsg* planeta	Planet

> **Planet** wird oft auch als Femininum **planeta** verwendet.

priroda	Natur
voda	Wasser
poplava	Überschwemmung, Überflutung

potres	Erdbeben
U potresu su poginule tri osobe.	*Beim Erdbeben kamen drei Personen ums Leben.*

➠ Licht und Feuer

svjetlo	Licht
svjetlost, *Gsg* -osti, *Isg* -osti/-ošću, *f*	Helligkeit
svijetliti / osvijetliti, osvijetlim	leuchten; beleuchten
svijeća	Kerze
svijećnj|ak, *Npl* -aci	Leuchter
baklja	Fackel
gorjeti, gorim / **izgorjeti**, izgorim	brennen; ausbrennen
Zgrada je izgorjela do temelja.	*Das Gebäude brannte bis auf die Grundmauern ab.*
U hodniku je cijelu noć gorjelo svjetlo.	*Im Flur brannte das Licht die ganze Nacht lang.*
paliti / zapaliti, zapalim	zünden, anzünden
upaliti, upalim, *pf*	anzünden; einschalten
zapaliti cigaretu	eine Zigarette anzünden
Upali svjetlo!	*Schalte das Licht ein!*
požar	Brand
Požar je zahvatio krov zgrade.	*Der Brand griff auf das Dach über.*
U slučaju požara razbijte staklo.	*Im Brandfall Scheibe einschlagen.*
vatrogasci, *mpl*	Feuerwehr
dimni alarm / alarm	Rauchmelder
protupožarni alarm / alarm	Feuermelder, Feueralarm
vatrogasni aparat, *Gsg* (vatrogasnog) aparata	Feuerlöscher
gasiti / ugasiti, ugasim **(vatru)**	(Feuer) löschen
Vatrogasci su satima pokušavali ugasiti vatru na otoku.	*Die Feuerwehr versuchte mehrere Stunden lang, das Feuer auf der Insel zu löschen.*
Voda najbolje gasi žeđ.	*Wasser löscht den Durst am besten.*
plamen	Flamme
u plamenu	in Flammen

vatra	Feuer
šibica	Streichholz
kutija šibica	Streichholzschachtel
upaljač, *Gsg* upaljača	Feuerzeug
pepeo, *Gsg* pepela, *m*	Asche
pepeljara	Aschenbecher

➠ Die Himmelsrichtungen

strana svijeta	Himmelsrichtung
sjever *Međimurska županija nalazi se na sjeveru Hrvatske.*	Norden *Die Gespanschaft Međimurje liegt im Norden Kroatiens.*

Županija ist eine administrative Einheit Kroatiens (dt. Gespanschaft). In Kroatien gibt es 20 Gespanschaften + die Stadt Zagreb.

sjeverni, -a, -o	Nord-, nördlich
jug	Süden
južni, -a, -o *Zagreb je (smješten) južno od Beča.*	Süd-, südlich *Zagreb liegt südlich von Wien.*
istok	Osten
istočni, -a, -o	Ost-, östlich
zapad	Westen
zapadni, -a, -o *Istra je najzapadniji i najveći hrvatski poluotok.*	West-, westlich *Istrien ist die westlichste und größte Halbinsel Kroatiens.*
zapadnj|ak, *Npl* -aci	Westwind
jugo *Na području Dalmacije zapuhalo je olujno jugo.*	Südwind *In der Region Dalmatien begann der stürmische Südwind zu wehen.*

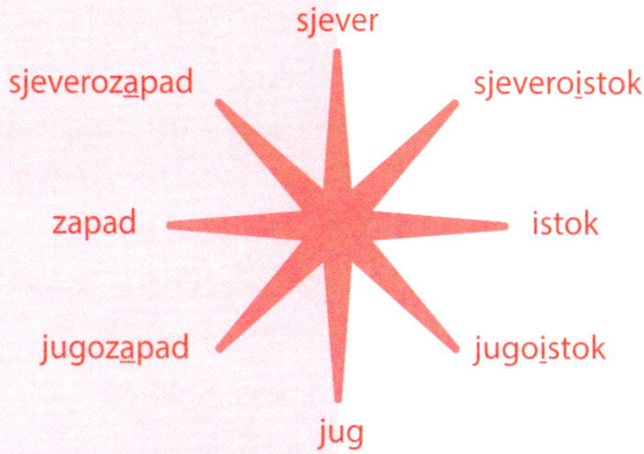

Tiere: Allgemeines

životinja	Tier
mužj|ak, *Gsg* mužjaka od. mužjaka, *Npl* -aci	Männchen
ženk|a, *DLsg* -i	Weibchen
pitom, -a, -o	zahm
pripitomljivati, pripitomljujem / **pripitomiti**, pripitomim	zähmen
Vjeverica koju smo pripitomili živi u susjedinom vrtu.	*Das Eichhörnchen, das wir an uns gewöhnt haben, lebt im Garten der Nachbarin.*
krzno	Fell, Pelz
koža	Haut, Leder
pero	(einzelne) Feder
perje	Federn, Gefieder
krilo	Flügel
letjeti, letim / **odletjeti**, odletim	fliegen; wegfliegen
leći, ležem / **nesti**, nesem, nesao, nesla **jaja**, *ipf*	Eier legen
kandža / **pandža**	Kralle; Klaue
šapa	Pfote; Pranke; Tatze
medvjeđa šapa	Bärenpranke
zečja šapa	Hasenpfote

rog, *Npl* -ovi	Horn; Geweih
rep, *Npl* -ovi	Schwanz
Riba ribi grize rep.	*Der Fisch beißt in den Schwanz eines (anderen) Fisches. [ein Zungenbrecher]*
kotiti / okotiti, okotim	Junge werfen
Susjedova mačka okotila je tri mačića.	*Die Katze des Nachbarn hat drei Junge (Kätzchen) geworfen.*
umirati, umirem / **umrijeti**, umrem	verenden, sterben
izumirati, izumirem / **izumrijeti**, izumrem	aussterben
izum|ro, -rla, -rlo	ausgestorben
izumrla vrsta	ausgestorbene Art / Spezies
ugrožen, -a, -o	bedroht, gefährdet

Haustiere

kućni ljubi|mac, *Gsg* -mca, *Npl* -mci	Haustier
gladiti / pogladiti	streicheln
hraniti / nahraniti, nahranim	füttern
pas, *Gsg* psa, *Npl* psi	Hund
lovački pas	Jagdhund
štene, *Gsg* -ta, *Npl* štenad	(Hunde-)Welpe
mješa|nac, *Gsg* -nca, *Npl* -nci	Mischling
jazavčar	Dackel
lajati, lajem, *ipf*	bellen
Pas koji laje ne grize.	*Ein Hund, der bellt, beißt nicht.*
uzica	Hundeleine
brnjica	Beißkorb
pseća kućica	Hundehütte
izvoditi, izvodim / **izvesti**, izvedem **psa u šetnju**	Gassi gehen
Sjedi! Daj šapu!	*Sitz! Gib Pfote!*
mačk|a, *DLsg* -i	Katze
sijamska mačka	Siamkatze

mačić	Kätzchen, Katzenjunges
mladunče, *Gsg* -ta, *Npl* mladunčad	Junges, Jungtier
kunić	Kaninchen
pokusni kunić	Versuchskaninchen
hrčak, *Gsg* hrčka, *Npl* hrčci	Hamster
zamo|rac, *Gsg* -rca, *Npl* -rci	Meerschweinchen
miš, *Npl* -evi	Maus
Siromašan sam kao crkveni miš.	*Ich (m) bin arm wie eine Kirchenmaus.*
patka	Ente
divlja patka	Wildente
Paško Patak	Donald Duck

Paško Patak / Pajo Patak
Gelegentlich wird noch der alte Name **Pajo Patak** verwendet.

konj, *Npl* -i	Pferd
kobila	Stute
past|uh, *Npl* -usi	Hengst
jahati, jašem, *ipf*	reiten
jahač, *Gsg* jahača – **jahačica**	Reiter – -in
staja / štala	Stall
ovca	Schaf
janje, *Gsg* -ta, *Npl* janjad	Lamm
žrtveno janje	Opferlamm
krava	Kuh
svinja	Schwein
svi|njac, *Gsg* -njca, *Npl* -njci	Schweinestall

> svinjac *Schweinestall* wird wie im Deutschen auch für Chaos, Unordnung verwendet:
> **Soba ti je pravi svinjac!** *Dein Zimmer ist ein richtiger Schweinestall!*

prase, *Gsg* -ta, *Npl* prasad	Ferkel
praščić	Schweinchen
roktati, rokćem, *ipf*	grunzen
roktanje	(das) Grunzen

➠ Wildtiere

divlji, -a, -e	wild
kuna	Mader; kroatische Währung
zec, *Npl* zečevi	Hase
lisica	Fuchs
vuk, *Npl* -ovi	Wolf
Mi o vuku, a vuk na vrata …	*Wenn man vom Teufel spricht …*
medvjed	Bär
Na naličju kovanice od 5 [pet] kuna nalazi se mrki medvjed.	*Auf der Rückseite der 5 Kuna Münze ist ein Braunbär (abgebildet).*
divlja svinja	Wildschwein
vjeverica	Eichhörnchen
jelen	Rothirsch
jež, *Npl* -evi	Igel
vidra	Fischotter
ptica	Vogel
(ptičje) gnijezdo	Vogelnest
cvrkutati, cvrkućem, *ipf*	zwitschern
cvrkut	Gezwitscher
U pozadini se čuo cvrkut ptica.	*Im Hintergrund war Vogelgezwitscher zu hören.*
gavran, *Npl* -(ov)i	Rabe
sova	Eule
kukavica	Kuckuck

> kukavica kann auch *Feigling* bedeuten.

golub, *Npl* -(ov)i	Taube
sokol, *Npl* -(ov)i	Falke
orao, *Gsg* orla, *Npl* orlovi, *m*	Adler
(bjeloglavi) sup, *Npl* -ovi	Gänsegeier (Gyps fulvus)
Bjeloglavi sup živi na otoku Cresu.	*Der Gänsegeier lebt auf der Insel Cres.*
roda	Storch
Selo Čigoč poznato je po rodama.	*Das Dorf Čigoč ist berühmt für seine Störche.*

štakor	Ratte
šišmiš	Fledermaus
žaba	Frosch
puž, *Npl* -evi	Schnecke
spor kao puž	langsam wie eine Schnecke
puževa kućica	Schneckenhaus
zmija	Schlange
zmija otrovnica	Giftschlange

Giftschlange in Kroatien
Die drei Giftschlangen, die in Kroatien beheimatet sind, sind **riđovka** (Vipera berus – Kreuzotter), **posk|ok**, *Npl* -oci (Vipera ammodytes – Sandviper) und **planinski žutokrug** (Vipera ursinii – Wiesenotter).

bjelou|ška, *DLsg* -šci/-ški	Ringelnatter
loviti / uloviti, ulovim	jagen; fangen
lov, *Npl* -ovi	Jagd
insekt	Insekt
ku|kac, *Gsg* -kca, *Npl* -kci	Käfer
pčela	Biene
osa	Wespe
muha	Fliege
leptir, *Gsg* leptira, *Npl* leptiri	Schmetterling
buha	Floh
krpelj	Zecke
koma|rac, *Gsg* -rca, *Npl* -rci	Mücke
ubod komarca	Mückenstich
bosti, bodem / **ubosti**, ubodem, ubo, ubola	**stechen**
svrbjeti, svrbim, *ipf*	jucken, kitzeln
Svrbi me za poluditi!	*Es juckt wie verrückt!*
bubamara	Marienkäfer
Bubamara donosi sreću.	*Marienkäfer bringen Glück.*
žohar	Kakerlake

gmizati, gmižem, *ipf* / **puzati**, pužem, *ipf*	kriechen
crv, *Npl* -i	Wurm
gusjenica	Raupe
ston|oga, *DLsg* -ozi	Tausendfüßler
pauk, *Npl* pauci paukova mreža	Spinne Spinnennetz

> **pauk** kann umgangssprachlich auch Abschleppwagen bedeuten: **Pauk mi je odnio auto pred nosom!** *Der Abschleppwagen hat mein Auto vor meiner Nase abgeschleppt!*

mrav, *Npl* -i *On ni mrava ne bi zgazio!*	Ameise *Er würde keiner Fliege etwas zu leide tun. (wörtl.: Er würde nicht einmal eine Ameise zertreten!)*
rak, *Npl* -ovi crven kao rak	Krebs rot wie ein Krebs, krebsrot
kornjača	Schildkröte
gušter	Echse
majmun	Affe
slon, *Npl* -ovi praviti od buhe slona	Elefant aus einer Mücke einen Elefanten machen
maga|rac, *Gsg* -rca, *Npl* -rci tvrdoglav kao magarac	Esel stur wie ein Esel
zebra	Zebra

> **zebra** bedeutet auch Zebrastreifen (**pješački prijelaz**).

nilski konj, *Npl* (nilski) -i	Flusspferd, Nilpferd
lav, *Npl* -ovi	Löwe
tigar, *Gsg* tigra, *Npl* tigrovi	Tiger
klokan	Känguruh
morž, *Npl* -evi	Walross
tuljan	Robbe, Seehund
polarni medvjed / sjeverni medvjed	Eisbär
pingvin, *Gsg* pingvina	Pinguin

Flora und Pilze

drvo, *Gsg* drveta	Baum; Holz
deblo	Baumstamm
korijen, *Npl* -i	Wurzel
kora (drveta)	(Baum-)Rinde
grana	Ast, Zweig
krošnja	Baumkrone
list, *Npl* -ovi	Blatt
lišće, *nsg*	Blattwerk
bi|ljka, *DLsg* -ljci ljekovita biljka	Pflanze Heilpflanze
cvijet, *Npl* cvjetovi	Blume
cvijeće, *nsg*	Blumen
cvjetati / procvjetati	blühen; verblühen
cvasti, cvatem, cvao, cvala / **procvasti**, procvatem, procvao, procvala	blühen; verblühen
venuti, venem / **uvenuti**, uvenem	(ver)welken
zalijevati, zalijevam / **zaliti**, zalijem zalijevati / zaliti cvijeće	gießen Blumen gießen
rasti, rastem, ras(t)ao, rasla / **narasti**, narastem, naras(t)ao, narasla	wachsen, aufwachsen
ruža	Rose
tulipan	Tulpe
karanfil, *Gsg* karanfila	Nelke
đurđica	Maiglöckchen
visibaba	Schneeglöckchen
šafran	Safran(blume)
jaglac *Visibaba, jaglac i šafran prvi su vjesnici proljeća.*	Schlüsselblume *Schneeglöckchen, Schlüsselblume und Safran sind die ersten Boten des Frühlings.*
tratinčica	Gänseblümchen

masla|čak, *Gsg* -čka, *Npl* -čci	Löwenzahn
zumbul	Hyazinthe
jorgovan	Flieder
lavanda	Lavendel
suncokret	Sonnenblume
pupo|ljak, *Gsg* -ljka, *Npl* -ljci	Knospe
pupati / propupati	treiben, knospen
breza	Birke
smreka	Fichte
jela	Tanne
hrast, *Npl* -ovi	Eiche
grm, *Npl* -ovi	Busch, Strauch
U tom grmu leži zec!	*Da liegt der Hund begraben! (wörtl.: In diesem Busch liegt der Hase!)*
grmlje	Gebüsch
gljiva	Pilz
šampinjon, *Gsg* šampinjona	Champignon
muhara	Fliegenpilz
lisičarka	Pfifferling
vrganj, *Gsg* vrganja	Steinpilz
brati, berem / **ubrati**, uberem	pflücken
brati cvijeće, *ipf*	Blumen pflücken
brati gljive, *ipf*	Pilze sammeln

Wetter

vrijeme, *Gsg* vremena, *Npl* vremena	Wetter; Zeit
vremenska prognoza	Wettervorhersage
(Celzijusov / Celzijev) stu|panj, *Gsg* -pnja, *Npl* -pnj(ev)i	Grad (Celsius)
plus trideset pet stupnjeva Celzijevih	+ 35° C
minus dva stupnja Celzijeva	– 2° C
dva stupnja ispod ništice	2° C unter Null

fronta	Front
topla / hladna fronta	Warm- / Kaltfront
vruć, -a, -e	heiß
vrućina	Hitze
pasja vrućina	Bruthitze, Affenhitze [wörtl.: Hundehitze]
toplotni val, *Npl* (toplotni) -ovi	Hitzewelle
to|pao, -pla, -plo	warm
toplina	Wärme
zatopliti, 3. Pers. Sg. zatopli, *pf*	erwärmen, wärmer werden
globalno zatopljenje	Klimaerwärmung
temperatura	Temperatur
porasti, 3. Pers. Sg. poraste, *pf*	steigen, ansteigen
opadati / opasti, 3. Pers. Sg. opadne	fallen, abfallen
Globalna temperatura u Europi u zadnjih je 100 [sto] godina porasla za 1 [jedan] stupanj Celzijev.	*Die globale Temperatur in Europa ist den letzen 100 Jahren um 1°C gestiegen.*
prohla|dan, -dna, -dno	kühl
svjež, -a, -e	frisch, kühl
hla|dan, -dna, -dno	kalt
hladnoća	Kälte
Tresem se od hladnoće.	*Ich zittere vor Kälte.*
zahlađivati, 3. Pers. Sg. zahlađuje / **zahladiti**, 3. Pers. Sg. zahladi	abkühlen, kälter werden
magla	Nebel
Vidljivost je bila slaba zbog guste magle.	*Die Sicht war schlecht wegen des dichten Nebels.*
maglovit, -a, -o	nebelig
sunce	Sonne
sjaj sunca	Sonnenschein
sijati, 3. Pers. Sg. sija od. **sjati**, 3. Pers. Sg. sja, *ipf*	scheinen
Sunce sja i ptičice cvrkuću.	*Die Sonne scheint und die Vögelchen zwitschern.*

kiša	Regen
Već tjednima pada kiša.	*Es regnet schon seit Wochen.*
kap, *Isg* -i, *f* **kiše**	Regentropfen
susnježica	Schneeregen
rosulja	Nieselregen
sipiti, 3. Pers. Sg. sipi, *ipf*	nieseln
Kišica je lagano sipila po krovovima.	*Nieselregen fiel sanft auf die Dächer.*
kišiti (*form.*), 3. Pers. Sg. kiši, *ipf*	regnen
Prestalo je kišiti i pojavilo se sunce.	*Es hörte auf zu regnen und die Sonne kam hervor.*
Pada kiša.	*Es regnet.*
snijeg, *Npl* snjegovi	Schnee
Pada snijeg.	*Es schneit.*
sniježiti, 3. Pers. Sg. sniježi, *ipf*	schneien
pahulja	Schneeflocke

> **pahulja** und **pahuljica**
> Der Diminutiv von **pahulja** lautet **pahuljica** und wird ebenfalls verwendet.

gruda (snijega)	Schneeball
grudati se, *ipf*	Schneebälle werfen, eine Schneeballschlacht machen
ralica	Schneepflug
snjegović	Schneemann
mraz, *Npl* -ovi	Frost
led, *Npl* -ovi	Eis (gefrorenes Wasser)
sladoled, *Npl* -i	Eis, Speiseeis
lediti se, ledim se / **zalediti se**, zaledim se	gefrieren
zaleđen, -a, -o	gefroren
Vozio sam nizbrdo po zaleđenoj cesti.	*Ich (m) fuhr bergab auf einer eisigen Straße.*
sklizak, skliska, sklisko	rutschig
poskliznuti se, poskliznem se, *pf*	ausrutschen
Poskliznula se na koru banane.	*Sie rutschte auf einer Bananenschale aus.*

otapati se, otapam se / **otopiti se**	schmelzen (intr.)
Snijeg se otopio preko dana.	*Der Schnee ist im Laufe des Tages geschmolzen.*
otapati, otapam / **otopiti**	schmelzen (tr.)
Otopite čokoladu i maslac te zatim dodajte šećer.	*Schmelzen Sie Schokolade und Butter und fügen Sie danach Zucker hinzu.*
tuča	Hagel
Pada tuča.	*Es hagelt.*
obl|ak, *Npl* -aci	Wolke
obla|čan, -čna, -čno	wolkig, bedeckt
naobl|aka, *DLsg* -aci	Bewölkung
promjen(l)jiva naoblaka	wechselhafte Bewölkung
Sutra nas očekuje djelomice sunčano vrijeme uz promjen(l)jivu naoblaku.	*Morgen erwartet uns teilweise Sonnenschein mit wechselhafter Bewölkung.*
vje|tar, *Gsg* -tra, *Npl* -trovi	Wind
vjetrovit, -a, -o	windig
puhati, pušem, *ipf*	wehen, blasen
Puše vjetar.	*Der Wind weht.*
bura	Bora
U subotu će zapuhati jaka i olujna bura.	*Am Samstag wird ein starker und stürmischer Wind (Bora) wehen.*
oluja	Sturm
olujni, -a, -o	stürmisch
olujno more	stürmische See
nevrijeme, *Gsg* nevremena	Unwetter; Gewitter
grmljavina	Donner
grmjeti, 3. Pers. Sg. grmi, *ipf*	donnern
Grmi.	*Es donnert.*
munja	Blitz
sijevati, *ipf*	blitzen
Sijeva.	*Es blitzt.*
zrak	Luft
čist zrak	saubere Luft
disati, dišem, *ipf*	atmen

udisati, udišem / **udahnuti**, udahnem	einatmen
duboko udahnuti, *pf*	tief (ein)atmen
atmosferski tlak, *Npl* (selten) (atmosferski) -ovi	Luftdruck
visoki tlak	Hochdruck
niski tlak	Tiefdruck
klima	Klima
kontinentalna klima	kontinentales Klima
efekt staklenika	Treibhauseffekt
okoliš	Umwelt
zaštita okoliša	Umweltschutz
Svjetski dan zaštite okoliša obilježava se 5. [petog] lipnja.	*Der Weltumweltschutztag wird am 5. Juni gefeiert.*
zagađenje okoliša	Umweltverschmutzung
zagađivati, zagađujem / **zagaditi**	verschmutzen

Notizen:

GESUNDHEIT

➟ Krankheit und Heilung

zdravlje	Gesundheit
zdrav, -a, -o	gesund
U zdravom tijelu zdrav duh.	*Gesunder Körper, gesunder Geist. (Mens sana in corpore sano)*

> **zdrav** bedeutet sowohl *gesund* im Sinne von »nicht krank« als auch *gesund* im Sinne von »wohltuend, nicht ungesund«.

bol|est, *Gsg* -esti, *Isg* -esti/-ešću, *f*	Krankheit
neizlječiva bolest, *f*	unheilbare Krankheit
kronična bolest, *f*	chronische Krankheit
morska bolest, *f*	Seekrankheit
imati morsku bolest	seekrank sein
bole|stan, -sna, -sno	krank
obolijevati, obolijevam / **oboljeti**, obolim	erkranken
Obolio je od raka jetre.	*Er ist an Leberkrebs erkrankt.*
boljeti, 3. Pers. Sg. boli, *ipf*	weh tun
Boli me desno uho.	*Mein rechtes Ohr tut weh.*
nezdrav, -a, -o	ungesund
Hranim se prilično nezdravo.	*Ich ernähre mich ziemlich ungesund.*
šte|tan, -tna, -tno	schädlich
Pušenje je štetno za zdravlje.	*Rauchen ist gesundheitsschädlich.*
stanje	Zustand
biti u dobrom / lošem stanju	in gutem / schlechtem Zustand sein
biti u drugom stanju	schwanger sein (wörtl.: im anderen Zustand sein)
Sestra mi je opet u drugom stanju.	*Meine Schwester ist wieder schwanger.*
red, *Npl* -ovi	Ordnung; Reihe
biti u redu	in Ordnung sein
Je li sve u redu?	*Ist alles in Ordnung?*

Našli smo mjesto u drugom redu.	*Wir haben einen Platz in der zweiten Reihe gefunden.*
biti na redu	an der Reihe sein
osjećati se / osjetiti se	sich fühlen
osjećati se bolje / lošije	sich besser / schlechter fühlen
Već se osjećam bolje.	*Ich fühle mich schon besser.*
terapija	Therapie
kemoterapija	Chemotherapie
Nadam se da neću morati na kemoterapiju.	*Ich hoffe, ich muss nicht zur Chemotherapie.*
liječiti se / izliječiti se, izliječim se	ausheilen, auskurieren
liječenje	Heilung
ozdraviti, *pf*	gesund werden, genesen
stetoskop	Stethoskop
tlakomjer	Blutdruckmesser
visok / nizak (krvni) tlak	hoher / niedriger (Blut-)Druck
Opet mi je uspio dići tlak svojim ponašanjem.	*Er hat es mit seinem Verhalten schon wieder geschafft, meinen Blutdruck zu erhöhen.*
prepisati, prepišem, *pf*	verschreiben; abschreiben
Doktor mi je prepisao antibiotik.	*Der Doktor hat mir ein Antibiotikum verschrieben.*
recept	Rezept
na recept	auf Rezept
Neki se lijekovi izdaju samo na recept.	*Einige Medikamente werden nur auf Rezept ausgegeben.*
Sirup protiv kašlja može se kupiti bez recepta.	*Hustensaft kann man ohne Rezept kaufen.*

> **recept = Rezept:** Wie im Deutschen kann **recept** sowohl ein ärztliches Rezept als auch ein Kochrezept sein.

zdravstveno osiguranje	Krankenversicherung

Krankenversicherung

In Kroatien ist es verpflichtend, krankenversichert zu sein. Zusätzlich zu dieser *verpflichtenden Krankenversicherung* (**obvezno zdravstveno osiguranje**) kann freiwillig noch eine *Zusatzkrankenversicherung* (**dopunsko zdravstveno osiguranje**) abgeschlossen werden.

živjeti, živim, živio, živjela, *ipf*	**leben**
život, *Gsg* života	Leben
pitanje života ili smrti	eine Frage auf Leben und Tod
smrt, *Isg* -i/smrću, *f*	Tod
mr|tav, -tva, -tvo	tot
umirati, umirem / **umrijeti**, umrem, umro, umrla	sterben
Umro je prirodnom smrću.	*Er starb eines natürlichen Todes.*
Umirem od dosade.	*Ich sterbe vor Langeweile.*
samoubojstvo	Selbstmord
počiniti, počinim, *pf*	(eine Straftat) begehen
Počinila je samoubojstvo skokom s mosta.	*Sie hat durch einen Sprung von der Brücke Selbstmord begangen.*
leš, *Npl* -evi	Leiche
U napuštenoj kući jutros je pronađen leš nepoznatog muškarca.	*Heute Morgen wurde in einem verlassenen Haus die Leiche eines unbekannten Mannes gefunden.*
umje|tan, -tna, -tno	künstlich
disanje	Beatmung
umjetno disanje	künstliche Beatmung
umjetno disanje »usta na usta«	Mund-zu-Mund-Beatmung
masaža srca	Herzmassage
potres mozga	Gehirnerschütterung
Pri padu je dobio potres mozga.	*Er zog sich beim Fall eine Gehirnerschütterung zu.*
slamati / slomiti	(sich) brechen
Slomio je nogu na skijanju.	*Er hat sich beim Skifahren das Bein gebrochen.*
Taj temperamentni i duhoviti mladić slama srca većini žena.	*Dieser temperamentvolle und humorvolle junge Mann bricht die Herzen der meisten Frauen.*
rendgenska snimka	Röntgenbild
rendgen	Röntgen
prijelom	Fraktur, Knochenbruch; Bruch
slomljen, -a, -o	gebrochen

gips	Gips
Ne idem u školu jer imam nogu u gipsu.	*Ich gehe nicht zur Schule, weil ich ein eingegipstes Bein habe.*
uganuti, uganem, *pf* / **iščašiti**, *pf*	sich verstauchen
uganuti nogu / ruku	sich den Fuß / die Hand verstauchen
Imam problema s nogom jer sam nedavno iščašio zglob.	*Ich (m) habe Probleme mit meinem Bein, weil ich mir neulich den Knöchel verstaucht habe.*
iščašenje / uganuće	Verstauchung
modrica / šljiva (metaphorisch)	Prellung, blauer Fleck (»šljiva« wörtl.: Pflaume)
Pojavio se s ogromnom šljivom na oku.	*Er kam mit einem riesigen blauen Auge daher.*
rana	Wunde
ranjavati (se), ranjavam (se) / **raniti (se)**	(sich) verwunden

ranjen\|ik, *Npl* -ici (*Verwundeter*) und **ranjenica** (*Verwundete*) werden wie im Deutschen vor allem in Verbindung mit kriegerischen Verletzungen verwendet.

ozljeđivati (se), ozljeđujem (se) / **ozlijediti (se),** ozlijedim (se)	(sich) verletzen
ozljeda	Verletzung
ozljeda na radu	Arbeitsverletzung
posjekotina	Schnitt, Schnittwunde
ogrebotina	Abschürfung, Schürfwunde, Kratzer
opeklina / opekotina	Brandwunde
krvarenje	Blutung
unutarnje krvarenje	innere Blutung
Uspjeli smo na vrijeme zaustaviti krvarenje.	*Es gelang uns, die Blutung rechtzeitig zu stoppen.*
zavoj	Verband
gaza	Mullbinde
flaster	Pflaster
ugriz / ujed	Biss
Ugriz zmije može biti smrtonosan.	*Ein Schlangenbiss kann tödlich sein.*

ubod	Stich
alergija	Allergie
alergi|čan, -čna, -čno	allergisch
Alergična je na ubod pčele.	*Sie ist auf Bienenstiche allergisch.*
gušiti se / ugušiti se, ugušim se	ersticken

> **[u]gušiti se** bedeutet *(selbst) ersticken*, während das nicht reflexive **[u]gušiti** *(jemand anderen) ersticken* bedeutet.

nateknuće	Schwellung
nateći, natečem, natekao, natekla, *pf*	(an)schwellen
nate|kao, -kla, -klo	geschwollen
melem	Salbe, Balsam
bol	Schmerz
Već duže vrijeme osjećam bolove u prsima.	*Ich fühle schon seit einiger Zeit Schmerzen in der Brust.*
Tužit ćemo ih za pretrpljenu duševnu bol.	*Wir werden sie für den erlittenen psychischen Schmerz verklagen.*

> **bol:** *f* oder *m*
> Die Formen des femininen Wortes **bol** lauten *Gsg*, -i, *Isg* -i/-ju, *Npl* -i, *f* und die Formen des maskulinen Wortes **bol** lauten: *Gsg*, -a, *Isg* -om, *Npl* -ovi; Wenn **bol** feminin ist, hat es etwa die Bedeutung *Gefühl eines Schmerzes (eher abstrakt verwendet)*, wenn **bol** maskulin ist, hat es etwa die Bedeutung *physischer Schmerz als Folge einer Krankheit oder Verletzung*

grlobolja, *fsg*	Halsschmerzen
glavobolja, *fsg*	Kopfschmerzen
mučnina	Übelkeit
Jutarnje mučnine obično se javljaju kao simptom trudnoće.	*Übelkeit am Morgen tritt gewöhnlich als ein Symptom einer Schwangerschaft auf.*
povraćati / povratiti, povratim	erbrechen, kotzen
Povraća mi se od same pomisli na hranu.	*Allein der Gedanke an Essen lässt mich fast kotzen.*
blijed, -a, -o	bleich, blass
blijed kao krpa	leichenblass (wörtl.: blass wie ein Geschirrtuch)
grč, *Npl* -evi	Krampf
Imam grčeve u želucu.	*Ich habe Bauchkrämpfe.*

neredovita stolica	unregelmäßiger Stuhlgang
zatvor *Patim od zatvora.*	Verstopfung *Ich leide an Verstopfung.*

zatvor kann auch *Gefängnis* bedeuten.

proljev	Durchfall
migrena	Migräne
prehlada	Erkältung
prehladiti se, prehladim se, *pf*	sich erkälten
prehlađen, -a, -o	erkältet
gripa *Povišena tjelesna temperatura jedan je od simptoma gripe.*	Grippe *Hohes Fieber ist eines der Symptome einer Grippe.*
epidemija	Epidemie
epidemija gripe	Grippeepidemie
cijepiti se, *(i)pf*	impfen
cijepljenje *U Hrvatskoj se provodi cijepljenje protiv tuberkuloze.*	Impfung *In Kroatien wird gegen Tuberkulose geimpft.*
igla	Nähnadel, Spritzennadel
šmrcati, *ipf*	schnupfen, schniefen
kihati, kišem / **kihnuti**, kihnem	niesen
hunjavica	Schnupfen
peludna groznica	Heuschnupfen
vrućica / (povišena tjelesna) temperatura *Sanja ima (visoku) temperaturu.*	Fieber *Sanja hat (hohes) Fieber.*
toplomjer	Fieberthermometer
znoj	Schweiß
znojiti se, *ipf*	schwitzen
kašalj, *Gsg* kašlja *To je mačji kašalj.*	Husten *Das ist kinderleicht (wörtl.: Katzenhusten).*
kašljati, kašljem, *ipf*	husten

puls	Puls
izmjeriti puls	den Puls messen
napipati puls	den Puls fühlen
vrtoglavica	Schwindel, Schwindelgefühl
Slabokrvnost je jedan od uzroka vrtoglavice.	*Anemie ist eine der Ursachen für Schwindelgefühl.*
upala	Entzündung
upala uha	Ohrenentzündung
upala pluća	Lungenentzündung
dijabetes / šećerna bolest, *f*	Diabetes, Zuckerkrankheit
epilepsija / padavica	Epilepsie
hepatitis / (zarazna) žutica	Hepatitis
sida (sindrom stečene imunodeficijencije)	Aids
pretil|ost, *Gsg* -osti, *Isg* -osti/-ošću, *f*	Übergewicht
nesvij|est, *Gsg* -esti, *Isg* -esti/-ešću, *f*	Ohnmacht
Pala je u nesvijest dok je čekala tramvaj na tramvajskoj stanici.	*Sie fiel in Ohnmacht, während sie an der Straßenbahnhaltestelle auf die Straßenbahn wartete.*
onesvijestiti se, onesvijestim se, *pf*	in Ohnmacht fallen

in Ohnmacht fallen kann genau wie im Deutschen auch mit dem Verb *fallen* **pasti**, padnem, pao, pala, *pf* ausgedrückt werden: **pasti u nesvijest**, *pf in Ohnmacht fallen*.

udarati / udariti	schlagen
udar	Schlag
srčani udar	Herzinfarkt
moždani udar	Schlaganfall
rak, *Npl* -ovi	Krebs
rak pluća	Lungenkrebs
tumor	Tumor
dobroćudan / zloćudan tumor	gutartiger / bösartiger Tumor
pušenje	Rauchen
pušiti, *ipf*	rauchen
Zabranjeno pušenje	*Rauchen verboten*
ljekarna / apot|eka, *DLsg* -eci	Apotheke

lijek, *Npl* -ovi	Medikament, Arznei, Medizin
tableta	Tablette
analget|ik, *Npl* -ici	Schmerztablette
uzimati / uzeti, uzmem	einnehmen
gutati / progutati	schlucken, runterschlucken
kap, *Npl* -i	Tropfen
kapi za oči	Augentropfen

> **kap** kann umgangssprachlich auch *Schlaganfall* (**moždana kap**) oder *Herzinfarkt* (**srčana kap**) bedeuten.

Medizinische Versorgung

bolesn|ik, *Gsg* bolesnika, *Npl* -ici – **bolesnica**	Kranker – Kranke
srčani bolesnik	Herzkranker
bolnica	Krankenhaus
bole|stan, -sna, -sno	krank
pomoć, *Isg* -i/-u, *f*	Hilfe
Upomoć!	*Hilfe!*
prva pomoć	Erste Hilfe (Maßnahmen)
hitna pomoć / (*ugs.*) hitna	Erste Hilfe (Service), Krankenwagen, Rettung
hi|tan, -tna, -tno	eilig, dringend
hitna služba	Notaufnahme
kola hitne pomoći, *npl*	Krankenwagen, Ambulanz
Odmah smo pozvali hitnu (pomoć).	*Wir riefen sofort die Rettung.*
spašavati, spašavam / **spasiti**	retten
klin|ika, *DLsg* -ici	Klinik
poliklin|ika, *DLsg* -ici	Poliklinik
ordinacija	(Arzt-)Praxis
stomatološka ordinacija	Zahnarztpraxis
čekaonica	Warteraum
pacijent – pacijentica	Patient – -in

dom, *Npl* -ovi	Heim
dom za starije i nemoćne osobe / (*ugs.*) **starački dom**	Altenheim
liječn|ik, *Npl* -ici – **liječnica**	Arzt – Ärztin
liječnik opće prakse	Arzt für Allgemeinmedizin
(liječnik) specijalist / specijalist	Facharzt
otorinolaringol|og, *Npl* -ozi – **otorinolaringologinja**	HNO-Arzt – -Ärztin
pedija|tar, *Gsg* -tra, *Npl* -tri – **pedijatrica**	Kinderarzt – -ärztin
ginekol|og, *Npl* -ozi – **ginekologica** / **ginekologinja**	Gynäkologe – -in, Frauenarzt – -ärztin

> **Ginekologinja** ist etwas formeller als **ginekologica**.

medicinska sestra	Krankenschwester
bolničar – bolničarka	Krankenpfleger – -in
njegovati, njegujem, *ipf*	pflegen
njega	Pflege
intenzivna njega	Intensivpflege
brinuti se, brinem se, *ipf*	betreuen; sich Sorgen machen
briga	Betreuung; Sorge
Baš me briga!	*Ist mir wurscht!*
odjel	Station
odjel za intenzivnu njegu	Intensivstation
bolesnički krevet	Krankenbett
bolnički krevet	Krankenhausbett
operacija	Operation
operirati, operiram, *(i)pf*	operieren
Operirala sam slijepo crijevo.	*Ich (f) hatte eine Blinddarmoperation.*
operacijska dvorana	Operationssaal, OP
kirurg, *Npl* kirurzi	Chirurg
anesteziol|og, *Npl* -ozi – **anesteziologinja**	Anästhesist – -in

anestezija	Anästhesie
lokalna anestezija	lokale Anästhesie
opća anestezija	Allgemeine Anästhesie, (Voll-)Narkose
na živo	bei Bewusstsein
pretr|aga, *DLsg* -azi	(medizinische) Untersuchung
Prije operacije obavila je sve potrebne pretrage.	*Vor der Operation hat sie alle nötigen Untersuchungen machen lassen.*
vaditi krv	Blut abnehmen lassen
vađenje krvi	Blutabnahme
urin, *Gsg* urina / **mokraća**	Urin, Harn
Odnio sam urin na analizu.	*Ich (m) habe den Urin für die Analyse hingebracht.*
bris, *Npl* -ovi **grla / nosa**	Hals- / Nasenabstrich

> **Plural von bris**
> **-ovi** ist der (grammatikalisch) korrekte Plural, jedoch ist oft **-evi** zu hören und zu lesen.

nalaz	Resultat
Sutra idem po nalaze.	*Morgen hole ich mir meine Resultate ab.*
zdravstvena iskaznica	Krankenversicherungskarte
vrijeme posjeta	Besuchszeit
prijem (bolesnika)	(Kranken-)Aufnahme
otpust (bolesnika)	(Kranken-)Entlassung

Beim Zahnarzt

zub, *Npl* -i	Zahn
mliječni zub	Milchzahn
Boli me zub.	*Mein Zahn tut weh.*
zubar, *Gsg* zubara – **zubarica** / (sehr *form.*) **stomatol|og,** *Npl* -ozi – **stomatologinja**	Zahnarzt – -ärztin
zubobolja, *fsg*	Zahnschmerzen (*Pl*)
kutnj|ak, *Npl* -aci	Backenzahn
sjekutić	Schneidezahn

umnj|ak, *Npl* -aci	Weisheitszahn
Raste mi umnjak.	*Mir wächst ein Weisheitszahn.*
šestica (*ugs.*)	der Sechste [Zahn]
Vadio sam gornju šesticu.	*Mein (m) oberer Sechster wurde gezogen.*

petica, šestica, sedmica usw.
Zähne werden im Kroatischen umgangssprachlich oft mit der Ordnungszahl benannt, z.B.: der Fünfte oben usw.

injekcija	Injektion
anestezija	Betäubung, Anästhesie
klimati, *ipf*	wackeln
Klima mi se zub.	*Ein Zahn von mir wackelt.*
zubni, -a, -o	Zahn-
zubni korijen	Wurzel
(zubna) caklina	Zahnschmelz
Pretjerano izbjeljivanje zubi može oštetiti zubnu caklinu.	*Übertriebenes Bleaching kann den Zahnschmelz gefährden.*
zubno meso	Zahnfleisch
zubni kamenac, *Gsg* zubnog kamenca	Zahnstein
zubni plak	Zahnbelag
zubna proteza	Zahnprotese
zubalo	Gebiss

zubalo bezeichnet sowohl das echte als auch ein künstliches Gebiss.

ortodontski aparat / zubni aparat, *Gsg* (ortodontskog / zubnog) aparata / (*ugs.*) **zubni aparatić**	Zahnspange
karijes	Karies
zubni most	Brücke
plomba	Plombe
Ispala mi je plomba.	*Mir ist eine Plombe rausgefallen.*
pokvaren, -a, -o	kaputt

pokvaren kann verwendet werden für *kaputt* bei Zähnen (**pokvaren zub**), aber auch bei (einigen) Geräten (**pokvareni televizor** *kaputter Fernseher*), bei Personen im Sinne von *verdorben*, *schlecht* (**pokvarena osoba** *eine verdorbene Person*) und z.B. im Ausdruck **pokvareni telefon** *stille Post* (*Kinderspiel*).

vaditi / izvaditi zub — einen Zahn ziehen

šu|palj, -plja, -plje — löchrig
Imam dva šuplja zuba. — *Ich habe zwei Zähne mit Löchern.*

Notizen:

UNTERWEGS

Richtungsangaben und Standort

ovdje — hier

odavde — von hier
Nisam odavde. — *Ich bin nicht von hier.*

ovaj, ova, ovo — dieser, -e, -es

taj, ta, to — der, die, das (da)

onaj, ona, ono — jener, -e, -es

> **ovaj**, **taj**, **onaj** sind Demonstrativpronomen: **ovaj** entspricht am ehesten dem Deutschen *dieser* (das Objekt befindet sich näher bei Sprecher), **taj** entspricht etwa einem Deutschen *der da* und das Objekt befindet sich näher beim Sprechpartner als beim Sprecher. Ist das Objekt von beiden weit entfernt, verwendet man **onaj**, das etwa mit *jener* übersetzt werden kann.

odande — von dort

od — von
Išli smo pješice od Korčule do Vele Luke. — *Wir gingen zu Fuß von Korčula bis nach Vela Luka.*

tamo — dort, dorthin
Bio sam tamo prije par godina. — *Ich (m) war dort vor einigen Jahren.*

onamo — dorthin

smjer — Richtung
Iz kojeg smjera dolazi vlak? — *Aus welcher Richtung kommt der Zug?*
Vozio je autocestom u suprotnom smjeru. — *Er fuhr auf der Autobahn in die falsche Richtung.*

naprijed — vorwärts
Naprijed! — *Herein!*

unatrag — rückwärts

skretati, skrećem / **skrenuti**, skrenem — abbiegen
Na sljedećem raskršću skrenite (u)lijevo! — *Biegen Sie bei der nächsten Kreuzung nach links ab!*

strana	Seite
na lijevoj strani	auf der linken Seite
lijevo	links
slijeva	von links
ulijevo	(nach) links
Automobil je naglo skrenuo ulijevo.	*Das Auto bog plötzlich nach links ab.*
desno	rechts
zdesna, s desna	von rechts
Arapsko se pismo piše i čita s desna na lijevo.	*Die arabische Schrift wird von rechts nach links geschrieben und gelesen.*
Brat joj je sjedio zdesna, a sestra slijeva.	*Ihr Bruder saß rechts und ihre Schwester links von ihr.*
udesno	nach rechts
Vozač je izgubio nadzor nad vozilom, skrenuo udesno i udario u prometni znak.	*Der Fahrer verlor die Kontrolle über das Fahrzeug, fuhr nach rechts und stieß gegen ein Verkehrszeichen.*
ravno	geradeaus, direkt
Gledala ga je ravno u oči.	*Sie sah ihm direkt in die Augen.*
blizu	nahe
u blizini	in der Nähe
Stanujem u blizini Glavnog kolodvora.	*Ich wohne in der Nähe des Hauptbahnhofes.*
bliže	näher
Priđi bliže!	*Komm näher!*
daleko	weit
Daleko od očiju, daleko od srca.	*Aus den Augen, aus dem Sinn. (wörtl.: Weit von den Augen, weit vom Herzen)*
izdaleka	von Weitem
Uočio sam ga već izdaleka.	*Ich (m) habe ihn schon von Weitem bemerkt.*
uočavati, uočavam / **uočiti,** uočim	erblicken, wahrnehmen, bemerken
s / sa	mit, von, herunter
S kojeg si otoka?	*Von welcher Insel bist du?*
S terase se pruža pogled na otvoreno more i otočić Ošjak.	*Von der Terrasse erstreckt sich ein Ausblick auf das offene Meer und die kleine Insel Ošjak.*

iz	aus, von
Vlak kreće iz Zagreba u 8 [osam] sati.	*Der Zug fährt um 8 Uhr von Zagreb ab.*
prema	nach, gegen, in Richtung
Ukrcali smo se na autobus i krenuli prema Zadru.	*Wir stiegen in den Autobus und machten uns auf nach Zadar.*
za	für; nach, zu
Oprostite, je li ovo vlak za Rijeku?	*Entschuldigen Sie, ist das der Zug nach Rijeka?*
sprijeda	vorne
straga	hinten
Iva je sjedila na suvozačkom mjestu, a Marko straga.	*Iva saß auf dem Beifahrersitz und Marko hinten.*
u sredini	in der Mitte
nazad	zurück
dugo	lang
Koliko dugo traje vožnja?	*Wie lange dauert die Fahrt?*

Verkehr

promet	Verkehr
prometni znak	Verkehrszeichen
prometni prekršaj	Verkehrsvergehen, Verkehrsdelikt
prometna nesreća / (*ugs.*) saobraćajka	Verkehrsunfall
Prošle godine doživjeli smo prometnu nesreću.	*Letztes Jahr hatten wir einen Verkehrsunfall.*

Als Synonym von **promet** wird manchmal auch das Wort **saobraćaj** verwendet.

sudar	Zusammenstoß
frontalni sudar	Frontalzusammenstoß
U frontalnom sudaru poginule su tri osobe.	*Bei einem Frontalzusammenstoß sind drei Personen ums Leben gekommen.*
naletjeti, naletim, *pf*	erfassen, niederfahren
Automobil je naletio na pješaka.	*Das Auto erfasste den Fußgänger.*
zabijati se, zabijam se / **zabiti se**, zabijem se	aufprallen
Zabio se skuterom u stup.	*Er prallte mit dem Scooter auf einen Pfosten.*

sudariti se, sudarim se, *pf*	zusammenstoßen
Sudarili su se autobus i automobil.	*Ein Bus und ein Auto sind zusammengestoßen.*
prilaz	Zugang, Zufahrt
Unajmili smo stan u Prilazu Gjure Deželića.	*Wir haben eine Wohnung in der Prilaz Gjure Deželića (= Straßenname) gemietet.*
prelaziti / prijeći, prijeđem	überqueren
prijeći ulicu	die Straße überqueren
ulica	Straße
Na ulici sam našao novčanicu od 50 [pedeset] kuna.	*Ich (m) habe einen 50-Kuna-Geldschein auf der Straße gefunden.*
sporedna ulica	Seitenstraße
slijepa ulica	Sackgasse (wörtl.: blinde Straße)
jednosmjerna ulica	Einbahnstraße
pješak, *Gsg* pješaka, *Npl* pješaci – **pješakinja**	Fußgänger – -in
pješačiti, pješačim, *ipf*	zu Fuß gehen
Propješačio je 20 [dvadeset] kilometara u jednom danu.	*Er ging 20 Kilometer an einem Tag zu Fuß.*
pješačka zona	Fußgängerzone
pješački prijelaz / zebra	Zebrastreifen
autoput, *Npl* -ovi/-evi / **autocesta**	Autobahn
zaobilaznica / obilaznica	Umweg
Morali smo ići zaobilaznim putem.	*Wir mussten einen Umweg machen.*
prečac, *Gsg* prečaca / **prečica**	Abkürzung
kružni tok	Kreisverkehr
Vozilo koje je u kružnom toku ima prednost.	*Das Fahrzeug im Kreisverkehr hat Vorrang.*
semafor	Ampel
Stajao je na semaforu i čekao zeleno svjetlo.	*Er stand an der Ampel und wartete darauf, dass es grün wurde.*
Prošao je kroz crveno.	*Er ging bei Rot.*
križanje	Kreuzung
Na križanju Selske i Ilice dogodila se prometna nesreća.	*An der Kreuzung Selska[straße] und Ilica[straße] ereignete sich ein Verkehrsunfall.*

autokarta	Straßenkarte
tunel, *Gsg* tunela	Tunnel
Tunel Učka prolazi kroz planinu Učku.	*Der Tunnel Učka führt durch das Učkagebirge.*
upravljati, *ipf*	steuern, lenken
upravljati vozilom	ein Fahrzeug lenken
voziti, vozim, *ipf*	fahren (ein Auto steuern)
voziti auto(mobil)	Auto fahren
voziti brzo	schnell fahren
vozač, *Gsg* vozača – **vozačica**	Fahrer – -in
vozač taksija – vozačica taksija	Taxifahrer – -in
taksist – taksistica / taksistica	Taxifahrer – -in

> **vozač** und **šofer**
> **šofer**, *Gsg* šofera *Chauffeur* ist eher umgangssprachlich und bezeichnet einen Fahrer für motorisierte (Straßen-)Fahrzeuge (z.B. Bus), während **vozač** Fahrer im allgemeinen Sinne ist.

autostop	Fahren per Anhalter
Autostopom smo proputovali cijelu Europu.	*Wir sind per Anhalter durch ganz Europa gefahren.*
autostoper – autostoperica	Anhalter – -in, Tramper – -in
autostopirati, autostopiram, *(i)pf*	per Anhalter fahren
gužva	Getümmel, Stau
Zapeli smo u prometnoj gužvi i zakasnili na sastanak.	*Wir steckten im Stau und kamen zu spät zum Meeting.*
zastoj (u prometu) / prometni čep	Stockung, Stauung, Stillstand; Stau (prometni čep wörtl.: Verkehrskorken)
zaglaviti, zaglavim, *pf*	festfahren, steckenbleiben
zaglaviti u prometu	im Verkehr steckenbleiben
usporavati, usporavam / **usporiti**, usporim	verlangsamen, (ab)bremsen
ubrzavati, ubrzavam / **ubrzati**	beschleunigen
gas	Gas
Dao je gas i nestao.	*Er gab Gas und verschwand.*
prestizati, prestižem / **prestići (prestignuti)**, prestignem	überholen

most, *Npl* -ovi	Brücke
zavoj	Kurve
Prebrzo je ušao u zavoj.	*Er fuhr zu schnell in die Kurve.*
oštar zavoj	eine scharfe Kurve
blagi zavoj	Biegung, leichte Kurve
oš|tar, -tra, -tro	scharf (auch Messer)
prometna traka	(Fahr-)Spur
Autobus je prešao u drugu traku i sudario se s kamionom.	*Der Bus wechselte die Spur und stieß mit einem LKW zusammen.*
ležeći policajac	Bodenschwelle (wörtl.: liegender Polizist)
spor, -a, -o	langsam
brz, -a, -o	schnell
brzina	Geschwindigkeit
ograničenje brzine	Tempolimit, Geschwindigkeitsbegrenzung
prekoračenje brzine	Geschwindigkeitsübertretung
prekoračivati, prekoračujem / **prekoračiti**, prekoračim	übertreten
Za prekoračenje brzine propisana je novčana kazna.	*Für eine Geschwindigkeitsübertretung ist ein Bußgeld vorgeschrieben.*
sigurnosni pojas	Sicherheitsgurt
vezati (se), vežem (se), *(i)pf*	(sich) anschnallen, anlegen; binden
Tijekom vožnje obavezno je vezati se sigurnosnim pojasom.	*Während der Fahrt ist es verpflichtend, den Sicherheitsgurt anzulegen.*
bod, *Npl* -ovi	Punkt
negativni prekršajni bodovi	Negativpunkte für ein Verkehrsdelikt (vgl. Punkt[e] in Flensburg)
kazneni bodovi	Strafpunkte
oprema	Ausrüstung
zimska oprema	Winterausrüstung
kotač, *Gsg* kotača	Rad
Kotač su izumili Sumerani.	*Das Rad wurde von den Sumerern erfunden.*
rezervni kotač	Reserverad

kazna	Strafe
kazna za pogrešno (od. nepropisno) parkiranje	Parkstrafe
platiti kaznu	Strafe zahlen
tehnički pregled vozila	technische Fahrzeugüberprüfung
registracija	Anmeldung; Nummerntafel
Produženje registracije (vozila) obavlja se u stanici za tehnički pregled.	*Die Verlängerung der Anmeldung (des Fahrzeuges) wird in einem technischen Überprüfungszentrum durchgeführt.*
registracijske pločice / registarske pločice / r. tablice	KFZ-Kennzeichen, Nummernschild

Kroatische KFZ-Kennzeichenkürzel

In Kroatien gibt es 34 Zulassungsbezirke. Sie stehen auf den kroatischen KFZ-Kennzeichen vor dem kroatischen Wappen und lassen so erkennen, wo das Fahrzeug angemeldet ist.

BJ	Bjelovar	**OG**	Ogulin
BM	Beli Manastir	**OS**	Osijek
ČK	Čakovec	**PU**	Pula
DA	Daruvar	**PŽ**	Požega
DE	Delnice	**RI**	Rijeka
DJ	Đakovo	**SB**	Slavonski Brod
DU	Dubrovnik	**SK**	Sisak
GS	Gospić	**SL**	Slatina
IM	Imotski	**ST**	Split
KA	Karlovac	**ŠI**	Šibenik
KC	Koprivnica	**VK**	Vinkovci
KR	Krapina	**VT**	Virovitica
KT	Kutina	**VU**	Vukovar
KŽ	Križevci	**VŽ**	Varaždin
MA	Makarska	**ZD**	Zadar
NA	Našice	**ZG**	Zagreb
NG	Nova Gradiška	**ŽU**	Županja

dopuštati, dopuštam / **dopustiti**, dopustim	gestatten, erlauben

dopustiti

Als Synonym von **dopustiti** wird das Verb **dozvoliti** verwendet sowie die Ableitung davon, **dozvola** *Erlaubnis*, wie z.B. in **vozačka dozvola** *Führerschein*, **radna dozvola** *Arbeitserlaubnis*, **boravišna dozvola** *Aufenthaltsgenehmigung*.

zabranjivati, zabranjujem / **zabraniti,** zabranim	verbieten
zabranjen, -a, -o	verboten
Zabranjeno pušenje	*Rauchen verboten*
privatni posjed	Privateigentum
put, *Npl* -evi/-ovi; (u.a. auch *Adv*)	Weg, Strecke; Fahrt, Reise; Mal
službeni put	Geschäftsreise
seoski put	Dorfpfad
svaki put	jedesmal

> **put**, *Gsg* -i, *f* hat die Bedeutung »Teint, Hautfarbe«.

vozačka dozvola	Führerschein
Vozačka dozvola izdaje se nakon položenog vozačkog ispita.	*Der Führerschein wird nach Abschluss der Fahrprüfung ausgegeben.*
autoškola	Fahrschule
taksi, *Gsg*, -ja, *Npl* -ji	Taxi
taksime|tar, *Gsg* -tra, *Npl* -tri	Taxameter
Taksist je uključio taksimetar.	*Der Taxifahrer schaltete den Taxameter ein.*
tegljač, *Gsg* tegljača	Sattelschlepper
kamion, *Gsg* kamiona	LKW
teret	Fracht, Last
natovarivati, natovarujem / **natovariti**	(auf)laden, beladen
pločn|ik, *Npl* -ici	Bürgersteig, Gehsteig
Sjedila je na pločniku i prosila.	*Sie saß auf dem Bürgersteig und bettelte.*
koln|ik, *Npl* -ici	Fahrbahn

Parken

parkiranje	das Parken
Zabranjeno parkiranje	*Parken verboten*
parkirati, parkiram, *(i)pf* / **parkirati se,** *(i)pf* / **sparkirati se,** *pf*	parken
Zaboravio je gdje je parkirao auto.	*Er vergaß, wo er das Auto geparkt hatte.*
Parkirali smo se u dvorištu hotela.	*Wir parkten im Hof des Hotels.*

nepropisno parkirati	falsch parken
parkiralište / (*ugs.*) parkin|g, *Npl* -zi	Parkplatz (für viele Fahrzeuge)
parkirno mjesto	Parklücke, Parkplatz (für ein Fahrzeug)
Stanu pripada jedno parkirno mjesto.	*Zur Wohnung gehört ein Parkplatz.*
garaža	Garage
javna garaža	Parkgarage

Mit dem Schiff

brod, *Npl* -ovi	Schiff
ribarski brod	Fischerboot
teretni brod	Frachtschiff
brodogradilište	(Schiffs-)Werft
pra|mac, *Gsg* -mca, *Npl* -mci	Bug
krma	Heck
paluba	Deck
brodska kabina	Kabine, Kajüte
ča|mac, *Gsg* -mca, *Npl* -mci	Boot
gumeni čamac	Gummiboot
motorni čamac	Motorboot
čamac za spašavanje	Rettungsboot
gliser	(schnelles) Motorboot
barka	Barke
jahta	Jacht
podmornica	U-Boot
brodica	Boot, Schiff
trajekt	Fähre
katamaran, *Gsg* katamarana	Katamaran
Katamaran »Karolina« plovi iz Splita za Bol.	*Der Katamaran »Karolina« fährt von Split nach Bol.*

Die kroatische Schifffahrtsgesellschaft heißt **Jadrolinija**.

plovidba	Schifffahrt
plovidbeni red / red plovidbe	Fahrplan (für Schiffe)

linija	Linie
trajektna linija	Fährlinie
brzobrodska linija	Schnellbootlinie, Katamaranlinie
dužobalne linije	Küstenfahrtslinien (für längere Strecken)
međunarodne linije	internationale Linien
lokalne linije	örtliche Linien
Trajekt na liniji Prizna-Žigljen ne plovi do daljnjega.	*Die Fähre auf der Linie Prizna-Žigljen verkehrt bis auf weiteres nicht.*
kopno	Festland
luka	Hafen
luka polaska; luka dolaska	Abfahrts-; Bestimmungshafen
kapetan, *Gsg* kapetana	Kapitän
kapetan broda	Schiffskapitän
lučki kapetan	Hafenkapitän
lučka kapetanija	Hafenamt
pristanište	Kai, Landungsbrücke, Anlegestelle
terminal, *Gsg* terminala	Terminal
veslati, veslam, *ipf*	rudern
kormilo	Ruder, Steuerrad
konop	Strick, Leine, Seil
vez, *Npl* -ovi	Stelle mit einem Hafenpoller, um ein Boot mit einem Strick festzubinden
plutača / bova	Boje
sidro	Anker
usidriti se, *pf* / **baciti sidro,** *pf*	Anker werfen, vor Anker gehen
Usidrili smo se u maloj marini pored kampa.	*Wir gingen in einem kleinen Jachthafen neben dem Camp vor Anker.*
marina	Jachthafen, Marina
prsluk za spašavanje	Schwimmweste
ukrcavati se, ukrcavam se / **ukrcati se**	an Bord gehen
iskrcavati se, iskrcavam se / **iskrcati se**	von Bord gehen
pristati, pristanem, pf	anlegen, landen; zustimmen
Brod je pristao u luku.	*Das Schiff landete im Hafen.*
Rusija je pristala na pregovore s Ukrajinom.	*Russland stimmte Verhandlungen mit der Ukraine zu.*

uplovljavati, uplovljavam / **uploviti,** uplovim	einlaufen
Brod je uplovio u luku.	*Das Schiff lief in den Hafen ein.*
val, *Npl* -ovi	Welle
Natjecanje je odgođeno zbog jakog vjetra i valova.	*Der Wettkampf wurde wegen des starken Windes und der Wellen verschoben.*
tonuti, tonem / **potonuti,** potonem	sinken, untergehen
Kod otoka Suska potonuo je gliser od 9 [devet] metara.	*Ein 9 Meter langes Motorboot sank bei der Insel Susak.*
potapati, potapam / **potopiti,** potopim	senken, versenken
Potapanje brodova	*Schiffchen versenken [Spiel]*
nasukavati se, nasukavam se / **nasukati se,** nasučem se	stranden, auflaufen, auf Grund laufen
Katamaran se nasukao na obalu otoka.	*Der Katamaran lief an der Inselküste auf Grund.*
havarija / brodolom	Havarie, Schiffbruch
Trajekt »Marko Polo« doživio je havariju kod otočića Sita.	*Die Fähre »Marko Polo« erlitt Schiffbruch bei der kleinen Insel Sit.*
doživjeti brodolom	Schiffbruch erleiden
pomo|rac, *Gsg* -rca, *Npl* -rci	Seemann
more	Meer
Izlaz na Jadransko more imaju Hrvatska, Slovenija, Italija, Crna Gora, Bosna i Hercegovina te Albanija.	*Zugang zur Adria haben Kroatien, Slowenien, Italien, Montenegro, Bosnien Herzegowina und Albanien.*
pučina	hohe See
na pučini	auf hoher See
ploviti, *ipf*	segeln, (mit einem Schiff) fahren
svjetionik, *Gsg* svjetionika	Leuchtturm
Svjetionik na otoku Palagruži izgrađen je u 19. [devetnaestom] stoljeću.	*Der Leuchtturm auf der Insel Palagruža wurde im 19. Jahrhundert erbaut.*

Am Bahnhof

željeznički kolodvor	Bahnhof
glavni kolodvor	Hauptbahnhof

autobusni kolodvor	Busbahnhof
na kolodvoru	auf dem Bahnhof
garderoba	Gepäckaufbewahrung
željeznica	Eisenbahn
željezo	Eisen
vlak, *Npl* -ovi	Zug
noćni vlak	Nachtzug
putnički vlak	Personenzug, Reisezug
teretni vlak	Güterzug
putovati vlakom	mit dem Zug fahren / reisen
putna karta	Fahrkarte, Ticket
karta u jednom smjeru	Fahrkarte für eine Richtung
povratna karta	Rückfahrkarte
karta u oba smjera	Hin- und Rückfahrticket
mjesečna karta	Monatskarte
putovanje s popustom / (*form.*) **putovanje s povlasticom**	ermäßigte Fahrt
vozni red	Fahrplan
unutarnji vozni red	Fahrplan für Fahrten innerhalb Kroatiens
međunarodni vozni red	Fahrplan für Fahrten außerhalb Kroatiens
prigradski vozni red	Fahrplan für Vorortzüge
sjedalo	Sitzplatz
peron, *Gsg* perona	Bahnsteig
kolosij|ek, *Npl* -eci	Gleis
S kojeg kolosijeka polazi vlak za Split?	*Von welchem Gleis fährt der Zug nach Split ab?*
stizati, stižem **/ stići** od. **stignuti,** stignem (na vrijeme)	(zeitl.) schaffen, noch erreichen
Petra nije stigla na vlak.	*Petra hat den Zug nicht mehr erreicht.*
vagon, *Gsg* vagona	Wagen, Waggon
vagon-restoran	Restaurantwaggon, Speisewagen
spavaća kola, *npl tant.*	Schlafwagen
kupe, *Gsg* kupea, *Npl* kupei, *m*	Abteil
kondukter, *Gsg* konduktera	Schaffner, -in
Kondukter je zatražio putne karte.	*Der Schaffner fragte nach unseren Fahrkarten.*

tračnice, *fpl*	Schienen
kočnica	Bremse
kočnica u slučaju opasnosti / kočnica u slučaju nužde	Notbremse
lokomotiva	Lokomotive
strojovođ|a, *Gsg* -e, *m*	Lokführer

➠ Am Flughafen

zračna luka (*form.*) / **aerodrom**	Flughafen
u zračnoj luci (*form.*) / na aerodromu	am Flughafen
zrakoplov (*form.*) / **avion**, *Gsg* aviona, *Npl* avioni	Flugzeug
polijetanje	Abflug
polijetati, polijećem / **poletjeti**, poletim	abfliegen
Zrakoplov polijeće za koji trenutak.	*Das Flugzeug fliegt in einigen Augenbli-cken ab.*
slijetanje	Anflug, Landung
slijetati, slijećem / **sletjeti**, sletim	*ipf*: sinken, im Sinkflug sein; *pf*: landen
Slijećemo za deset minuta.	*Wir landen in zehn Minuten.*
dolasci, *mpl*	Ankunft
polasci, *mpl*	Abflug
odredište	Destination, Reiseziel
letjeti, letim, *ipf*	fliegen
letjeti zrakoplovom (*form.*) / avionom	mit dem Flugzeug fliegen
zrakoplovna tvrtka	Fluggesellschaft
domaći promet	Inlandsflug, Inlandsverkehr
međunarodni promet	Auslandsflug, Auslandsverkehr
let, *Npl* -ovi	Flug
Elektronički uređaji ne smiju se koristiti tijekom leta.	*Elektronische Geräte dürfen während des Fluges nicht verwendet werden.*
povratni let	Hin- und Rückflug
jednosmjerni let	einfacher Flug

rezervacija leta	Flugreservierung
red letenja	Flugplan
vrijeme, *Gsg* vremena, **polaska / vrijeme povratka**	Abflugzeit / Rückflugzeit
terminal, *Gsg* terminala	Terminal
prtljaga	Gepäck
ručna prtljaga	Handgepäck
naplata viška prtljage	Übergepäcksentgeld
putna torba	Reisetasche
kofer	Koffer
zrakoplovna karta (*form.*) / **avionska karta**	Flugticket
poslovnica	Geschäftsstelle
Kartu smo kupili u poslovnici Croatia Airlinesa.	*Wir kauften das Ticket in der Geschäftsstelle von Croatia Airlines.*
elektronička karta / e-karta	elektronisches Ticket
razred	Klasse (auch Schulklasse)
ekonomski razred	Touristenklasse, Economyklasse
poslovni razred	Businessklasse
(putnička) kabina	Kabine (für Passagiere)
Određene predmete zabranjeno je unositi u kabinu zrakoplova.	*Es ist verboten, bestimmte Gegenstände in die Kabine mitzubringen.*
registracija (putnika) (*form.*) / **check-in** [čekin]	Check-in
web check-in [veb čekin]	Online-Check-in
Za prijavu putem web check-in sustava, kliknite na link zrakoplovne kompanije.	*Für eine Anmeldung im Online-Check-in-System klicken Sie auf den Link der Fluggesellschaft.*
check-in u zračnoj luci	Check-in am Flughafen
šalter (za registraciju putnika) / check-in [ček in]	(Check-in-)Schalter
Šalter za registraciju putnika na domaćim letovima otvoren je 90 [devedeset] minuta prije polijetanja zrakoplova.	*Der Check-in-Schalter für Inlandsflüge ist 90 Minuten vor Abflug geöffnet.*

izlaz	Flugsteig, Gate; Ausgang
izlaz broj 4 [četiri]	Flugsteignummer 4
Mole se putnici leta broj LH 936 [el ha devetsto trideset i šest] za London da se upute na izlaz broj 4 [četiri].	*Wir bitten die Passagiere des Fluges LH 936 nach London sich zum Gate 4 zu begeben.*
duty free shop [djuti fri šop] / (*ugs.*) **djutić**	Duty-Free-Shop
putovnica / (*ugs.*) **pasoš**	(Reise-)Pass
kontrola	Kontrolle
kontrola putovnica	Passkontrolle
carinska kontrola / (*ugs.*) carina	Zollkontrolle
prtljaga, *DLsg* prtljazi	Gepäck
Prtljaga se prevozi u prtljažnom dijelu zrakoplova.	*Das Gepäck wird in den Frachtraum des Flugzeuges transportiert.*
ured za izgubljenu / nađenu prtljagu	Büro für verlorenes / aufgefundenes Gepäck
putn|ik, *Npl* -ici – **putnica**	Reisender – Reisende, Passagier – -in
posada (aviona / (*form.*) **zrakoplova)**	(Flugzeug-)Crew
Posada zrakoplova pokušala je smiriti uspaničene putnike.	*Die Flugzeugcrew versuchte, die panischen Passagiere zu beruhigen.*
pilot, *Gsg* pilota – (selten) **pilotkinja**	Pilot – -in
stjuard – stjuardesa	Steward – Stewardess
prsl|uk za spašavanje, *Npl* -uci za spašavanje	Schwimmweste, Rettungsweste
izlaz u slučaju nužde	Notausgang
sigurnosni pojas od. **sigurnosni pojas**	Sicherheitsgurt
pista	Rollfeld, Startbahn, Landebahn
srušiti se, *pf*	abstürzen
Zrakoplov s deset putnika srušio se pri polijetanju.	*Eine Maschine mit zehn Passagieren ist beim Abheben abgestürzt.*
maska s kisikom	Sauerstoffmaske
prisilno slijetanje	Notlandung

Öffentliche Verkehrsmittel

promet	Verkehr
prometno sredstvo	Verkehrsmittel
javni promet	öffentlicher Verkehr
autobus / (*ugs.*) **bus**	Bus
autobusna linija	(Bus-)Linie
stanica / (*form.*) **postaja**	Haltestelle
autobusna stanica	Bushaltestelle
tramvajska stanica	Straßenbahnhaltestelle
zadnja stanica	Endstation, Endhaltestelle
Sljedeća je postaja Trg bana Josipa Jelačića.	*Nächste Haltestelle ist Josip Jelačić Platz. [Typische Ansage in einer Straßenbahn in Zagreb]*
prometovati (*form.*), 3. Pers. Sg. prometuje, *ipf*	verkehren
pokaz	Fahrkarte für eine bestimmte Zeitdauer
vrijediti, *ipf*	gelten, gültig sein
tramvaj	Straßenbahn
voziti se tramvajem	mit der Straßenbahn fahren
zastoj tramvaja	Straßenbahnstau
vozni red, *Npl* (vozni) -ovi	Fahrplan

Tankstelle

benzinska pumpa / (*ugs.*) **benzinska**	Tankstelle
puniti / napuniti (benzinom)	(auf-, voll-)tanken (mit Benzin)
benzin, *Gsg* benzina	Benzin
bezolovni (benzin)	bleifrei(es Benzin)
dizel, *Gsg* -a	Diesel
antifriz	Frostschutzmittel
tekućina	Flüssigkeit
tlak zraka u gumama	Reifendruck
mjeriti / izmjeriti tlak zraka u gumama	den Reifendruck prüfen

mjeriti / izmjeriti	messen
autopraonica	Autowaschanlage

➠ Fahrzeugteile und Reparatur

automobil, *Gsg* automobila (*form.*) / **auto**	Auto
sportski automobil	Sportwagen
terenski automobil / (*ugs.*) terenac	Geländewagen
vozilo	Fahrzeug
kombi, *Gsg* kombija	Kombi
žmiga|vac, *Gsg* -vca, *Npl* -vci	Blinker
dati žmigavac	blinken
vjetrobran	Windschutzscheibe
brisač, *Gsg* brisača	Scheibenwischer
kvačilo / (*ugs.*) **kuplung**	Kupplung
prikolica	Anhänger
gas, *Npl* -ovi	Gas(pedal)
dati gas	Gas geben
kočnica	Bremse
ručna kočnica	Handbremse
kočiti / zakočiti, zakočim	bremsen
mjenjač, *Gsg* mjenjača	Getriebe
automatski mjenjač	(Automatik-)Getriebe
brzina	Gang
prva brzina	erster Gang
druga brzina	zweiter Gang
mijenjati / promijeniti, promijenim **brzinu**	schalten, Gang wechseln
promijeniti gume	die Reifen wechseln
Ubacio je u četvrtu brzinu.	*Er schaltete in den vierten Gang.*
hauba	Motorhaube
motor, *Gsg* motora	Motor
blatobran	Kotflügel

klima-uređaj	Klimaanlage
brzinomjer	Tachometer
retrovizor	Rückspiegel
suvozačko mjesto	Beifahrersitz
volan, *Gsg* volana	Lenkrad
trubiti / potrubiti, potrubim	hupen
zračni jast|uk, *Npl* (zračni) -uci	Airbag
sigurnosni pojas od. **sigurnosni pojas**	Sicherheitsgurt
vezivati se, vezujem se / **vezati se,** vežem se	sich anschnallen
prtljažn|ik, *Npl* -ici	Kofferraum
spremn|ik, *Npl* -ici / **rezervoar,** *Gsg* rezervoara	Tank
svjetlo prednje svjetlo stražnje svjetlo	Licht Frontlicht Rücklicht
auspuh (*ugs.*) / (*form.*) **ispušna cijev**	Auspuffrohr
(automobilska) guma zimske gume, *fpl* ljetne gume, *fpl* *Pukla mi je guma.*	Reifen Winterreifen Sommerreifen *Ich habe eine Reifenpanne.*
kotač, *Gsg* kotača	Rad
felga	Felge
popra|vak, *Gsg* -vka, *Npl* -vci	Reparatur
probna vožnja	Probefahrt
ogrebotina	Kratzer
hrđa	Rost
hrđati / zahrđati nehrđajući čelik	rosten rostfreier Stahl

Werkzeug und Arbeitsmaschinen

škare, *fpl tant.*	Schere
rezati, režem / **odrezati**, odrežem	schneiden, abschneiden
čekić	Hammer
udarati / udariti čekićem	hämmern
Udarila se čekićem po prstu.	*Sie schlug sich selbst den Hammer auf den Finger.*
čavao, *Gsg* čavla, *Npl* čavli	Nagel
vijak, *Gsg* -jka, *Npl* -jci / (*reg.*) **šaraf**, *Gsg* šarafa / (*reg.*) **vida**	Schraube

> **šaraf** wird immer mehr von einem regional zu einem überregional gebräuchlichen Wort.

odvijač, *Gsg* odvijača / (*reg.*) **š[a]rafciger / kacavida**	Schraubenzieher
šarafiti, šarafim / **zašarafiti**, zašarafim	schrauben
bušilica	Bohrmaschine
zavarivati, zavarujem / **zavariti**, zavarim	schweißen
kliješta, *npl tant.*	Zange
pila	Säge
motorna pila	Motorsäge
piliti, *ipf*	sägen
Prepilio je dasku na šest jednakih dijelova.	*Er zersägte das Brett in sechs gleiche Teile.*
sjekira	Axt
lijepiti / zalijepiti, zalijepim	kleben, ankleben, zukleben
ljepilo	Kleber
stroj, *Npl* -evi	Maschine

AUF REISEN

Unterkunft

hotel, *Gsg* hotela	Hotel
hotel s tri zvjezdice	Drei-Sterne-Hotel
Prenoćili smo u hotelu s pet zvjezdica.	*Wir übernachteten in einem Fünf-Sterne-Hotel.*
prenoćiti, prenoćim, *pf*	übernachten
zvijezda	Stern
Sinoć smo promatrali zvijezde na nebu.	*Letzte Nacht beobachteten wir die Sterne am Himmel.*
zvjezdica	Sternchen
rezervacija	Reservierung
Zaboravili smo potvrditi rezervaciju.	*Wir haben vergessen, die Reservierung zu bestätigen.*
rezervirati, rezerviram, *(i)pf*	buchen
soba	Zimmer
hotelska soba	Hotelzimmer
Putovnicu sam ostavio u hotelskoj sobi.	*Ich (m) habe meinen Reisepass im Hotelzimmer liegen lassen.*
jednokrevetna soba	Einbettzimmer
dvokrevetna soba	Zweibettzimmer, Doppelzimmer
višekrevetna soba	Mehrbettzimmer
krevet	Bett
odvojeni kreveti, *mpl*	getrennte Betten
Suprug i ja spavamo u odvojenim krevetima.	*Mein (Ehe-)Mann und ich schlafen in getrennten Betten.*
vodeni krevet	Wasserbett
krevet s baldahinom	Himmelbett
krevet na kat	Etagenbett, Stockbett
bračni krevet	Ehebett, Doppelbett
ležaj, *Npl* -(ev)i	Lager (Schlafstätte), Bett

pogled	Aussicht, Blick
soba s pogledom na more	Zimmer mit Meerblick
Rezervirali smo dvokrevetnu sobu s pogledom na more.	*Wir haben ein Doppelzimmer mit Blick aufs Meer reserviert.*
apartman, *Gsg* apartmana	Appartement
Nismo uspjeli naći smještaj u apartmanu.	*Wir haben es nicht geschafft, eine Unterkunft in einem Appartement zu finden.*
boravišna pristojba (*form.*)	Aufenthaltsgebühr, Kurtaxe
Boravišna pristojba plaća se po svakom noćenju.	*Die Aufenthaltsgebühr zahlt man für jede Übernachtung.*
posebna ponuda	Spezialangebot
U posebnoj ponudi nalaze se razni sportsko-rekreativni sadržaji.	*Das Spezialangebot beinhaltet verschiedene Sport- und Freizeitaktivitäten.*
recepcija	Rezeption
osoblje	Personal
Krađu smo prijavili osoblju hotela.	*Wir haben den Diebstahl dem Hotelpersonal gemeldet.*
gost, *Npl* -i	Gast
turist / turist – turistkinja / turistkinja	Tourist – -in
žaliti se / požaliti se	sich beschweren, beanstanden
Gosti se najčešće žale na buku.	*Die Gäste beschweren sich meistens über den Lärm.*
hostel, *Gsg* hostela	Hostel
puni pansion, *Gsg* (punog) pansiona	Vollpension
polupansion, *Gsg* polupansiona	Halbpension
noćenje	Übernachtung
noćenje s doručkom	Übernachtung mit Frühstück
blagovaonica	Speisesaal
couchsurfing [kauč surfing/sörfing]	Couchsurfing
Upoznali smo se preko couchsurfinga.	*Wir haben uns über Couchsurfing kennen gelernt.*
planinarski dom, *Npl* (planinarski) -ovi	Berghütte, Berghotel

> **planinarski dom** *ist eine Art Berghotel.*

privatni smještaj	Übernachtung in einem Privathaus

> cimer fraj
>
> Speziell an der Küste, wenn in einem Privathaus ein Zimmer für Touristen zur Verfügung steht, haben die Besitzer ein Schild mit den Worten **Zimmer frei** in mehreren Sprachen außen sichtbar angebracht. Der deutsche Ausdruck fand mittlerweile Einzug in die kroatische Umgangssprache: **Prenoćili smo u cimer fraju.** *Wir übernachteten in einem »Zimmer frei«.*

kamp, *Npl* -ovi	Campingplatz
ljetovati, ljetujem, *ipf*	den Sommer(urlaub) verbringen
Već nekoliko godina ljetujemo u kampu.	*Wir verbringen den Sommerurlaub schon seit mehreren Jahren auf dem Campingplatz.*
bungalov	Bungalow
kamp-prikolica / kamp-kućica	Wohnwagen
šator	Zelt
Sjedili smo u šatoru, pili pivo i razgovarali.	*Wir saßen im Zelt, tranken Bier und unterhielten uns.*
postavljati / postaviti	aufstellen
postaviti šator	Zelt aufbauen
vreća za spavanje	Schlafsack

➠ Besichtigungen und Sehenswürdigkeiten

godišnji odmor / (*ugs.*) **godišnji**	Urlaub, Ferien
U osmom (mjesecu) sam na godišnjem.	*Im August habe ich Urlaub.*
biti na godišnjem odmoru	in Urlaub sein

> godišnji odmor
>
> Umgangssprachlich auch in Gebrauch sind **ferije** und **dopust** (wörtl. *Erlaubnis*). **Dopust** wird verwendet im Sinne von »von der Arbeit freigestellt sein«, aber auch u.a. in **porodiljni dopust / rodiljni dopust** *Schwangerschaftsurlaub*. **Ferije** wird meist im Schulkontext verwendet. Die Bezeichnung **ferije** wird zwar immer seltener verwendet, in der Umgangssprache wird sie jedoch manchmal noch regional gebraucht.

odmarati se, odmaram se / **odmoriti se**, odmorim se	sich erholen

opuštati se, opuštam se / **opustiti se**, opustim se	sich entspannen, relaxen
znamenit|ost, *Gsg* -osti, *Isg* -osti/-ošću, *f*	Sehenswürdigkeit
razgledavati, razgledavam; **razgledati**, razgledam / **razgledati**	betrachten, ansehen, angucken
razgledavati/razgledati znamenitosti, *ipf*	sich die Sehenswürdigkeiten ansehen
razgledavanje	Besichtigung, Rundgang, Tour
panoramsko razledavanje	Panoramasightseeing
Nakon doručka krenuli smo u ragledavanje grada.	*Nach dem Frühstück gingen wir die Stadt besichtigen.*
šet|ati se, šećem se/-am se / **prošet|ati se**, prošećem se/-am se	spazieren
šetalište	Spazierweg, Promenade
šetnja	Spaziergang
ići u šetnju	einen Spaziergang machen
hodati, *ipf*	gehen
pješačiti, pješačim, *ipf* / **ići pješice**	zu Fuß gehen
Na posao idem pješice.	*Ich gehe zu Fuß zur Arbeit.*
cen|tar, *Gsg* -tra, *Npl* -tri	Zentrum
Turistički informativni centar	Tourismusbüro, Touristeninformation
centar grada	Stadtzentrum
plan, *Npl* -ovi **grada**	Stadtplan
gradska jezgra	Stadtkern
informacije, *fpl*	Auskunft, Information
razglednica	Postkarte, Ansichtskarte
izlet	Ausflug
izlet brodom	Bootsausflug
vožnja	Fahrt
put, *Isg* -om/-em, *Npl* -ovi/-evi	Reise, Weg; Strecke; Fahrt
Mate je odustao od fakulteta i krenuo biciklom na put oko svijeta.	*Mate verließ die Uni und machte sich auf zu einer Weltreise auf dem Fahrrad.*
službeni put	Geschäftsreise
Sretan put!	*Gute Reise!*
U Rovinju smo bili već dvaput / dva puta.	*In Rovinj waren wir schon zweimal.*

putovati, putujem / **otputovati**, otputujem	reisen, fahren; abfahren, abreisen
putn|ik, *Npl* -ici – **putnica** svjetski putnik slijepi putnik	Reisender – Reisende Weltreisender blinder Passagier
(turistički) vodič, *Gsg* (turističkog) vodiča	Reiseleiter
muzej, *Gsg* muzeja Muzej prekinutih veza	Museum Museum der zerbrochenen Beziehungen

Muzej prekinutih veza
Das Museum der zerbrochenen Beziehungen ist ein ungewöhnliches Museum in Zagreb, das ausschließlich aus Spenden von verlassenen Geliebten besteht. Weitere Museen in Zagreb sind u.a. das Blindenmuseum (**Tiflološki muzej**), das Museum für kroatische Geschichte (**Hrvatski povijesni muzej**), das Jagdmuseum (**Lovački muzej**) u.v.m.

ulaz slobodan ulaz	Eintritt freier Eintritt
bespla|tan, -tna, -tno	umsonst, gratis
ulaznica	Eintrittskarte
ulaziti / ući, uđem, ušao, ušla	hineingehen, hereinkommen
crkva	Kirche
katedrala	Dom, Kathedrale
spomen|ik, *Npl* -ici nadgrobni spomenik	Denkmal, Monument Grabstein
grob, *Npl* -ovi	Grab
groblje	Friedhof
kip, *Npl* -ovi / **skulptura**	Statue, Skulptur
bunar, *Gsg* bunara / **zde|nac**, *Gsg* -nca, *Npl* -nci *»Zdenac života« poznata je skulptura kipara Ivana Meštrovića.*	Brunnen *»Der Brunnen des Lebens« ist eine berühmte Skulptur des Bildhauers Ivan M.*

zdenac ist ein wenig formeller als **bunar**.

toranj, *Gsg* tornja, *Npl* tornjevi / **kula**	Turm

kula wird seltener verwendet als **toranj**, nur im Schach oder bei Befestigungsanlagen.

graditi kule u zraku	Luftschlösser bauen
crkveni toranj	Kirchturm
televizijski toranj	Fernsehturm
top, *Npl* -ovi	Kanone, Geschütz
U kuli Lotrščak smješten je Grički top.	*Auf dem Turm Lotrščak befindet sich die Kanone von Grič.*

Grički top

Täglich um 12 Uhr erklingt in Zagreb ein Schuss von dem in **Gornji grad** (der oberen Stadt) befindlichen Turm (**kula**) **Lotrščak**. Der Legende nach wird der Schuss abgefeuert, um die Türken von Zagreb fernzuhalten.

park, *Npl* -ovi	Park
nacionalni park	Nationalpark
zid, *Npl* -ovi	Wand, Mauer
zidine, *fpl*	(dicke) Mauer, Mauerwerk, Festungsmauer(n)
gradske zidine, *fpl*	Stadtmauer
Dubrovačke gradske zidine simbol su grada Dubrovnika.	*Die Dubrovniker Stadtmauer ist das Wahrzeichen der Stadt Dubrovnik.*
vrt, *Npl* -ovi	Garten
zoološki vrt	Tierpark, Zoo
botanički vrt	Botanischer Garten

vrt – vrtić

vrtić bedeutet wörtlich *Gärtchen, kleiner Garten*, wird aber nur als *Kindergarten* (**dječji**) **vrtić** verwendet.

most, *Npl* -ovi	Brücke
dvo|rac, *Gsg* -rca, *Npl* -rci	Schloss
Dvorac Trakošćan jedan je od najpoznatijih hrvatskih dvoraca.	*Das Schloss Trakošćan ist eines der bekanntesten Schlösser Kroatiens.*
amfitea|tar, *Gsg* -tra, *Npl* -tri	Amphitheater
U pulskoj Areni svake se godine održava filmski festival.	*Im Amphitheater von Pula findet jedes Jahr ein Filmfestival statt.*
arena	Arena

arena und **amfiteatar**

arena wird wie im Deutschen auch für Sportarena verwendet: **sportska arena**. **Amfiteatar** wird eher von einem architektonischen Blickwinkel aus verwendet.

BERUF UND AUSBILDUNG

Arbeit : Allgemeines

po|sao, *Gsg* -sla, *Npl* -slovi	Arbeit
fizički posao	körperliche Arbeit
stalni posao	feste Arbeit
honorarni posao	Honorararbeit, Arbeit auf Honorarbasis
Radim honorarno.	*Ich arbeite auf Honorarbasis.*
str|uka, *DLsg* -uci	Fach, Fachgebiet
posao u struci	Facharbeit, Arbeit im gelernten Fach
Radim u struci.	*Ich arbeite auf meinem (Fach-)Gebiet.*
stručna sprema	(etwa) Berufsausbildungsniveau
stručnj|ak, *Npl* -aci – **stručnjakinja**	Fachmann, Experte, Sachkundiger – Fachfrau, Expertin, Sachkundige
puno radno vrijeme	Vollzeit
pola radnog vremena	Teilzeit
Tražim posao na pola radnog vremena.	*Ich suche eine Teilzeitarbeit.*
rad, *Npl* -ovi	Arbeit, Werk
radni, -a, -o	Arbeits-
(stalni) radni odnos	(ständiges) Arbeitsverhältnis
Nisam u stalnom radnom odnosu.	*Ich habe kein ständiges Arbeitsverhältnis.*
(radni) staž, *Npl* -evi	Dienstzeit, Beschäftigungszeit
Moji roditelji imaju preko 30 [trideset] godina (radnog) staža.	*Meine Eltern haben eine über 30-jährige Dienstzeit.*
radno vrijeme, *Gsg* (radnog) vremena	Arbeitszeit
radno mjesto	Arbeitsplatz
iskustvo	Erfahrung
radno iskustvo	Arbeitserfahrung
Bez radnog iskustva teže je naći posao.	*Ohne Arbeitserfahrung ist es schwieriger, eine Arbeit zu finden.*

raditi, *ipf*	arbeiten; machen
Radim u odvjetničkom uredu.	*Ich arbeite in einer Anwaltskanzlei.*
Što radiš sutra navečer?	*Was machst du morgen Abend?*
poslopri|mac, *Gsg* -mca, *Npl* -mci	Arbeitnehmer
posloda|vac, *Gsg* -vca, *Npl* -vci – **poslodavk|a**, *DLsg* -i	Arbeitgeber – -in
zaposlenje	Anstellung
zaposlen|ik, *Gsg* zaposlenika, *Npl* -ici – **-ica**	Angestellter – Angestellte
zanimanje	Beruf
ured	Büro
rok, *Npl* -ovi	Frist, Termin, Zeitpunkt
rok za prijavu	Anmeldefrist
vojni rok	Wehrdienst
Zbog studija nije odslužio vojni rok.	*Wegen des Studiums leistete er seinen Wehrdienst nicht ab.*
nezaposlen, -a, -o	arbeitslos
zavod za zapošljavanje / burza (rada)	Arbeitsamt, Arbeitsvermittlung
biti na burzi (*ugs.*)	arbeitslos sein
natječaj	Bewerbung
prijaviti se na natječaj	bewerben
razina obrazovanja	Ausbildungsniveau
ugovor	Vertrag
ugovor o radu	Arbeitsvertrag
ugovor o djelu	Werkvertrag
ugovor na određeno	befristeter Arbeitsvertrag
ugovor na neodređeno	unbefristeter Arbeitsvertrag
student servis, *Gsg* (student) servisa	(Service, um Studierenden Arbeit zu verschaffen)
Konačno je našao posao preko student servisa.	*Er hat schließlich durch den »Studenten-Service« eine Arbeit gefunden.*
praksa	Praxis
volontirati, volontiram, *ipf*	ein Volontariat machen
volonter, *Gsg* volontera – **volonterka**	Volontär – -in
Nikola radi kao volonter u zoološkom vrtu.	*Nikola arbeitet als Volontär im Zoo.*

volontiranje	Volontariat
uvjeti, *mpl*	Bedingungen, Anforderungen
radni uvjeti, *mpl*	Arbeitsbedingungen
Radnici su prosvjedovali protiv katastrofalnih radnih uvjeta.	*Die Arbeiter haben gegen die katastrophalen Arbeitsbedingungen protestiert.*
sindikat, *Gsg* sindikata	Gewerkschaft
štrajk, *Npl* -ovi	Streik
biti u štrajku	sich im Streik befinden, streiken
pravo na štrajk	das Recht auf Streik
štrajkati, *ipf*	streiken
stres, *Npl* -ovi	Stress
biti pod stresom	im Stress sein, unter Stress stehen
otkaz	Entlassung, Kündigung
dati otkaz, *pf*	(selbst) kündigen; (jdn.) entlassen
Dao sam otkaz.	*Ich (m) habe gekündigt.*
dobiti otkaz, *pf*	entlassen werden
Dobio sam otkaz.	*Ich (m) wurde entlassen.*
odmor	Rasten, Rast, (Schul-)Pause
godišnji odmor	(Jahres-)Urlaub
porodiljni dopust / rodiljni dopust / (*ugs.*) **porodiljni**	Mutterschaftsurlaub
Moja supruga je na porodiljnom od početka travnja.	*Meine Frau ist seit Anfang April im Mutterschaftsurlaub.*
roditeljski dopust	Mutterschafts-, Vaterschaftsurlaub

Urlaub

Der Urlaub, d.h. die Anzahl an Stunden bzw. Tagen, die man als Arbeitnehmer im Jahr frei hat oder sich frei nehmen kann, wird als **godišnji odmor** (wörtl.: Jahresurlaub) bezeichnet. **Odmor** allein bedeutet *Rasten, Rast, Pause*, beispielsweise in **školski odmor** – Pause zwischen den Schulstunden.

slobodno vrijeme, *Gsg* (slobodnog) vremena	Freizeit
Što obično radite u slobodno vrijeme?	*Was macht ihr gewöhnlich in eurer Freizeit?*
slobodan dan, *Npl* (slobodni) -i	freier Tag
bolovanje	Krankenstand
Šefica mi je opet na bolovanju.	*Meine Chefin ist wieder im Krankenstand.*

poduzetn|ik, *Npl* -ici – **poduzetnica**	Unternehmer – -in
poduzimati / **poduzeti**, poduzmem	unternehmen
tvrtka, *DLsg* tvrtci / **firma**	Firma, Unternehmen
sjedište tvrtke	Firmensitz
Potpisali smo novi ugovor s poznatom austrijskom tvrtkom.	*Wir haben einen neuen Vertrag mit einer bekannten österreichischen Firma unterschrieben.*

firma ist etwas umgangssprachlicher als **tvrtka**.

plaća	Gehalt
mjesečna plaća	Monatsgehalt
Plaća mi kasni već mjesec dana.	*Mein Gehalt ist schon einen Monat zu spät.*
zarada	Verdienst
zarađivati, zarađujem / **zaraditi**, zaradim	verdienen
Koliko zarađuješ mjesečno?	*Wie viel verdienst du monatlich?*
primanja, *npl*	Einkommen
mjesečna primanja, *npl*	Monatseinkommen
karijera	Karriere, Laufbahn
politička karijera	politische Karriere
promaknuti (promaći) promaknem, *pf*	befördern
promaknuće	Beförderung
kvalificiran, -a, -o	qualifiziert
sposobn|ost, *Gsg* -osti, *Isg* -osti/-ošću, *f*	Fähigkeit
radno sposo|ban, -bna, -bno	arbeitsfähig
socijalna pomoć, *f*	Sozialhilfe
Živim od socijalne pomoći.	*Ich lebe von Sozialhilfe.*
minimalna plaća / (*ugs.*) **minimalac**	Mindesteinkommen, Mindestlohn
Na minimalcu sam.	*Ich lebe vom Mindesteinkommen.*
Vlada planira povećati iznos minimalca.	*Die Regierung plant die Anhebung des Mindesteinkommens.*
znanje	Wissen
životopis / **životopis** / **CV** [ce ve / si vi]	Lebenslauf

razgovor za posao *Idući tjedan pozvana sam na razgovor za posao.*	Bewerbungsgespräch *Nächste Woche bin ich (f) zu einem Bewerbungsgespräch eingeladen.*
(za)molba za posao *Svakodnevno primimo desetak molbi za posao.*	Bewerbung(sschreiben) *Täglich bekommen wir ungefähr zehn Bewerbungen.*
natječaj za posao *Prijavila sam se na natječaj za posao.*	Bewerbung für eine Stelle *Ich (f) habe mich für eine Stelle beworben.*
mirovina / penzija invalidska mirovina prijevremena mirovina biti u mirovini / biti u penziji	Rente, Pension, Ruhestand Invalidenrente Frührente, Frühpension in Rente sein, im Ruhestand sein
umirovljen|ik, *Gsg* umirovljenika, *Npl* -ici / **penzion|er**, *Gsg* penzionera, *Npl* -eri – **umirovljenica / penzionerk|a**, *DLsg* -i	Rentner – -in, Pensionär – -in

> penzija, penzioner(ka) sind etwas umgangssprachlicher als mirovina, umirovljenik, umirovljenica.

Berufe

zanimanje biti po zanimanju *Što si po zanimanju?*	Beruf von Beruf sein *Was bist du von Beruf?*
radn|ik, *Npl* -ici – **radnica**	Arbeiter – -in
direktor – direktorica	Direktor – -in
predsjedn|ik, *Npl* -ici – **predsjednica**	Vorsitzender – Vorsitzende
ravnatelj – ravnateljica	Direktor – -in, Leiter – -in
voditelj – voditeljica televizijski voditelj radijski voditelj	Leiter – -in; Moderator – -in Fernsehmoderator Radiomoderator
šef, *Npl* -ovi – **-ica**	Chef – -in
služben|ik, *Npl* -ici – **službenica**	Beamter – Beamtin
polica|jac, *Gsg* -jca, *Npl* -jci – **policajk|a / policajk|a**, *DLsg* -i	Polizist – -in

političar – političark|a, *DLsg* -i	Politiker – -in
novinar – novinarka	Journalist – -in
fotograf – fotografkinja	Fotograf – -in
vozač, *Gsg* vozača **– vozačica**	Fahrer – -in, Chauffeur – -in
taksist – taksistica	Taxifahrer – -in
učitelj – učiteljica	Lehrer – -in
lektor – -ica	Lektor – -in
profesor – profesorica	Professor – -in
znanstven|ik, *Npl* -ici **– znanstvenica**	Wissenschaftler – -in
prevodilac, *Gsg* prevodioca, *Npl* prevodioci / **prevoditelj – prevoditeljica**	Übersetzer – -in
kuhar – -ica	Koch – Köchin
konobar – konobarica	Kellner – -in
slastičar – slastičarka	Konditor – -in
pekar – pekarica	Bäcker – -in
prodavač, *Gsg* prodavača, **– prodavačica**	Verkäufer – -in
voditelj prodaje – voditeljica prodaje	Verkaufsleiter – -in
marketinški asistent / asistent – marketinška asistentica	Marketingassistent – -in
arhitekt, *Gsg* arhitekta / **arhitekt – arhitektica**	Architekt – -in
inženjer, *Gsg* inženjera **– inženjerka (ing.)**	Ingenieur – -in (Ing.)
diplomirani inženjer (dipl.ing.)	Diplomingenieur (Dipl.Ing./DI)
tehničar – tehničarka	Techniker – -in
automehaničar	Automechaniker
programer, *Gsg* programera **– programerka**	Programmierer – -in
informatičar – informatičarka	Informatiker – -in
grafičar – grafičarka	Grafiker – -in

blagajn|ik, *Npl* -ici – **blagajnica**	Kassierer – -in
financijski savjetn|ik, *Npl* -ici – **financijska savjetnica**	Finanzberater – -in
dostavljač, *Gsg* dostavljača – **dostavljačica**	Lieferant – -in
Vikendom radim kao dostavljač pizze.	*An Wochenenden arbeite ich (m) als Pizza-lieferant.*
tajn|ik, *Npl* -ici – **tajnica**	Sekretär – -in
odgajatelj – odgajateljica	Erzieher – -in
fizioterapeut – fizioterapeutkinja	Physiotherapeut – -in
zavarivač, *Gsg* zavarivača	Schweißer
brodo|monter, *Gsg* -montera	Werftarbeiter
zastupn|ik, *Npl* -ici – **zastupnica**	Vertreter – -in; Abgeordneter – Abgeordnete
saborski zastupnik / saborska zastupnica	Parlamentsabgeordenter – Parlamentsabgeordnete
spremač, *Gsg* spremača – **spremačica**	Reinigungskraft (m) – (f)
poljoprivredn|ik, *Npl* -ici – **poljoprivrednica**	Landwirt – -in
kemičar – kemičarka	Chemiker – -in
liječn|ik, *Npl* -ici – **liječnica / doktor – -ica**	Arzt – Ärztin
veterinar, *Gsg* veterinara – **veterinarka**	Tierarzt – -ärztin
zubar, *Gsg* zubara – **zubarica**	Zahnarzt – -ärztin
medicinska sestra / medicinska sestra	Krankenschwester
bolničar – bolničarka	Krankenpfleger – -in
frizer, *Gsg* frizera – **frizerka**	Frisör – -in
kozmetičar – kozmetičarka	Kosmetiker – -in
poštar	Briefträger
optičar – optičarka	Optiker – -in
redatelj – redateljica	Regisseur – -in

glu|mac, *Gsg* -mca, *Npl* -mci – **glumica**	Schauspieler – -in
kazališni glumac	Theaterschauspieler
filmski glumac	Filmschauspieler
cvjećar, *Gsg* cvjećara – **cvjećarica**	Florist – -in
vodoinstalater, *Gsg* -instalatera	Installateur
slikar – slikarica	(Kunst-)Maler – -in
soboslikar	Maler, Anstreicher
odvjetn|ik, *Npl* -ici – **odvjetnica**	Rechtsanwalt – -anwältin
računovođ|a, *Npl* -e, *m* – **računovotkinja**	Kontenführer – -in
knjigovođ|a, *Npl* -e, *m* – **knjigovotkinja**	Buchhalter – -in
knjižničar – knjižničarka	Bibliothekar – -in
recepcioner, *Gsg* recepcionera – **recepcionerka**	Rezeptonist – -in
stjuard – stjuardesa	Steward – -ess, Flugbegleiter – -in
glazben|ik, *Npl* -ici / **muzičar – glazbenica / muzičarka**	Musiker – -in
baletan, *Gsg* baletana – **balerina**	Balletttänzer – Ballerina
pjevač, *Gsg* pjevača – **pjevačica**	Sänger – -in
operni pjevač – operna pjevačica	Opernsänger – -in
kipar – kiparica	Bildhauer – -in
dizajner – dizajnerica	Designer – -in
urar, *Gsg* urara	Uhrmacher
stolar	Tischler, Schreiner
bravar	Schlosser
postolar	Schuhmacher, Schuster
krojač, *Gsg* krojača – **krojačica**	Schneider – -in
mornar *Gsg* mornara	Seemann, Matrose

mornarica (!)
Die vermeintliche feminine Form von mornar: **mornarica** bedeutet nicht *Matrosin*, sondern *Marine*.

Hrvatska ratna mornarica (HRM)	die Kroatischen Seestreitkräfte
kapetan, *Gsg* kapetana	Kapitän
zidar, *Gsg* zidara	Maurer
mesar, *Gsg* mesara	Fleischer, Metzger
tumač, *Gsg* tumača sudski tumač *Preveli smo dokumente kod sudskog tumača za njemački jezik.*	Dolmetscher, -in Gerichtsdolmetscher *Wir haben die Dokumente beim Gerichtsdolmetscher für Deutsch übersetzen lassen.*
vatroga|sac, *Gsg* -sca, *Npl* -sci	Feuerwehrmann
zaštitar, *Gsg* zaštitara	Wachmann, Sicherheitsbeamter
vojn|ik, *Gsg* -ika, *Npl* -ici profesionalni vojnik	Soldat Berufssoldat
svećen|ik, *Npl* -ici	Pfarrer
ribar	Fischer

Nur ganz wenige in Kroatien machen das …

Einige Berufe werden selten oder nie von Frauen ausgeübt, weshalb die femininen Formen ebenso selten in Gebrauch sind. Die folgenden Formen dienen für den Fall, dass eine feminine Form benötigt wird:

vatrogasica / vatrogaskinja (*Feuerwehrfrau*), **postolarka** (*Schuhmacherin, Schusterin*), **bravarica** (*Schlosserin*), **pilotkinja** (*Pilotin*), **mornarka** (*Matrosin*), **zidarka** (*Maurerin*), **urarica** (*Uhrmacherin*), **stolarica** (*Tischlerin, Schreinerin*), **mesarka** (*Metzgerin*), **kapetanica** (*Kapitänin*), **zaštitarka** (*Sicherheitsbeamtin, Wachfrau*), **svećenica** (*Pfarrerin*), **zavarivačica** (*Schweißerin*), **brodomonterka** (*Werftarbeiterin*), **poštarica** (*Briefträgerin*), **vojnikinja** (*Soldatin*), **automehaničarka** (*Automechanikerin*), **vodoinstalaterka** (*Installateurin*), **soboslikarica** (*Malerin, Anstreicherin*), **ribarka** (*Fischerin*, aber **ribarica / ribarica** Fischerboot).

Für einige Berufe ist die feminine Form selten, selbst wenn ebenso viele Frauen diesen Beruf ausüben. Hier wird die maskuline Form auch für Frauen verwendet: **tumač** (*Dolmetscher, -in*). Manchmal fehlt eine feminine Form, selbst wenn der Beruf auch von Frauen ausgeübt wird. In diesen Fällen behilft man sich mit dem Anhängen der Endung **-ica**, um eine feminine Form zu bilden, wie im Beispiel **vodič – vodičica** (*Fremdenführer – -in*). Diese Form wird jedoch kaum benutzt.

Schule und Studium

Das kroatische Schulsystem

Die Grundschule ist obligatorisch. Danach kann man die Mittelschule besuchen – ein Gymnasium, eine (z.B. technische, industrielle oder handwerkliche) Berufsschule oder eine Schule mit Schwerpunkt auf Künste (Musik, Angewandte Kunst etc.). Die Grundschule dauert acht Jahre (in der Regel von 6 bis 15 Jahre) und das Gymnasium dauert weitere vier Jahre. Das Einschreiben in eine weiterführende Schule ist vom Notendurchschnitt aus der Grundschule abhängig. Für Berufsschulen und Schulen mit Schwerpunkt auf Künste gelten zusätzliche Kriterien.

Das Gymnasium schließt man mit der **državna matura** (staatliche(s) Abitur/Matura) ab. Über eine Änderung des Schulsystems wird in Kroatien zum aktuellen Zeitpunkt diskutiert.

(dječji) vrtić	Kindergarten
škola	Schule
mala škola	Vorschule
osnovna škola	Grundschule
srednja škola	Mittelschule
glazbena škola	Musikschule
ići u školu	zur Schule gehen; Schüler sein
gimnazija	Gymnasium
sveučilište	Universität
(školski) predmet	(Schul-)Fach; Gegenstand
obvezni predmet	Pflichtfach
izborni predmet	Wahlfach
dnevn|ik, *Npl* -ici	Klassenbuch; Tagebuch; Tagesschau
imen|ik, *Npl* -ici	Namensverzeichnis (im Klassenbuch)
ispit	Prüfung
prijemni ispit	Aufnahmeprüfung
diplomski ispit	Diplomprüfung
pismeni ispit	schriftliche Prüfung
usmeni ispit	mündliche Prüfung
Sutra imam usmeni (ispit).	*Morgen habe ich eine mündliche Prüfung.*
popravni ispit	Entscheidungsprüfung, Nachprüfung
Izgleda da ću morati na popravni (ispit) iz fizike.	*Ich habe wahrscheinlich eine Nachprüfung in Physik.*

uspjeh	Erfolg
opći uspjeh	allgemeiner Erfolg
pismen, -a, -o	schriftlich
usmen, -a, -o	mündlich
polagati, polažem **ispit**, *ipf*	eine Prüfung ablegen
polagati maturu, *ipf*	das Abitur / die Matura ablegen
položiti, položim **ispit**, *pf*	eine Prüfung bestehen
položiti maturu, *pf*	das Abitur / die Matura bestehen
prolaziti / **proći**, prođem, prošao, prošla	durchgehen, durchkommen
proći ispit, *pf* / (*ugs.*) dati ispit, *pf*	eine Prüfung bestehen
Prošla sam ispit na prvom roku.	*Ich (f) bestand die Prüfung beim ersten Antritt.*
padati / **pasti**, padnem, pao, pala	(hin-; durch)fallen
pasti ispit, *pf*	eine Prüfung nicht bestehen, durchfallen
Pala sam ispit.	*Ich (f) bin bei der Prüfung durchgefallen.*
ocjena	Note
zaključna ocjena	Endnote
prolazna ocjena	Note »bestanden«
neprolazna ocjena	Note »nicht bestanden«
dobiti dobru ocjenu	eine gute Note bekommen
dobivati, dobivam / **dobiti**, dobijem	bekommen
ocjenjivati, ocjenjujem / **ocijeniti**, ocijenim	benoten, beurteilen

ocjene – die Noten

Die kroatischen Schulnoten sind von 1 bis 5, wobei 1 die schlechteste und 5 die beste Note ist: 1 **nedovoljan** (*ungenügend*), 2 **dovoljan** (*genügend*), 3 **dobar** (*gut*), 4 **vrlo dobar** (*sehr gut*), 5 **odličan** (*ausgezeichnet*).

Die Betragensnoten lauten: **loše** (*schlecht*), **dobro** (*gut*), **uzorno** (*vorbildlich*).

In jedem Schulfach gibt es eine Endnote (**zaključna ocjena**). Der Durchschnitt aus allen Noten am Ende des Schuljahres wird **opći uspjeh** (*allgemeiner Erfolg*) genannt.

svjedodžba	Zeugnis
svjedodžba osmog razreda	Zeugnis der achten Klasse (Abschlusszeugnis der Grundschule)
svjedodžba o položenoj državnoj maturi	Abiturzeugnis, Maturazeugnis (nach dem Gymnasium)

matura	Abitur, Matura
državna matura	staatliches Abitur, staatliche Matura
Za par mjeseci polažem maturu.	*In ein paar Monaten werde ich mein Abitur ablegen.*
učionica	Klassenzimmer
učitelj / nastavn|ik, *Npl* -ici – **učiteljica / nastavnica**	Lehrer – -in
razred	Klasse; Klassenzimmer
ponavljati, ponavljam / **ponoviti**, ponovim **razred**	die Klasse wiederholen, sitzenbleiben
biti u istom razredu	in derselben Klasse sein
nastava	Unterricht
dopunska nastava	(von der Schule organisierter) Nachhilfeunterricht
dodatna nastava	(von der Schule organisierter zusätzlicher Unterricht für Schüler, die vermehrtes Interesse oder überdurchschnittliche Resultate in einem bestimmten Fach haben)
raspored sati	Stundenplan
polugodište	(Schul-)Halbjahr
Na polugodištu sam imao lošu ocjenu iz matematike.	*Ich (m) hatte in meinem Halbjahr[eszeugnis] eine schlechte Note in Mathematik.*
školska godina	Schuljahr
školski sat	Schulstunde
Na satu kemije zazvonio mi je mobitel.	*In der Chemiestunde läutete mein Handy.*
Pod satom matematike obično spavam.	*Während der Mathematikstunde schlafe ich für gewöhnlich.*
učiti / naučiti, naučim	lernen
učiti / naučiti napamet	auswendig lernen
studirati, studiram, *ipf*	studieren
Tomislav je tri godine studirao antropologiju.	*Tomislav hat drei Jahre Anthropologie studiert.*
studentska iskaznica / (*ugs.*) **iksica** / **x-ica** (= identifikacijska kartica studenta)	Studentenausweis

studentski dom, *Npl* (studentski) -ovi	Studentenheim
(studentska) menza	Mensa
prijavnica za ispit	Anmeldeformular für eine Prüfung
prijavljivati, prijavljujem / **prijaviti**, prijavim	melden, anmelden
prijaviti ispit, *pf*	sich für eine Prüfung anmelden
prijepis ocjena	Sammelzeugnis
računati / **izračunati**	rechnen; ausrechnen
brojiti / **izbrojiti**, izbrojim	zählen; abzählen
pisati, pišem / **napisati**, napišem	schreiben
Jesi li napisao (domaću) zadaću?	*Hast du (m) deine Hausaufgabe gemacht?*
učen|ik, *Npl* -ici, – **učenica**	Schüler – -in
student – studentica	Student – -in
student prava	Jurastudent
doktorand / doktorand – doktorandica	Doktorand – -in
znati, *ipf*	wissen
znanje	Wissen
znan|ost, *Gsg* -osti, *Isg* -osti/-ošću, *f*	Wissenschaft
političke znanosti, *fpl*	Politikwissenschaft
znanstveni, -a, -o	wissenschaftlich
studij	Studium
preddiplomski studij	Bachelorstudium
diplomski studij	Masterstudium, Diplomstudium
poslijediplomski studij / postdiplomski studij	Doktoratsstudium
završavati, završavam / **završiti**, završim **studij**	das Studium abschließen
prvostupn|ik, *Npl* -ici – **-ica**	Bachelor (m) – (f)
magis|tar, *Gsg* -tra, *Npl* -tri / **magis|tar – magistra / magistra**	Magister – Magistra, Master (m) – (f)
doktor – doktorica	Doktor – -in
bod, *Npl* -ovi	Punkt
ECTS-bod [e ce te es bod]	ECTS-Punkt

broj, *Npl* -evi **bodova**	Punktezahl
stipendija	Stipendium
Dobio je stipendiju za usavršavanje u Njemačkoj.	*Er bekam ein Stipendium für eine Fortbildung in Deutschland.*
akademska godina od. **akademska godina**	akademisches Jahr
semes|tar, *Gsg* -tra, *Npl* -tri	Semester
ljetni semestar	Sommersemester
zimski semestar	Wintersemester
oglas	Anschlag, Ankündigung
oglasna ploča	Anschlagtafel, Schwarzes Brett
Rezultati ispita objavljeni su na oglasnoj ploči.	*Die Prüfungsergebnisse wurden am Schwarzen Brett bekanntgegeben.*
ploča	Tafel; Platte
(školska) ploča	Schultafel
(gramofonska) ploča	(Schall-)Platte
konzultacije, *fpl*	Sprechstunde
smjer, *Npl* -ovi	Richtung; Linie, Zweig
nastavnički smjer	Lehramtszweig
prevoditeljski smjer	Übersetzungszweig
katedra	Lehrstuhl
katedra za njemačku književnost	Lehrstuhl für deutsche Literatur
kolegij	Fach (an der Universität)
obvezni kolegij	Pflichtfach (an der Universität)
izborni kolegij	Wahlfach (an der Universität)
predavanje	Vorlesung
U koliko (sati) počinje predavanje iz pedagogije?	*Um wie viel Uhr beginnt die Pädagogikvorlesung?*
predavati, predajem, *ipf*	unterrichten
podučavati, podučavam, *ipf*	Privat-, Nachhilfe(unterricht) geben
poduka (iz matematike)	Privat-, Nachhilfe(unterricht) (in Mathematik)
davati, dajem **instrukcije**, *ipf*	Nachhilfe geben
nazočn|ost, *Gsg* -osti, *Isg* -osti/-ošću, *f* (eher *form.*) / **prisutn|ost**, *Gsg* -osti, *Isg* -osti/-ošću, *f* / **prisustvo**	Anwesenheit

biti prisu|tan, -tna, -tno / nazo|čan, -čna, čno	anwesend sein
Predavanje iz stilistike obavezno je za sve studente.	*Bei der Vorlesung Stilistik herrscht Anwesenheitspflicht für alle Studenten.*
nenazočn|ost, *Gsg* -osti, *Isg* -osti/-ošću, *f* (eher *form.*) / **odsutn|ost** od. **odsutn|ost**, *Gsg* -osti, *Isg* -osti/-ošću, *f* / **odsustvo / odsustvo**	Abwesenheit
biti odsu|tan, -tna, -tno / nenazo|čan, -čna, -čno	abwesend sein, weg sein
profesor – profesorica	Professor – -in
profesor hrvatskog jezika i književnosti	Professor für Kroatisch und Literatur
znanstveni nov|ak, *Gsg* -aka, *Npl* -aci / **asistent / asistent – asistentica**	(Forschungs-)Assistent – -in
docent, *Gsg* docenta / **docent – docentica / docentica**	Dozent – -in
fakultet, *Gsg* fakulteta	Fakultät
institut, *Gsg* instituta	Institut
U institutu Ruđer Bošković znanstvenici se bave istraživanjima iz područja prirodnih znanosti i tehnologije.	*Auf dem Institut Ruđer Bošković forschen die Wissenschaftler auf dem Feld der Naturwissenschaft und Technologie.*
mentor – mentorica	Betreuer der Bachelor- und Diplomarbeit
tečaj, *Npl* -(ev)i	Kurs
Upoznali smo se na tečaju fotografije.	*Wir haben uns bei einem Fotografiekurs getroffen.*
stu|panj, *Gsg* -pnja, *Npl* -pnjevi	Stufe
početni stupanj	Anfängerstufe
napredni stupanj	Fortgeschrittenenstufe
zada|tak, *Gsg* -tka, *Npl* zada(t)ci	Aufgabe
(školska) zadaća	(Schul-)Aufgabe
domaća zadaća	Hausaufgabe
pisati, pišem / **napisati**, napišem **domaću zadaću**	die Hausaufgabe machen
Opet nisi napisao domaću zadaću!	*Du (m) hast schon wieder keine Hausaufgabe gemacht!*

ispra|vak, *Gsg* -vka, *Npl* -vci **domaće zadaće**	Hausaufgabenkorrektur
ispravljati / ispraviti	korrigieren
zadaćnica	Schularbeitsheft
bilježnica	(Schul-)Heft

➠ Schul- und Studienfächer

(školski) predmet	(Schul-)Fach; Gegenstand
hrvatski (jez|ik, *Npl* -ici)	Kroatisch[e Sprache]
likovna kultura / likovni odgoj / (*ugs.*) **likovni**	Bildnerische Erziehung, Kunstunterricht
glazbena kultura / glazbeni odgoj / (*ugs.*) **glazbeni**	Musikerziehung
strani jez|ik, *Npl* (strani) -ici	Fremdsprache
prvi strani jezik	erste Fremdsprache

strani jezik
Meistens werden in kroatischen Schulen **engleski** *Englisch*, **njemački** *Deutsch* und/oder **talijanski** *Italienisch* unterrichtet.

klasični jezici, *mpl* (**(staro)grčki, latinski**)	Klassische Sprachen (Altgriechisch, Latein)
matematika	Mathematik
priroda i društvo	Fach »Natur und Gesellschaft«
priroda	Natur(kunde)
biologija	Biologie
molekularna biologija	Molekularbiologie
kemija	Chemie
fizika	Physik
povij|est, *Gsg* -esti, *Isg* -esti/-ešću, *f*	Geschichte
povijest umjetnosti	Kunstgeschichte
umjetn|ost, *Gsg* -osti, *Isg* -osti/-ošću, *f*	Kunst
geografija / zemljopis	Geografie

tehnička kultura / (*ugs.*) **tehnički**	(technischer) Werkunterricht
informatika	Informatik
tjelesna i zdravstvena kultura / (*ugs.*) **tjelesni**	Sportunterricht
vjeronauk	(freiwilliger) Religionsunterricht
gimnazija	Gymnasium

gimnazija

Es gibt aktuell fünf Arten von **gimnazija**: **opća gimnazija** *AHS*, **jezična gimnazija** *Gymnasium mit Schwerpunkt auf Sprachen, neusprachliches Gymnasium*, **klasična gimnazija** *Gymnasium mit Schwerpunkt auf Latein und Altgriechisch, humanistisches Gymnasium*, **prirodoslovno-matematička** *Gymnasium mit Schwerpunkt auf Naturwissenschaften und Mathematik, Realgymnasium*, **prirodoslovna** *Gymnasium mit Schwerpunkt auf Naturwissenschaften*.

et|ika, *DLsg* -ici	Ethikunterricht
log|ika, *DLsg* -ici	Logik (Schulfach)
politika i gospodarstvo / (*ugs.*) **PIG** [pig]	Politik und Wirtschaftslehre (Schulfach)
psihologija	Psychologie
filozofija	Philosophie
teologija	Theologie
arheologija	Archäologie
lingvistika	Linguistik
slavistika	Slavistik
germanistika	Germanistik
romanistika	Romanistik
pravo	Jura
međunarodno pravo	Internationales Recht
rodni studiji, *mpl*	Gender Studies
elektrotehnika i računarstvo	Elektrotechnik und Informationstechnik

➠ Wirtschaft und Finanzen

gospodarstvo / ekonomija	Wirtschaft
trgovina	Handel
sektor	Sektor, Branche
javni sektor	öffentlicher Sektor
privatni sektor	privater Sektor
industrija	Industrie
prehrambena industrija	Lebensmittelindustrie
tekstilna industrija	Textilindustrie
obrt	Gewerbe, Handwerk
tvornica	Fabrik
utemeljivati, utemeljujem / **utemeljiti**, utemeljim	(be)gründen
osnivati, osnivam / **osnovati**, osnujem	einrichten, etablieren, gründen
(po)rast	Wachstum, Anstieg
(po)rast proizvodnje	Produktionsanstieg
proizvodnja	Produktion
profitabi|lan, -lna, -lno / **uno|san**, -sna, -sno	profitabel
isplativ, -a, -o / **rentabi|lan**, -lna, -lno	rentabel
neisplativ, -a, -o / **nerentabi|lan**, -lna, -lno	unrentabel
dobit, *Gsg* -i, *f* / **profit**, *Gsg* profita	Profit, Gewinn
prihod	Einnahmen, Einkünfte
godišnji prihod	Jahreseinnahmen
rashod	Ausgaben, Aufwand
djelotvorn|ost, *Gsg* -osti, *Isg* -osti/-ošću, *f* / **učinkovit|ost**, *Gsg* -osti, *Isg* -osti/-ošću, *f* / **efektivn|ost**, *Gsg* -osti, *Isg* -osti/-ošću, *f* / **efikasn|ost**, *Gsg* -osti, *Isg* -osti/-ošću, *f*	Effektivität

učinkovit, -a, -o / **efika|san**, -sna, -sno / **djelotvo|ran**, -rna, -rno	effektiv, wirksam
rezultat, *Gsg* rezultata	Ergebnis, Resultat
uzr|ok, *Npl* -oci	Ursache
posljedica	Konsequenz
financirati, financiram, *(i)pf*	finanzieren
financiranje	Finanzierung
(financijska) potpora	(finanzielle) Unterstützung
pokrovitelj / sponzor	Förderer, Sponsor
generalni pokrovitelj / generalni sponzor	Hauptsponsor
Projekt je propao jer nismo uspjeli naći sponzora.	*Das Projekt ist gescheitert, weil wir keinen Sponsor finden konnten.*
pokroviteljstvo	Sponsoring, Förderung
Koncert je održan pod pokroviteljstvom ministarstva.	*Das Konzert wurde vom Ministerium gefördert.*
ponuda	(Waren-)Angebot
Odnedavno je u ponudi novi model.	*Seit Kurzem ist das neue Modell im (Waren-)Angebot [erhältlich].*
potražnja	Nachfrage
proizvodnja	Produktion
proizvoditi, proizvodim / **proizvesti**, proizvedem	produzieren
proizvedeno u Hrvatskoj	*hergestellt in Kroatien*
proračun / budžet, *Gsg* budžeta, *Npl* budžeti	Budget
državni proračun	Staatsbudget
inflacija	Inflation
deficit	Defizit
suficit	Suffizit
likvidn|ost, *Gsg* -osti, *Isg* -osti/-ošću, *f*	Liquidität, Zahlungsfähigkeit
investirati, investiram, *(i)pf*	investieren
ulagati, ulažem / **uložiti**, uložim	investieren; einzahlen, (Geld) anlegen; (Beschwerde) einlegen

Možete uložiti žalbu u roku od tjedan dana.	*Sie können / Ihr könnt innerhalb einer Woche Beschwerde einlegen.*
investicija	Investition
burza	Börse

> **burza (rada)** wird auch für *Arbeitsamt* verwendet und **biti na burzi** bedeutet umgangssprachlich *arbeitslos sein*. (siehe auch Seite 171).

slom, *Npl* -ovi **burze**	Börsencrash

> **slom** *Zusammenbruch, Crash* kann auch als **živčani slom / slom živaca** *Nervenzusammenbruch* verwendet werden.

dionica	Aktie
dioničar	Aktionär, Teilhaber
tržište	Markt
tržište dionica	Aktienmarkt
tržište nekretnina	Immobilienmarkt
tržište rada	Arbeitsmarkt
Razgovarali smo o položaju žena na tržištu rada.	*Wir sprachen über die Stellung der Frauen auf dem Arbeitsmarkt.*
vrijedn|ost, *Gsg* -osti, *Isg* -osti/-ošću, *f*	Wert
vrijednost dionica	Aktienwert
tržišna vrijednost	Marktwert
tečaj, *Npl* -(ev)i **dionice**	Aktienkurs
d.d. [de de], **dioničko društvo**	AG, Aktiengesellschaft
nekretnine, *fpl*	Immobilien
posjedovati, posjedujem, *ipf*	besitzen
vlasn|ik, *Npl* -ici – **vlasnica**	Besitzer – -in
posjed	Besitz
obiteljski posjed	Famillienbesitz
kriza	Krise
financijska kriza	Finanzkrise
nezaposlen|ost, *Gsg* -osti, *Isg* -osti/-ošću, *f*	Arbeitslosigkeit
U siječnju je nezaposlenost porasla za 3 % [tri posto].	*Im Januar stieg die Arbeitslosigkeit um drei Prozent an.*

sjedište tvrtke	Firmensitz
podružnica	Zweigstelle
uvoz	Import, Einfuhr
izvoz	Export, Ausfuhr
Carinska služba pojačala je kontrolu uvoza i izvoza robe.	*Der Zoll hat die Kontrollen beim Import und Export von Waren verstärkt.*

Notizen:

MEDIEN UND INTERNET

Computer und Internet

kompjuter / (*form.*) **računalo**	Computer
tablet / (*form.*) **tablet(-)računalo**	Tablet-PC
laptop [laptop / leptop]	Laptop
miš, *Npl* -evi	(Computer-)Maus
tipkovnica	Tastatur, Keyboard
Petar je prolio kavu po laptopu i više mu ne rade sve tipke na tipkovnici.	*Petar hat Kaffee auf seinen Laptop verschüttet und es funktionieren nicht mehr alle Tasten.*

> **tipkovnica**
> Manchmal wird auch das weniger gebräuchliche Synonym **tastatura** verwendet.

razm|ak, *Npl* -aci / (*ugs.*) **space** [spejs]	Leertaste, Space
(tipka) enter	Enter-Taste
aplikacija	App
Instalirao sam novu aplikaciju za iPhone [ajfoun].	*Ich (m) habe eine neue App auf dem iPhone installiert.*
internet	Internet
Stalno sam na internetu.	*Ich bin dauernd im Internet.*
internetski, -a, -o	Internet-
internetski kafić	Internetcafé
internetska stranica	Website, Webseite
web [veb] **stranica** / (*ugs.*) **sajt**, *Npl* -ovi	Website, Webseite

internet-stranica, internet-kafić
Umgangsprachlich werden häufiger **internet-stranica** und **internet-kafić/-café/-kafé/-kafe** (oder ohne Bindestrich) verwendet als **internetska stranica** und **internetski kafić**. Internetcafés werden allerdings immer seltener.

USB [u es be]	USB-Stick, Speicherstick
Spremio sam dokument / fajl na USB [u es be].	*Ich (m) habe ein Dokument / einen File auf dem Speicherstick gespeichert.*
dokument	Dokument

> **fajl** *File* und **dokument** werden oft als Synonyme verwendet. Jedoch ist ein **dokument** textlich und visuell, während sich ein **fajl** auf alle numerischen Formate bezieht.

> **sejvati** ist umgangssprachlich, kommt vom Englischen *save* (*speichern*): **Sejvao sam fajl.** *Ich (m) habe den File gespeichert.* Für *speichern* wird auch **spremiti**, spremim verwendet.

hard disk, *Npl* (hard) -ovi	Festplatte
printer / (*form.*) **pisač,** *Gsg* pisača	Drucker
Nemam više tinte u printeru.	*Ich habe keine Tinte mehr im Drucker.*
printati / **isprintati**	drucken; ausdrucken
Isprintala sam životopis i molbu za posao u tri primjerka.	*Ich (f) habe drei Exemplare meines Lebenslaufes und meines Bewerbungsschreibens ausgedruckt.*
skenirati, skeniram, *(i)pf*	scannen
Skenirat ću fajl i poslat ću ti ga u PDF-u [pe de efu].	*Ich werde den File scannen und ihn dir als PDF schicken.*
skener	Scanner
modem, *Gsg* modema	Modem
surfati, *ipf*	surfen
surfati po internetu	im Internet surfen
tražilica	Suchmaschine
pretraživač, *Gsg* pretraživača / **browser** [brauzer]	Browser
guglati, *ipf*	googeln, in der Suchmaschine suchen
link / (*form.*) **poveznica**	Link
(e-)mail, *Npl* -ovi [imejl] **/ mejl** / (*form.*) **elektronička pošta** / (*form.*) **elektronička poruka** / (*form.*) **e-pošta**	E-Mail
Tekst oglasa možete poslati elektroničkom poštom.	*Sie können den Text Ihrer Annonce per Mail schicken.*

(e-)mail (adresa)	(E-)Mail-Adresse
at [et] / (*form.*) **pri**	@-Zeichen
logirati se, logiram se, *(i)pf*	sich einloggen

ein-/ausloggen
ulogirati se *sich einloggen*, **izlogirati se, odlogirati se,** *sich ausloggen*

spem / spam [spem]	Spam

Spam
In schriftlich-gehobenem Stil auch als **neželjena pošta** *unerwünschte Post* bezeichnet.

brisati, brišem, *ipf*	löschen
Slučajno sam izbrisala sve poruke.	*Ich (f) habe versehentlich alle Nachrichten gelöscht.*
žica	Draht
beži|čni, -čna, -čno	kabellos
bežični internet	kabelloses Internet, wireless Internet, Wi-Fi
wifi / wi fi [vi fi / vaj faj]	Wi-Fi
pristup	Zugang
pristup internetu	Internetzugang
pristup računu	Kontozugang
Priključili smo se na besplatni wifi / (form.) besplatnu wifi mrežu.	*Wir haben uns mit dem kostenlosen Wi-Fi-Netz verbunden.*
korisn|ik, *Npl* -ici – **korisnica**	User (m) – (f)
korisničko ime	Username
lozinka / password [passwörd] / (*form.*) **zapo|rka,** *DLsg* -rci	Passwort
račun, *Gsg* računa	Konto, Account
sigurn|ost, *Gsg* -osti, *Isg* -osti/-ošću, *f*	Sicherheit
prijava / (*ugs.*) **login**	Login; Anmeldung
odjava / (*ugs.*) **logout** [logaut]	Logout; Abmeldung
izborn|ik, *Npl* -ici	Menü
učitavanje / (*ugs.*) **loudanje**	Ladevorgang, Laden
problemi s učitavanjem, *mpl*	Ladeprobleme
homepage [houmpejdž]	Homepage

registracija	Registrierung
najčešća pitanja, *npl*	FAQ
inbox [inboks]	Inbox, erhaltene E-Mails, Posteingang
outbox [autboks]	Outbox

> **Inbox, Outbox**
> In schriftlich-gehobenem Stil auch als **pristigla pošta** *bekommene Post* und **poslana pošta** *gesendete Post* bezeichnet.

postavke, *fpl*	Einstellungen
instalirati, instaliram, *(i)pf*	installieren
instalirati program	ein Programm installieren
skidati / skinuti, skinem (*ugs.*)	downloaden, herunterladen (wörtl.: ausziehen (Kleidung))
skinuti s interneta (*ugs.*)	aus dem Internet herunterladen
Skinuli smo film s interneta.	*Wir haben den Film aus dem Internet heruntergeladen.*
fajl, *Npl* -ovi (*ugs.*)	File

> **Mehr Umgangssprachliches über Computer**
> **biti onlajn / online** (*online sein*), **biti oflajn / offline** (*offline sein*); **streaming / striming** (*Streaming*), **daunloudati / downloadati** (*downloaden*), **forvardirati / forwardirati** (*weiterleiten*)

Radio und Fernsehen

> **HRT** [ha er te] **(Hrvatska radiotelevizija)** ist der nationale Fernseh- und Radiosender Kroatiens. Die bekanntesten Fernsehsender sind **HTV1** [ha te ve jedan] und **HTV2** [ha te ve dva]. Sie werden weitgehend als **Prvi (program)** »Erstes« und **Drugi (program)** »Zweites«, bezeichnet. Daneben gibt es auch **HTV3**, **HTV4** sowie private Sender wie **Nova TV** [te ve] oder **RTL** [er te el].

rad|io, *Gsg*, -ija, *m*	Radio
slušati radio	Radio hören
slušati, *ipf*	zuhören, anhören
Svako jutro slušam vijesti na radiju.	*Ich höre mir jeden Morgen die Nachrichten im Radio an.*

slušatelj / sluš|alac, *Gsg* -aoca, *Npl* -aoci – **slušateljica**	Zuhörer – -in
upaliti, upalim, *pf* / **uključiti**, uključim, *pf*	einschalten
upaliti radio / televizor	das Radio / den Fernseher einschalten
ugasiti, ugasim, *pf* / **isključiti**, isključim, *pf*	abstellen, ausschalten
ugasiti radio / televizor	das Radio / den Fernseher ausschalten
(televizijski / radijski) voditelj	(Fernseh-/Radio-)Moderator
(televizijska / radijska) voditeljica	(Fernseh-/Radio-)Moderatorin
spiker – spikerica	Sprecher – -in
zvučn|ik, *Npl* -ici	Lautsprecher
pojačati, *pf*	lauter stellen
Pojačaj, ništa ne čujem!	*Mach lauter, ich kann nichts hören!*
stišati, *pf*	leiser stellen
Možeš li, molim te, stišati televizor?	*Kannst du, bitte, den Fernseher leiser stellen?*
televizija / TV [te ve]	Fernsehen
gledati televiziju	fernsehen
televizija na zahtjev	Mediathek, Sendungsarchiv im Internet
kabelska televizija	Kabelfernsehen
satelitska televizija	Satellitenfernsehen
televizor	Fernseher
crno-bijeli televizor	Schwarz-Weiß-Fernseher
televizor u boji	Farbfernseher
daljinski upravljač, *Gsg* (daljinskog) upravljača / (*ugs.*) **daljinski**	Fernbedienung
Znaš li gdje je daljinski (upravljač)?	*Weißt du, wo die Fernbedienung ist?*
(televizijski) program / (TV) [te ve] **program**	Fernsehprogramm
Što je večeras na programu?	*Was läuft heute Abend im Fernsehen?*
zabavni program	Unterhaltungsprogramm
obrazovni program	Bildungsprogramm
promidžbeni program	Werbung, Werbeblock, Werbeunterbrechung
reklama	Werbung

ekran, *Gsg* ekrana	Bildschirm
prijenos	Sendung, Übertragung
prijenos uživo	Liveübertragung
gledatelj – gledateljica	Zuseher, Zuschauer – -in
gleda|lac, *Gsg* -oca, *Npl* -oci	Zuschauer (nur m)
korisn|ik, *Npl* -ici – **korisnica**	Benutzer – -in
Poštovani korisnici, za pregled emisija na zahtjev potrebno je imati instaliran Flash player.	*Liebe Benutzer, für die Mediathek wird ein installierter Flashplayer vorausgesetzt.*
vijesti, *fpl*	Nachrichten
vijesti iz kulture	Kulturnachrichten
vijesti iz svijeta	weltweite Nachrichten
raspored emitiranja	Tagesprogrammübersicht, tägliche Programmübersicht
kodirano za satelitski program	kodiert für Satellitenprogramm
komentirati, komentiram, *(i)pf*	kommentieren
komentator – komentatorica	Kommentator – -in
kanal, *Gsg* kanala	Sender, Kanal
promijeniti, promijenim, *pf*	wechseln
promijeniti program	den Sender wechseln, umschalten
talk show [tok šou]	Talkshow
voditi emisiju	moderieren
dnevn|ik, *Npl* -ici	Tagesschau; Tagebuch; Klassenbuch
sport, *Npl* -ovi	Sport
vrijeme, *Gsg* vremena, *Npl* vremena	Wetter; Zeit
vremenska prognoza	Wettervorhersage
Kakva je vremenska prognoza za iduća tri dana?	*Wie ist die Wettervorhersage für die nächsten drei Tage?*
(glazbeni) **spot**, *Npl* -ovi	Musikclip, Musikvideo
film, *Npl* -ovi	Film
crtani film / animirani film / (*ugs.*) crtić	Zeichentrickfilm
Moj najdraži crtić zove se »Profesor Baltazar«.	*Mein Lieblingszeichentrickfilm heißt »Professor Baltazar«.*
dokumentarni film	Dokumentarfilm
televizijski film	Fernsehfilm

inter|vju / inter|vju, *Gsg* -vjua, *m*	Interview
intervjuirati, intervjuiram, *(i)pf*	interviewen
reportaža	Reportage
televizijska reportaža	Fernsehreportage
sapunica	Seifenoper
telenovela	Telenovela
epizoda	Episode
(televizijska) serija	Fernsehserie
kviz, *Npl* -ovi	Quizsendung, -show
»Tko želi biti milijunaš?« bio je jedan od najpopularnijih kvizova u Hrvatskoj.	*»Wer möchte Millionär sein?« war eine der beliebtesten Quizshows in Kroatien.*

Printmedien

novine, *fpl tant.*	Zeitung
dnevne novine	Tageszeitung
tjedne novine / tjedn|ik, *Npl* -ici	Wochenzeitung
časopis	Zeitschrift
znanstveni časopis	wissenschaftliche Zeitschrift
magazin	Magazin
modni magazin	Modemagazin
mjesečni magazin / mjesečn|ik, *Npl* -ici	monatliches Magazin
oglasn|ik, *Npl* -ici	Anzeigenblatt
Objavili smo oglas u oglasniku.	*Wir haben eine Anzeige im Anzeigenblatt aufgegeben.*
oglas	Annonce, Anzeige
naslovnica	Titelseite, Cover
Tina Turner osvanula je na naslovnici njemačkog Voguea za travanj 2013. [dvije tisuće trinaeste]	*Tina Turner erschien auf der Titelseite der deutschen Vogue im April 2013.*
čla|nak, *Gsg* -nka, *Npl* -nci	Artikel
kolumna	Kolumne
kolumnist – kolumnistica	Kolumnist – -in
novinar – novinarka	Journalist – -in

urednik, *Npl* -ici – **urednica**	Redakteur – -in
glavni urednik – glavna urednica	Chefredakteur – -in
Glavni urednik Novog lista podnio je ostavku.	*Der Chefredakteur der Novi List hat seinen Rücktritt eingereicht.*
tisak, *Gsg* -ska	Presse
sloboda tiska	Pressefreiheit
žuti tisak	Regenbogenpresse, Boulevardpresse
tiskati, *ipf*	drucken
pretplata	Abonnement
pretplatiti se, pretplatim se, *pf*	abonnieren
pretplatiti se na novine	eine Zeitung abonieren
Pretplatio sam se na godinu dana.	*Ich (m) habe für ein Jahr abonniert.*
pretplatnik, *Npl* -ici – **pretplatnica**	Abonnent – -in
Većina pretplatnika HRT-a [ha er tea] redovito plaća pristojbu.	*Die Mehrheit der HRT-Abonnenten bezahlt die Gebühren regelmäßig.*
pristojba (*form.*)	Gebühr
dostava	Lieferung
besplatna dostava	Gratislieferung

Notizen:

SPORT, FREIZEIT UND KULTUR

Sport: Allgemeines

sport, *Npl* -ovi / **šport**, *Npl* -ovi	Sport

sport / šport
Das Wort Sport wird manchmal auch mit »š« geschrieben. Heutzutage wird jedoch die Form mit »s« häufiger verwendet. Auch beim Namen des **Ministerium für Wissenschaft, Erziehung und Sport** hat man vor kurzem zu **sport** ohne Häkchen gewechselt: **Ministarstvo znanosti, obrazovanja i sporta**.

zimski sportovi, *mpl*	Wintersport
sportaš, *Gsg* sportaša – **sportašica**	Sportler – -in
baviti se sportom	Sport treiben
igrati, *ipf*	spielen (ein Spiel)
Hrvatska će u finalu igrati protiv Mađarske.	*Kroatien wird im Finale gegen Ungarn spielen.*
Svjetsko prvenstvo, SP [es pe]	Weltmeisterschaft (WM)
Na Svjetskom prvenstvu u nogometu 1998. [tisuću devetsto devedeset osme] Hrvatska je osvojila treće mjesto.	*Bei der Fußballweltmeisterschaft 1998 landete Kroatien auf dem dritten Platz (wörtl.: gewann den dritten Platz).*
natjecanje	Wettkampf, Wettbewerb
Olimpijada (*ugs.*)	die Olympiade (*ugs.*)
Olimpijske igre, *fpl*	die Olympischen Spiele
Atletičarka Sandra Perković osvojila je zlato u bacanju diska na Olimpijskim igrama u Londonu 2012. [dvije tisuće dvanaeste].	*Die Athletin Sandra Perković gewann Gold im Diskuswerfen bei den Olympischen Spielen in London 2012.*
stadion	Stadion
nogometni stadion	Fußballstadion
finale	Finale
Hrvatska se plasirala u finale.	*Kroatien kam ins Finale.*
momčad, *f*	Mannschaft
ekipa	Team

reprezentacija	(Mannschafts-)Auswahl, Nationalmannschaft
Hrvatska rukometna reprezentacija poražena je u finalu od Francuza.	*Die kroatische Handballmannschaft wurde im Finale von Frankreich besiegt.*
navijati, navijam, *ipf*	anfeuern, hinter einer Mannschaft stehen, zu jdm. halten
Navijam za Dinamo.	*Ich bin Anhänger von Dinamo.*

Dinamo
ist ein Zagreber Fußballklub.

utakmica	Spiel, Match
nogometna utakmica	Fußballspiel, Fußballmatch

utakmica wird bei manchen Sportarten selten verwendet, z.B. **teniski meč** *Tennismatch*, **boksački meč** *Boxkampf*. Es wird meist in Bezug auf Mannschaftssportarten gebraucht.

neriješen, -a, -o	unentschieden
Utakmica je završila neriješeno.	*Das Spiel endete unentschieden.*
pobjeđivati, pobjeđujem / **pobijediti,** pobijedim	gewinnen
osvajati, osvajam / **osvojiti,** osvojim	gewinnen (z.B. Medaille), erkämpfen
osvojiti olimpijsko zlato	Olympiagold gewinnen
Skijašica Janica Kostelić osvojila je četiri olimpijska zlata.	*Die Skiläuferin Janica Kostelić hat vier Mal Olympisches Gold gewonnen.*
Goran Ivanišević osvojio je Wimbledon 2001. [dvije tisuće prve].	*Goran Ivanišević gewann 2001 Wimbledon.*
izgubiti, izgubim, *pf*	verlieren
Hrvatski vaterpolisti izgubili su u polufinalu od Talijana.	*Die kroatischen Wasserballspieler haben im Halbfinale gegen Italien verloren.*
voditi, *ipf*	führen, vorne sein
Tko vodi?	*Wer führt?*
rezultat, *Gsg* rezultata	Ergebnis, Resultat
Koji je rezultat?	*Wie ging das Spiel aus?; Wie viel steht es?*
sudac, *Gsg* suca, *Vsg* suče, *Npl* suci	Schiedsrichter
trener	Trainer, Coach

rekord — Rekord
Guinnesova knjiga rekorda — Guinness-Buch der Rekorde
Istarski bijeli tartuf ušao je u Guinnesovu knjigu rekorda. — *Der istrische weiße Trüffel kam ins Guiness-Buch der Rekorde.*

Der istrische Trüffel
Die Region Istrien ist berühmt für ihre **tartufi** *Trüffel (Pilze)*. (Siehe auch Kapitel 6)

postaviti rekord — einen Rekord aufstellen
osobni rekord — persönliche Bestleistung, persönlicher Rekord
svjetski rekord — Weltrekord
Sanja Jovanović je oborila osobni rekord. — *Sanja Jovanović hat ihren persönlichen Rekord gebrochen.*

fotofiniš — Fotofinish
Osmerac je izgubio medalju u fotofinišu. — *Der Achter [Rudersport] hat die Medaille im Fotofinish verloren.*

osmerac kann in der Verslehre auch ein Vers mit acht Silben sein.

pobjedn|ik, *Npl* -ici – **-ica** — Gewinner – -in

(pobjedničko) postolje — Siegerpodest

odličje — Auszeichnung, Medaille

medalja — Medaille
zlatna medalja — Goldmedaille
srebrna medalja — Silbermedaille
brončana medalja — Bronzemedaille

Sport

lopta — Ball
nogometna lopta — Fußball (Ball)
teniska loptica — Tennisball

nogomet — Fußball (Spiel)
igrati nogomet — Fußball spielen
Ne pratim nogomet. — *Ich verfolge Fußball nicht.*

(nogometni) dres, *Npl* -ovi — (Fußball-)Dress

kopačka — Fußballschuh

uda|rac, *Gsg* -rca, *Npl* -rci	Tritt, Schuss, Schlag
slobodni udarac	Freistoß
korner	Eckball, Eckstoß
jedanaeste|rac, *Gsg* -rca, *Npl* -rci	Elfmeter, Elfer

> **jedanaesterac** kann in der Verslehre auch ein Vers mit elf Silben sein.

nogometaš, *Gsg* nogometaša	Fußballspieler
nogometašica	Fußballspielerin
(nogometni) teren, Ggs terena	Fußballplatz
dodavati, dodajem / **dodati**	passen, abspielen; reichen, geben
dodavanje	Pass
pucati / puknuti, puknem	schießen
braniti / obraniti, obranim	verteidigen, abwehren
driblati, *ipf*	dribbeln
zaleđe / (*ugs.*) **ofsajd**	Abseits
Postigao je pogodak iz zaleđa.	*Er erzielte einen Treffer aus einer Abseitsposition.*
prekršaj / (*ugs.*) **faul**	Foul
Suđen je prekršaj u napadu.	*Das Foul während des Angriffs wurde gegeben.*
isključenje	Platzverweis
Dobio je opomenu pred isključenje.	*Er bekam eine Platzverweisverwarnung.*
karton, *Gsg* kartona	Karte (beim Fußballspiel)
crveni / žuti karton	die rote / gelbe Karte
Dosuđen je crveni karton.	*[Jemand] Bekommt die rote Karte. (wörtl.: Die rote Karte wird geurteilt.)*
vratar, *Gsg* vratara / **golman**	Torwart
Gol! Goooool!	*Tor! Tooooor!*
napadač, *Gsg* napadača, *Npl* napadači	Angreifer, Stürmer
gol, *Npl* -ovi	Tor
zabiti gol / dati gol	ein Tor schießen
pogo|dak, *Gsg* -tka, *Npl* -(t)ci / **zgodi|tak**, *Gsg* -tka, *Npl* -(t)ci	Treffer
postići zgoditak / postići pogodak	einen Treffer erzielen

> **zgoditak** wird auch bei der Lotterie verwendet.

vratnica	Torpfosten, Stange
Lopta je udarila u vratnicu.	*Der Ball traf die Stange.*
poluvrijeme, *Gsg* poluvremena	Halbzeit
produže|tak, *Gsg* -tka, *Npl* -(t)ci	Verlängerung
Hokejaši zagrebačkog Medveščaka poraženi su od Graz 99ersa u produžecima.	*Die Hockeymannschaft Medveščak aus Zagreb wurde von den Graz 99ers in der Verlängerung besiegt.*
odbo|jka, *DLsg* -jci	Volleyball
odbojkaš, *Gsg* odbojkaša – **odbojkašica**	Volleyballer – -in
mreža	Netz
Lopta je preletjela preko mreže i pala u protivničko polje.	*Der Ball ging über das Netz und landete im Feld des Gegners.*
rukomet	Handball
sedme|rac, *Gsg* -rca, *Npl* -rci	Siebenmeter
devete|rac, *Gsg* -rca, *Npl* -rci	Neunmeter

> Als **sedmerac** und **deveterac** werden in der Verslehre auch Verse mit sieben bzw. neun Silben bezeichnet.

badminton	Federball, Badminton
koša|rka, *DLsg* -rci	Basketball
košarkaš, *Gsg* košarkaša – **košarkašica**	Basketballspieler – -in
koš, *Npl* -evi	(Basketball-)Korb
zabiti koš (*ugs.*)	einen Korb machen
trica	Dreier [beim Basketball]
slobodno bacanje	Freiwurf
zagrijavati se, zagrijavam se / **zagrijati se**, zagrijem se	sich aufwärmen
zagrijavanje	Aufwärmen
Trening obično započinjem kratkim vježbama zagrijavanja.	*Ich beginne das Training normalerweise mit kurzen Aufwärmübungen.*
(u)trka, *DLsg* (u)trci	Rennen, Lauf
(u)trka na 100 [sto] metara s preponama	100 Meter Hürdenlauf
trkač, *Gsg* trkača – **trkačica**	Läufer – -in

trčati, trčim, *ipf*	laufen
maraton trčati maraton	Marathon einen Marathon laufen
trčanje trka na 100 [sto] metara	Lauf(en) 100 Meter Lauf
sprint	Sprint
štafeta	Staffellauf
startna crta / startna linija / start	Startlinie, Start
štoperica	Stoppuhr
ciljna linija / cilj proći kroz cilj	Ziellinie, Ziel durchs Ziel gehen
(atletska) staza	Bahn
bacanje	Wurf
bacač, *Gsg* bacača – **bacačica**	Werfer – -in

Wurf
bacanje diska *Diskuswerfen*, **bacanje koplja** *Speerwerfen*, **bacanje kladiva** *Hammerwurf*, **bacanje kugle** *Kugelstoßen* | **bacač diska** *Diskuswerfer*, **bacač koplja** *Speerwerfer*, etc.

skok, *Npl* -ovi	Sprung

Sprung
skok u vis *Hochsprung*, **skok u dalj** *Weitsprung*, **skok s motkom** *Stabhochsprung*, **troskok** *Dreisprung*

Atletičarka Blanka Vlašić u Pekingu je osvojila srebrno odličje / srebrnu medalju u skoku u vis.	*Die Athletin Blanka Vlašić gewann in Peking eine Silbermedaille im Hochsprung.*
atletičar – -ka	Athlet – -in
gimnastika	Turnen, Gymnastik
gimnastičar – -ka	Turner – -in
strunjača	Matte
greda	Schwebebalken
odskočna daska	Sprungbrett
kozlić	Pferd (für Gymnastik in der Schule)

uteg, *Npl* utezi	Gewicht(e)
dizanje utega	Gewichtheben
dizač, *Gsg* dizača – **dizačica utega**	Gewichtheber – -in
tenis	Tennis
stolni tenis / (*ugs.*) ping-pong	Tischtennis
tenisač, *Gsg* tenisača – **tenisačica**	Tennisspieler – -in
(teniski) meč, *Npl* -evi	Tennismatch
teniska loptica	Tennisball
teniski reket	Tennisschläger
meč-lopta	Matchball
set, *Npl* -ovi	Satz
gem, *Npl* -ovi	Spiel
tie-break [tajbrejk]	Tiebreak
izjednačenje	Gleichstand
as, *Npl* -ovi	As
servis, *Gsg* servisa	Aufschlag, Service
Tenisač Ivo Karlović ima jak servis.	*Der Tennisspieler Ivo Karlović hat einen starken Aufschlag.*
forhend	Vorhand
bek(h)end	Rückhand
golf	Golf
borilački sportovi, *mpl*	Kampfsport(arten)
borilačke vještine, *fpl*	Kampfkunst
samoobrana	Selbstverteidigung
protivn|ik, *Npl* -ici – **-ica**	Gegner – -in
borba	Kampf
karate	Karate
pojas	Gürtel
crni pojas	der schwarze Gürtel
džudo, *m*	Judo
kung-fu, *m*	Kung-Fu
aikido, *m*	Aikido

boks	Boxen
baviti se boksom	boxen, Boxsport betreiben
boksati, *ipf*	boxen
tajlandski boks	Thaiboxen
(boksački) ring, *Npl* -ovi	(Box-)Ring
boksačke rukavice, *fpl*	Boxhandschuhe
runda	Runde

runda wird umgangssprachlich auch in **platiti rundu** *eine Runde zahlen* verwendet.

nokaut	Knockout
nokautirati, nokautiram *(i)pf*	k.o. schlagen
hrvanje	Ringen
hrvati se, *ipf*	ringen
hrvač, *Gsg* hrvača – **hrvačica**	Ringkämpfer – -in
mač, *Npl* -evi	Schwert
mačevanje	Fechten
plivanje	Schwimmen
sinkronizirano plivanje	Synchronschwimmen
plivački stil, *Npl* (plivački) -ovi	Schwimmstil
slobodni stil	Freistilschwimmen
prsno (plivanje)	Brustschwimmen
delfin	Delfinschwimmen
leptir	Schmetterlingsschwimmen, Butterfly
leđno (plivanje)	Rückenschwimmen
Plivačica Sanja Jovanović postavila je svjetski rekord na 50 [pedeset] metara leđno.	*Die Schwimmerin Sanja Jovanović hat den Weltrekord im 50 Meter Rückenschwimmen aufgestellt.*
kraul	Kraulen
vaterpolo, *m*	Wasserball
jedriti, *ipf*	segeln
jedrenje	Segeln
surfer – -ica	Surfer – -in

surfer
Manchmal wird auch **daskaš**, *Gsg* daskaša – **daskašica** als Synonym für **surfer** – **-ica** verwendet.

da|ska, *DLsg* -sci (**za surfanje**)	Surfbrett, Surfboard
skijanje na vodi	Wasserski
roniti, *ipf*	tauchen
ronjenje	Tauchen
ronilac, *Gsg* ronioca, *Npl* ronioci	Taucher
ronilački, -a, -o	Taucher-, taucher- (adjektivisch in Zusammensetzungen)
ronilačko odijelo	Taucheranzug
ronilačka boca	Pressluftflasche
ronilačka maska	Tauchmaske
peraje, *fpl*	Schwimmflossen
veslanje	Rudern
veslati, *ipf*	rudern
formula 1 [jedan]	Formel-1
voziti formulu 1 [jedan]	Formel-1 fahren
strijela	Pfeil
streljaštvo	Schießsport, Sportschießen
streličarstvo	Bogenschießen
motocikli|zam, *Gsg* -zma	Motorradrennen
jahanje	Reiten
jahač, *Gsg* jahača– **jahačica**	Reiter – -in
hipodrom	Pferderennbahn
sedlo	Sattel
potkova	Hufeisen
konj	Pferd
trkaći konj	Rennpferd
konjska utrka	Pferderennen
ribolov	Angelsport; Fischfang

ribič, *Gsg* ribiča	Angler
ribički štap, *Npl* (ribički) -ovi	Angel(rute)
ma|mac, *Gsg* -mca, *Npl* -mci	Köder
padobran	Fallschirm
padobranstvo	Fallschirmspringen
koturaljkanje / (*ugs.*) **rolanje**	Inlineskaten

Wintersport

skijaš, *Gsg* skijaša – **skijašica**	Skiläufer – -in
skije, *fpl*	Skier
skijanje nordijsko skijanje alpsko skijanje	Skilaufen, Skifahren nordischer Skilauf, Langlaufen alpiner Skilauf
skijaški skokovi, *mpl*	Skispringen
skijaška staza	Skipiste
skakaonica	Skisprungschanze
spust, *Npl* -ovi	Abfahrt
žičara	Seilbahn
slalom	Slalomlauf
veleslalom	Riesenslalom
superveleslalom / super G [đi] voziti slalom	Super G Slalom fahren
slalomaš, *Gsg* slalomaša – **slalomašica**	Slalomläufer – -in
prva vožnja *Nakon prve vožnje Ivica Kostelić je na devetom mjestu s 91 [devedeset jednom] stotinkom zaostatka.*	erster Durchgang *Nach dem ersten Durchgang liegt Ivica Kostelić auf dem neunten Rang mit 91 Hundertstel Sekunden Rückstand.*
pancerice, *fpl*	Skischuh, Skistiefel
vezovi, *mpl*	Bindung(en)
svjetski kup, *Npl* (svjetski) -ovi	Weltcup
Hrvatski skijaški savez	Kroatischer Skiverband

predn|ost, *Gsg* -osti, *Isg* -osti/-ošću, *f*	Vorsprung
Austrijanac Marcel Hirscher ušao je u cilj s 19 [devetnaest] stotinki prednosti.	*Der Österreicher Marcel Hirscher kam mit 19 Hundertstel Vorsprung ins Ziel.*
hokej, *Gsg* hokeja **na ledu**	Eishockey
pak, *Npl* -ovi	Puck
snowboard [snoubord]	Snowboard; Snowboarden
bordanje (*ugs.*)	Snowboarden
klizanje	Schlittschuhlaufen, Eisskaten
umjetničko klizanje	Eiskunstlauf

Freizeit

slobodno vrijeme	Freizeit
U slobodno vrijeme bavim se sportom.	*In meiner Freizeit betreibe ich Sport.*
fitnes(s)	Fitness
aerob|ik, *Npl* -ici	Aerobic
istezanje	Strecken, Dehnen
vježbe istezanja *fpl*	Dehnungsübungen
čučnjevi, *mpl*	Kniebeugen
trbušnjaci, *mpl*	Sit-ups
Jutros sam napravio 50 [pedeset] trbušnjaka u minuti.	*Heute Morgen machte ich (m) 50 Sit-ups in einer Minute.*
sklekovi, *mpl*	Liegestützen
Ne mogu napraviti više od dva skleka u komadu.	*Ich schaffe nicht mehr als zwei Liegestützen hintereinander.*
vježbati, *ipf*	üben
trenirati, treniram, *ipf*	trainieren
bazen, *Gsg* bazena	Schwimmbecken, Pool
otvoreni bazen	Außenbecken
zatvoreni bazen	Hallenbecken
olimpijski bazen	Schwimmerbecken
džogi|ng, *Npl* -nzi	Jogging
forma	Form
Nisam u formi.	*Ich bin nicht in Form.*

kondicija / kondicija	Kondition
Nemam kondicije.	*Ich habe keine Kondition.*
bicikl, *Gsg* -a, *Npl* -i	(Fahr-)Rad
voziti bicikl	Rad fahren
mountain bike [mauntinbajk]	Mountainbike
planinarenje	Wandern
planinariti, planinarim, *ipf*	wandern
kuglanje	Bowling
hob|i, *Gsg* -ija, *Npl* -iji, *m*	Hobby
Iz hobija se bavim slikarstvom.	*Als Hobby male ich gerne [beschäftige ich mich mit Malen].*
skupljati, *ipf*	sammeln
Skupljam (poštanske) marke.	*Ich sammle Briefmarken.*
šah	Schach
igrati šah	Schach spielen
igra	Spiel
društvena igra	Gesellschaftsspiel
»Čovječe ne ljuti se« jedna je od najpopularnijih društvenih igara u Hrvatskoj.	*»Mensch, ärgere dich nicht« ist eines der beliebtesten Gesellschaftsspiele in Kroatien.*
kartati (se), *ipf*	Karten spielen

kartaške igre *Kartenspiele*
Das Spiel **bela** (*ugs.*) / **belot** ist eines der populärsten Kartenspiele in Kroatien. Es wird mit Schnapskarten (**mađarske karte**, *fpl* / (*ugs.*) **mađarice**, *fpl*) gespielt.
Weitere Ausdrücke beim Kartenspielen: **tref** (Kreuz), **pik** (Pik), **karo** (Karo), **herc** (Herz)

Einige andere Kartenspiele: **šnaps** (Schnapsen), **poker** (Poker), **remi**, **briškula** und **trešeta**. Das Spiel **trešeta** wird mit **talijanske karte** (italienischen Karten) gespielt, die Spielkartenfarben heißen hier **kupe**, **špade**, **baštoni** und **dinari**. Dieses Kartenspiel ist in der Küstenregion und auf den Inseln sehr beliebt.

pletenje	Stricken
čitanje	Lesen
plesati, plešem, *ipf*	tanzen
ples, *Npl* -ovi	Tanz

➠ Bücher und Lektüre

knj|iga, *DLsg* -izi	Buch
rječn|ik, *Npl* -ici	Wörterbuch
jednojezični rječnik	einsprachiges Wörterbuch
dvojezični rječnik	zweisprachiges Wörterbuch
uvez	Einband, Cover
tvrdi uvez	mit festem Einband, Hardcover-
meki uvez	mit weichem Einband, Softcover-
dnevn|ik, *Npl* -ici	Tagebuch; Tagesschau; Klassenbuch
pisati dnevnik	Tagebuch schreiben
književn|ost, *Gsg* -osti, *Isg* -osti/-ošću, *f*	Literatur
beletristika	Belletristik
džepna knj|iga, *DLsg* (džepnoj) -izi	Taschenbuch
Imate li ovu knjigu i u džepnom izdanju?	*Ist dieses Buch auch als Taschenbuch erhältlich?*
naslov (knjige)	Buchtitel
izdanje	Auflage, Edition
prvo izdanje	Erstauflage
nakladn|ik, *Npl* -ici / **izdavač**, *Gsg* izdavača / **naklada**	Herausgeber
predgovor	Vorwort
stranica	Seite
okrenuti stranicu	umblättern
knjižara	Buchhandlung
antikvarijat, *Gsg* antikvarijata	Antiquariat
pi|sac, *Gsg* -sca, *Npl* -sci / **književn|ik**, *Npl* -ici – **-ica**	Schriftsteller – -in

pisac wird auch in der Bedeutung *Verfasser* verwendet.

pisati, pišem, *ipf*	schreiben
čitati, *ipf*	lesen
objavljivati, objavljujem / **objaviti**, objavim	veröffentlichen, publizieren

izdanje	Auflage
domaći, -a, -e	einheimisch
roman, *Gsg* romana kriminalistički roman	Roman Kriminalroman
krimić (*ugs.*) *Jesi li čitala novi krimić Gorana Tribusona?*	Krimi *Hast du (f) den neuen Krimi von Goran Tribuson gelesen?*

Goran Tribuson ist ein berühmter kroatischer Krimiautor.

(auto-)biografija	(Auto-)Biographie
ep, *Npl* -ovi / **spjev**, *Npl* -ovi nacionalni ep *»Vazetje Sigeta grada« Brne Krnarutića hrvatski je povijesni ep.*	Epos Nationalepos *»Vazetje Sigeta grada« von Brne Krnarutić ist ein kroatisches historisches Epos.*
pjesma lirska / epska pjesma	Gedicht; Lied lyrisches / episches Gedicht
pjesn|ik, *Npl* -ici – **pjesnikinja**	Dichter – -in
stvar, *f* (*ugs.*) *Jesi li čuo novu stvar Gustafa?*	Song, Lied (wörtl.: Ding, Sache) *Hast du (m) den neuen Song von [der Band] Gustafi gehört?*

Kino und Theater

kazalište	Theater
kino	Kino
film, *Npl* -ovi ići u kino snimati film glumiti u filmu	Film ins Kino gehen einen Film drehen in einem Film mitspielen
kokice, *fpl*	Popcorn
titl, *Npl* -ovi	Untertitel
sinkronizacija	Synchronisierung
napet, -a, -o napeti film	spannend ein spannender Film

glu|mac, *Gsg* -mca, *Npl* -mci – **glumica**	Schauspieler – -in
(filmska) zvijezda	Filmstar
autogram	Autogramm
(filmska) ul|oga, *DLsg* (filmskoj) -ozi	(Schauspiel-)Rolle
redatelj / režiser, *Gsg* režisera – **redateljica / režiserka**	Regisseur – -in
režija	Regie
režirati, režiram, *(i)pf*	Regie führen
scenarij	Drehbuch
scenarist / scenarist – scenaristica / scenaristica	Drehbuchautor – -in
nagrada	Preis, Auszeichnung
publika	Publikum

Museum und Kunst

muzej, *Gsg* muzeja	Museum
ići u muzej	ein Museum besuchen, ins Museum gehen
izložba	Ausstellung
umjetn|ost, *Gsg* -osti, *Isg* -osti/-ošću, *f*	Kunst
suvremena umjetnost	Gegenwartskunst
primijenjena umjetnost	Angewandte Kunst
arhitektura	Architektur
umjetn|ik, *Npl* -ici – **-ica**	Künstler – -in
sl|ika, *DLsg* -ici	Bild, Gemälde, (*ugs.*) Foto
slikati, *ipf*	malen; (*ugs.*) fotografieren
slikati se, *ipf*	ein Foto von sich machen (lassen)
Slikali smo se.	*Wir haben von uns ein Foto gemacht (machen lassen).*
crtati / nacrtati	zeichnen
crtež	Zeichnung

portret, *Gsg* portreta	Porträt
autoportret	Selbstporträt
poprsje / bista	Büste
mrtva priroda	Stillleben
skulptura / kip, *Npl* -ovi	Skulptur, Statue
estetski, -a, -o	ästhetisch
predstavljati / predstaviti	darstellen; vorstellen
stil, *Npl* -ovi	Stil
secesija	Jugendstil
impresionizam	Impressionismus
klasicizam	Klassizismus
utjecaj	Einfluss
biti pod utjecajem …	von … beeinflusst werden / unter Einfluss von … stehen
utjecati, utječem, *ipf*	beeinflussen; münden (Fluss)
zbi|rka, *DLsg* -rci	Sammlung
U Muzeju grada Zagreba nalazi se zbirka umjetnina Tille Durieux.	*Im Museum der Stadt Zagreb befindet sich die Kunstsammlung von Tilla Durieux.*

Musik und Konzert

muz|ika, *DLsg* -ici / (*form.*) **glazba**	Musik
klasična glazba	klassische Musik
slušati glazbu / muziku	Musik hören

Musik hören

Durch den Unterschied zwischen **muzika** und dem eher gehobenen **glazba** ergibt sich die Konnotation **slušati glazbu** (eher klassische) Musik hören / **slušati muziku** (sonstige) Musik hören.

džez	Jazz
pop	Popmusik
ro(c)k	Rockmusik
glazben|ik, *Npl* -ici / **muzičar – glazbenica / muzičarka**	Musiker – -in

pjesma	Lied; Gedicht
skladba / kompozicija	Komposition
muzička skupina (*form.*) / **(muzička) grupa** / (*ugs.*) **bend**, *Npl* -ovi	Band, Musikgruppe
pjevač, *Gsg* pjevača – **pjevačica**	Sänger – -in
pjevati, *ipf*	singen
zbor, *Npl* -ovi	Chor
kompozitor – -ica	Komponist – -in
koncert	Konzert
koncertna dvorana	Konzerthalle
ulaznica *U nagradnoj igri osvojio je ulaznicu za Brucošijadu FER-a [fera].*	Eintrittskarte *Bei einem Gewinnspiel gewann er eine Eintrittskarte für die Feier »Brucošijada« der Fakultät für Elektrotechnik (FER).*

Brucošijada ist eine von der Universität organisierte Feier für die »Frischlinge« (**brucoš – -ica**) innerhalb des ersten Studienjahres.

pretprodaja *Ulaznice u pretprodaji mogu se kupiti ili rezervirati na blagajnama kina.*	Vorverkauf *Die Eintrittskarten im Vorverkauf können an der Kinokasse gekauft oder reserviert werden.*
premijera	Premiere
opera	Oper
pozornica	Bühne
nastupati, nastupam / **nastupiti,** nastupim	auftreten
slušatelj – slušateljica	Zuhörer – -in
sluš|alac, *Gsg* -aoca, *Npl* -aoci	Zuhörer (nur m)
gledatelj – gledateljica	Zuseher – -in
gleda|lac, *Gsg* -oca, *Npl* -oci	Zuseher (nur m)
cd [ce de]	CD

Die technische Bezeichnung für CD lautet **Compact Disc**: **kompaktni disk**.

sluh	Gehör
Volim pjevati iako nemam sluha.	*Ich liebe es zu singen, selbst wenn ich kein Gehör dafür habe.*
glas, *Npl* -ovi	Stimme; Laut
Ide mi na živce njezin iritantan, piskutav glas.	*Ihre irritierende, piepsige Stimme geht mir auf die Nerven.*
dubok glas	tiefe Stimme
visok glas	hohe Stimme
ugodan glas	angenehme Stimme
promukao glas	heisere Stimme
biti na dobrom / lošem glasu	einen guten / schlechten Ruf haben
Kvart u kojem stanujem je na lošem glasu.	*Das Viertel, in dem ich wohne, hat einen schlechten Ruf (wörtl.: ist auf einer schlechten Stimme).*
gla|san, -sna, -sno	laut
glazbeni / muzički instrument	Musikinstrument
gitara	Gitarre
akustična gitara	Akkustikgitarre
električna gitara	E-Gitarre
bubanj, *Gsg* bubnja, *Npl* bubnjevi	Trommel
klavir, *Gsg* klavira	Klavier
(violon)čelo	Cello
Poznata hrvatska (violon)čelistica Ana Rucner uskoro odlazi na turneju po Aziji.	*Die bekannte kroatische Cellistin Ana Rucner geht bald auf Asientour.*

> **čelo** bedeutet auch *Stirn*.

violina	Geige
flauta	Flöte
klapa	Klapa

> ℹ **klape** (Pl) sind traditionelle, meist acapella singende (Männer-) Musikgruppen.

GESELLSCHAFT, STAAT UND POLITIK

Länder, Völker und Sprachen

Europa	Europa
Južna Europa	Südeuropa
Europljanin – Europljanka	Europäer – -in
jez|ik, *Npl* -ici	Sprache
razgovorni jezik	Umgangssprache
materinji / materinski jezik	Muttersprache
Hrvatski mi je materinji jezik.	*Kroatisch ist meine Muttersprache.*

> **Muttersprache**
> **Materinski jezik** wird weniger häufig verwendet als **materinji jezik**.

južnoslavenski jezici, *mpl*	die südslawische Sprachen
službeni, -a, -o	offiziell
službeni jezik	Amtssprache
Švicarska ima četiri službena jezika.	*Die Schweiz hat vier Amtssprachen.*
dijalekt	Dialekt, Mundart
Hrvatska	Kroatien
Rođen sam u Hrvatskoj.	*Ich (m) bin in Kroatien geboren.*
Hrvat, *Gsg* Hrvata – **Hrvatica**	Kroate – -in
hrvatski, -a, -o	kroatisch
Moja mama stalno gleda hrvatske serije.	*Meine Mutter sieht sich immer kroatische Serien an.*
Austrija	Österreich
U subotu idemo u šoping u Austriju.	*Am Samstag fahren wir zum Shoppen nach Österreich.*
Austrija|nac, *Gsg* -nca, *Npl* -nci – **Austrijanka**	Österreicher – -in
Njemačka	Deutschland

Nije|mac, *Gsg* -mca, *Npl* -mci – **Njemica**	Deutscher – Deutsche
Oženjen sam Njemicom.	*Ich (m) bin mit einer Deutschen verheiratet.*
njemački, -a, -o	deutsch
Njemački (jezik) ima četiri padeža, a hrvatski sedam.	*Deutsch hat vier Fälle und Kroatisch sieben.*
Bavarska	Bayern
Dunav	die Donau
Berlinski zid	die Berliner Mauer
pad Berlinskog zida	der Fall der Berliner Mauer
Rajna	der Rhein
Švicarska	die Schweiz
Švica|rac, *Gsg* -rca, *Npl* -rci – **Švicarka**	Schweizer – -in
Ženeva	Genf
kanton, *Gsg* kantona	Kanton
Švicarska je podijeljena na kantone.	*Die Schweiz ist in Kantone eingeteilt.*
Lihtenštajn	Liechtenstein
Lihtenštaj|nac, *Gsg* -nca, *Npl* -nci – **Lihtenštajnka**	Liechtensteiner – -in
Luksemburg	Luxemburg
Srbija	Serbien
Srbin, *Npl* Srbi – **Srpkinja**	Serbe – -in
srpski, -a, -o	serbisch
Srpski jezik piše se ćirilicom i latinicom.	*Serbisch wird mit kyrillischen und lateinischen Buchstaben geschrieben.*
ćirilica	kyrillische Buchstaben, kyrillisches Alphabet
latinica	lateinische Buchstaben, lateinisches Alphabet
Slovenija	Slowenien
Slove|nac, *Gsg* -nca, *Npl* -nci – **Slovenka**	Slowene – -in

slovenski, -a, -o *Slovenski jezik očuvao je dvojinu.*	slowenisch *Slowenisch hat den Dual [die Zweizahl, neben Ein- und Mehrzahl] bewahrt.*
Crna Gora *Bili smo na raftingu u Crnoj Gori.*	Montenegro *Wir waren Raften in Montenegro.*
Crnogo|rac, *Gsg* -rca, *Npl* -rci – **Crnogorka**	Montenegriner – -in
crnogorski, -a, -o	montenegrinisch
Bosna i Hercegovina, BiH [be i ha]	Bosnien Herzegowina
Bosa|nac, *Gsg* -nca, *Npl* -nci – **Bosanka**	Bosnier – -in
bosanski, -a, -o	bosnisch
bošnjački, -a, -o	bosniakisch
Bošnj|ak, *Gsg* -aka, *Npl*-aci – **Bošnjakinja**	Bosniake – -in

Bosnier / Bosniake

Bosanac ist ein Einwohner der Region Bosnien ohne Rücksicht auf Ethnizität oder Religion, im Gegensatz zu **Bošnjak**, der meist muslimisch ist.

Hercego|vac, *Gsg* -vca, *Npl* -vci – **Hercegovka**	Herzegowiner – -in
Kosovo	Kosovo
Kosovar, *Gsg* Kosovara – **Kosovarka**	Kosovare – -in
Albanija	Albanien
Alba|nac, *Gsg* -nca, *Npl* -nci – **Albanka**	Albaner – -in
albanski, -a, -o	albanisch
Makedonija	Mazedonien
Makedo|nac, *Gsg* -nca, *Npl* -nci – **Makedonka**	Mazedonier – -in
makedonski, -a, -o	mazedonisch
Rumunjska	Rumänien
Rumunj, *Gsg* Rumunja – **Rumunjka**	Rumäne – -in

rumunjski, -a, -o *Rumunjski je romanski jezik.*	rumänisch *Rumänisch ist eine romanische Sprache.*
Bugarska	Bulgarien
Bugarin, *Npl* Bugari – **Bugarka**	Bulgare – -in
bugarski, -a, -o *Bugarski je južnoslavenski jezik.*	bulgarisch *Bulgarisch ist eine südslawische Sprache.*
Grčka	Griechenland
Grk, *Npl* Grci – **Grkinja**	Grieche – -in
grčki, -a, -o	griechisch
Turska	die Türkei
Turčin, *Npl* Turci – **Turkinja**	Türke – -in
turski, -a, -o *Ne govorim turski.*	türkisch *Ich spreche nicht Türkisch.*
Poljska	Polen
Poljak, *Gsg* Poljaka, *Npl* Poljaci – **Poljakinja**	Pole – -in
poljski, -a, -o	polnisch
Češka	Tschechien
Čeh, *Npl* Česi – **Čehinja**	Tscheche – -in
češki, -a, -o *Volim češki film i češko pivo.*	tschechisch *Ich liebe tschechische Filme und tschechisches Bier.*
Slovačka	Slowakei
Slovak, *Gsg* Slovaka, *Npl* Slovaci – **Slovakinja**	Slowake – -in
slovački, -a, -o	slowakisch
Madžarska / Mađarska	Ungarn
Mađar / Madžar, *Gsg* Mađara / Madžara – **Mađarica / Madžarica**, *Npl* Mađari / Madžari	Ungar – -in
mađarski / madžarski, -a, -o *Hrvatska riječ »cipela« posuđenica je iz mađarskog.*	ungarisch *Das Kroatische Wort »cipela« ist ein Lehnwort aus dem Ungarischen.*

Velika Britanija	Großbritannien
Brita|nac, *Gpl* -nca, *Npl* -nci – **Britanka**	Brite – -in
britanski, -a, -o	britisch
Irska	Irland
Irac, *Gsg* Irca, *Npl* Irci – **Irkinja**	Ire – -in
irski, -a, -o *Irski je otočni keltski jezik.*	irisch; Irisch(-Gälisch) [Sprache] *Irisch ist eine inselkeltische Sprache.*
Sjeverna Irska	Nordirland
Škotska	Schottland
škotski, -a, -o	schottisch; Schottisch-Gälisch [Sprache]
Škot – Škotkinja	Schotte – -in
Wales [veilz / vels]	Wales
Velšanin – Velšanka	Waliser – -in
velški, -a, -o	walisisch
Nizozemska	die Niederlande
Nizoze|mac, *Gsg* -mca, *Npl* -mci – **Nizozemka**	Niederländer – -in
nizozemski, -a, -o *Dobro razumijem nizozemski.*	niederländisch *Ich verstehe gut Niederländisch.*
Belgija	Belgien
Belgija|nac, *Gsg* -nca, *Npl* -nci – **Belgijanka**	Belgier – -in
Francuska	Frankreich
Francuz, *Gsg* Francuza, *Npl* Francuzi – **Francuskinja / Francuskinja**	Franzose – Französin
francuski, -a, -o *Tečno govorim francuski.*	französisch *Ich spreche fließend Französisch.*
Italija	Italien
Talijan, *Gsg* Talijana, *Npl* Talijani – **Talijanka**	Italiener – -in

talijanski, -a, -o / **talijanski**, -a, -o *Znaš li brojiti do deset na talijanskom?*	italienisch *Kannst du bis zehn zählen auf Italienisch?*
Španjolska	Spanien
Španjo|lac, *Gsg* -lca, *Npl* -lci – **Španjolka**	Spanier – -in
španjolski, -a, -o *Brazilske i turske sapunice popularnije su od španjolskih.*	spanisch *Brasilianische und türkische Seifenopern sind beliebter als spanische.*
Portugal	Portugal
Portuga|lac, *Gsg* -lca, *Npl* -lci – **Portugalka**	Portugiese – -in
portugalski, -a, -o	portugiesisch
Engleska	England
Englez, *Gsg* Engleza – **Engleskinja / Engleskinja**	Engländer – -in
engleski, -a, -o	englisch

New York & Co.
Einge Städte außerhalb Kroatiens behalten ihren Namen wie auch im Deutschen (*Barcelona, Madrid, Dublin, New York* etc.). Einige Städte haben jedoch kroatische Namen. z.B. *Trst* (Triest), *Budimpešta* (Budapest), *Pariz* (Paris), *Rim* (Rom), *Venecija* (Venedig), *Varšava* (Warschau), *Bukurešt* (Bukarest) und *Beč* (Wien), das aus dem Ungarischen (ung. *Bécs*) stammt (wahrscheinlich ein Lehnwort aus dem Kumanischen).

Skandinavija	Skandinavien
Skandina|vac, *Gsg* -vca, *Npl* -vci – **Skandinavka** *U skandinavskim zemljama govore se skandinavski jezici.*	Skandinavier – -in *In den skandinavischen Ländern spricht man skandinavische Sprachen.*
nordijske zemlje, *fpl* *Finska je nordijska zemlja.*	die nordischen Länder *Finnland ist ein nordisches Land.*
Švedska	Schweden
Šveđanin, *Npl* Švеđani – **Švеđanka**	Schwede – Schwedin
švedski, -a, -o *Za doručak smo imali švedski stol.*	schwedisch *Zum Frühstück hatten wir Büffet (wörtl. schwedischen Tisch).*

Norveška	Norwegen
Norveška je zemlja fjordova.	*Norwegen ist das Land der Fjorde.*
Norvežanin, *Npl* Norvežani – **Norvežanka**	Norweger – -in
norveški, -a, -o	norwegisch
Danska	Dänemark
Da|nac, *Gsg* -nca, *Npl* -nci – **Dankinja**	Däne – Dänin
danski, -a, -o	dänisch
Island	Island
Island je poznat po vulkanima i sagama.	*Island ist bekannt für seine Vulkane und Sagas.*
Islanđ|anin, *Npl* -ani – **Islanđanka**	Isländer – -in
islandski, -a, -o	isländisch
ferojski, -a, -o	föröisch
Ferojski jezik sličan je islandskom.	*Föröisch ist dem Isländischen ähnlich.*

Färöer Insel

Es gibt viele Bezeichnungen für die Färöer Inseln: **Ferski / Ferojski / Ovčji / Farski / Ferinški otoci**. Das gleiche gilt für die Sprache »Färöisch«.

Finska	Finnland
Fi|nac, *Gsg* -nca, *Npl* -nci – **Finkinja**	Finne – -in
finski, -a, -o	finnisch
Baltik	das Baltikum
baltičke zemlje	das Baltikum, die baltischen Länder
Estonija	Estland
Esto|nac, *Gsg* -nca, *Npl* -nci – **Estonka**	Este – Estin
estonski, -a, -o	estnisch
Latvija / Letonija	Lettland
Latvi|jac, *Gsg* -jca, *Npl* -jci / **Leto|nac**, *Gsg* -nca, *Npl* -nci – **Latvijka / Letonka**	Lette – Lettin
latvijski / letonski, -a, -o	Lettisch
Litva	Litauen
Lita|vac, *Gsg* -vca, *Npl* -vci – **Litavka**	Litauer – -in

litavski, -a, -o	litauisch
Ukrajina	Ukraine
Ukraji|nac, *Gsg* -nca, *Npl* -nci – **Ukrajinka**	Ukrainer – -in
ukrajinski, -a, -o *Ukrajinski je istočnoslavenski jezik.*	ukrainisch *Ukrainisch ist eine ostslawische Sprache.*
Rusija	Russland
Rus, *Npl* -i – **Ruskinja**	Russe –Russin
ruski, -a, -o *U školi sam učio ruski.*	russisch *Ich (m) lernte in der Schule Russisch.*
Bjelorusija	Weißrussland, Belarus
Bjelorus – Bjeloruskinja	Weißrusse – -in
bjeloruski, -a, -o	weißrussisch
Sovjetski Savez	Sowjetunion (*hist.*)
SSSR [es es es er] **(Savez Sovjetskih Socijalističkih Republika)**	UdssR (*hist.*)
Istočni blok	der Ostblock
Željezna zavjesa	der eiserne Vorhang
Azija	Asien
Izrael	Israel
Izrae|lac, *Gsg* -lca, *Npl* -lci – **Izraelka**	Israeli – Israelin
hebrejski, -a, -o	hebräisch
jidiš *Jidiš je germanski jezik.*	jiddisch *Jiddisch ist eine germanische Sprache.*
Kina	China
Kinez, *Gsg* Kineza – **Kineskinja / Kineskinja**	Chinese – Chinesin
kineski, -a, -o *Večerali smo u kineskom restoranu.*	chinesisch *Wir haben zu Abend in einem chinesischen Restaurant gegessen.*
Tajland	Thailand
Afrika	Afrika

Egi|pat, *Gsg* -pta	Ägypten
Obala Bjelokosti	Elfenbeinküste
Južnoafrička Republika	Südafrika
Amer|ika, *DLsg* -ici	Amerika
Jesi li ikada bio u Americi?	*Warst du (m) schon einmal in Amerika?*
Južna Amer|ika, *DLsg* Južnoj -ici	Südamerika
Čilelea	Chile
Prvi Hrvati emigrirali su u Čile početkom pedesetih godina XIX. [devetnaestog] stoljeća.	*Die ersten Kroaten emigrierten nach Chile Anfang der 50er Jahre des 19. Jahrhundert.*
Sjeverna Amer|ika, *DLsg* Sjevernoj -ici	Nordamerika
Sjedinjene Američke Države, *fpl* / **SAD** [es a de]	die USA
Već godinama živim u SAD-u. [es a deu]	*Ich wohne schon seit Jahren in den USA.*
Amerika|nac, *Gsg* -nca, *Npl* -nci – **Amerikanka**	Amerikaner – -in
Australija	Australien
U Australiji živi između 150 [sto pedeset] i 250 [dvjesto pedeset] tisuća Hrvata.	*In Australien leben zwischen 150 und 250 tausend Kroaten.*
Austra|lac, *Gsg* -lca, *Npl* -lci – **Australka**	Australier – -in
Novi Zeland	Neuseeland
Novozelanđ|anin, *Npl* -ani – **Novozelanđanka**	Neuseeländer – -in
grad, *Npl* -ovi	Stadt
glavni grad	Hauptstadt
Zagreb je glavni grad Hrvatske.	*Zagreb ist die Hauptstadt Kroatiens.*
Zagrepč|anin, *Npl* -ani – **Zagrepčanka**	Zagreber – -in
Pijanist Ivo Pogorelić oduševio je Zagrepčane jučerašnjim koncertom.	*Der Pianist Ivo Pogorelić hat die Zagreber mit dem gestrigen Konzert begeistert.*

➠ Gesellschaft und Staat

država	Staat
zemlja	Land
strana zemlja	Ausland
zemlja u razvoju	Entwicklungsland
razvijene zemlje, *fpl*	entwickelte Länder
domovina	Heimat(land)
iseljeništvo	Auswanderer
U Čileu živi hrvatsko iseljeništvo.	*In Chile leben kroatische Auswanderer.*
dijaspora	Diaspora
nacija	Nation
narod	Volk
stanovništvo	Bevölkerung
Prema popisu stanovništva iz 2011. [dvije tisuće jedanaeste] u Hrvatskoj živi 4.284.889 [četiri milijuna dvjesto osamdeset četiri tisuće osamsto osamdeset devet] stanovnika.	*Laut der Volkszählung von 2011 hat Kroatien 4,284,889 Einwohner.*
građ|anin, *Npl* -ani – **građanka**	Bürger – -in
Bazeni su otvoreni za građane radnim danom od 09:00 [devet] do 20:00 [osam], subotom od 13:00 [jedan] do 17:00 [pet], a nedjeljom i blagdanom od 10:00 [deset] do 14:00 [dva].	*Die Schwimmbäder sind geöffnet [für die Öffentlichkeit] an Werktagen von 9.00 bis 20.00 Uhr, an Samstagen von 13.00 bis 17.00 Uhr und an Sonn- und Feiertagen von 10.00 bis 14.00 Uhr.*
državlj|anin, *Npl* -ani – **državljanka**	Staatsbürger – -in
državljanstvo	Staatsbürgerschaft
dvojno državljanstvo	doppelte Staatsbürgerschaft
Zahtjev za stjecanje hrvatskog državljanstva podnosi se u policijskoj postaji.	*Der Antrag für die kroatische Staatsbürgerschaft wird bei der Polizei eingereicht.*
međunarodni, -a, -o	international
međunarodni odnosi, *mpl*	internationale Beziehungen
državni, -a, -o	national, Staats-
državni praznik	Nationalfeiertag, Staatsfeiertag
državna zastava	Nationalflagge, Staatsflagge
državna himna	Nationalhymne

Tekst hrvatske himne napisao je Antun Mihanović, a uglazbio ju je Josip Runjanin.	*Der Text der kroatischen Hymne wurde von Antun Mihanović geschrieben und von Josip Runjanin vertont.*
sustav	System
reforma	Reform
Ministar znanosti, obrazovanja i sporta najavio je novu reformu školstva.	*Der Minister für Wissenschaft, Bildung und Sport hat eine neue Schulreform angekündigt.*
društvo	Gesellschaft
životni standard	Lebensstandard
visok / nizak životni standard	hoher / niedriger Lebensstandard
siroma|šan, -šna, -šno	arm (mittellos)
siromaštvo	Armut
Velik dio umirovljenika živi na rubu siromaštva.	*Ein großer Teil der Rentner lebt an der Armutsgrenze.*
izbjeglica, *m, f*	Flüchtling
prognan|ik, *Npl* -ici – **prognanica**	Vertriebener – Vertriebene
Roman »Hotel Zagorje« opisuje djetinjstvo prognanice iz Vukovara.	*Der Roman »Hotel Nirgendwo« beschreibt die Kindheit einer Vertriebenen aus Vukovar.*

Politik

politika	Politik
vanjska politika	Außenpolitik
unutarnja politika	Innenpolitik
političar – političarka	Politiker – -in
Ustav Republike Hrvatske	die Verfassung der Republik Kroatien
Prema Ustavu Republike Hrvatske, svi su jednaki pred zakonom.	*Laut Verfassung der Republik Kroatien ist jeder vor dem Gesetz gleich.*
vlada	Regierung
(politička) stra|nka, *DLsg* (političkoj) -nci	(politische) Partei
vladajuća stranka	Regierungspartei
stranka centra	Zentrumspartei
sabor	Parlament

saborski zastupn|ik, *Npl* (saborski) -ici – **saborska zastupnica**	Parlamentsvertreter – -in
ministarstvo *Radim u Ministarstvu pravosuđa Republike Hrvatske.*	Ministerium *Ich arbeite im Justizministerium der Republik Kroatien.*
minis|tar, *Gsg* -tra, *Npl* -tri – **ministrica** ministar vanjskih poslova ministar zdravstva	Minister – -in Außenminister Gesundheitsminister
premijer, *Gsg* premijera – **premijerka**	Ministerpräsident – -in, Premierminister – -in
predsjedn|ik, *Npl* -ici – **predsjednica** *Hrvatski predsjednik Ivo Josipović doputovao je u službeni posjet Austriji.*	Präsident – -in *Der kroatische Präsident Ivo Josipović ist zu seinem offiziellen Besuch in Österreich eingetroffen.*
član, *Npl* -ovi	Mitglied
kandidat, *Gsg* kandidata – **kandidatkinja**	Kandidat – -in
kandidirati se, kandidiram se, *(i)pf*	kandidieren
izbori, *mpl* izborna jedinica predsjednički izbori parlamentarni izbori lokalni izbori *Predsjednički izbori u Hrvatskoj održavaju se svakih pet godina.*	Wahlen Wahlbezirk Präsidentenwahl Parlamentswahl Regionalwahl *Die Präsidentenwahlen finden in Kroatien alle fünf Jahre statt.*
birati / izabrati, izaberem / izaberem	wählen, auswählen
glasati, (*form.*) **glasovati**, glasujem / **izglasati** *Za koga ćeš glasati na izborima?*	wählen, stimmen, seine Stimme geben *Wen wirst du bei den Wahlen wählen?*
birač, *Gsg* birača – **biračica** popis birača	Wähler – -in Wählerregister, Wählerliste
glas, *Npl* -ovi	Stimme; Laut
glasački listić (ne)važeći glasački listić *Počelo je prebrojavanje glasačkih listića.*	Stimmzettel (un)gültiger Stimmzettel *Das Auszählen der Stimmzettel hat begonnen.*

većina — Mehrheit

Za predsjednika je izabran kandidat koji je osvojio većinu glasova. — *Der Kandidat, der die Mehrheit der Stimmen bekam, wurde zum Präsidenten gewählt.*

manjina — Minderheit

mandat, *Gsg* mandata — Mandat

Na izborima 2011. [dvije tisuće jedanaeste] HDZ [ha de ze] je osvojio 47 [četrdeset sedam] mandata. — *Bei den Wahlen 2011 erhielt [die Partei] HDZ 47 Mandate.*

opozicija — Opposition

koalicija — Koalition

Koalicija predvođena SDP-om [es de peom] pobijedila je na izborima. — *Die Koalition unter der Führung der [Partei] SDP gewann die Wahlen.*

ljevica — Linke

ekstremna ljevica — extreme Linke

desnica — Rechte

Einige gegenwärtige Parteien Kroatiens

Hrvatska demokratska zajednica HDZ [ha de ze] *Kroatische Demokratische Union*
Socijaldemokratska partija Hrvatske SDP [es de pe] *Sozialdemokratische Partei Kroatiens*
Hrvatski laburisti – stranka rada *Kroatische Laburisten – Partei der Arbeit*
Hrvatska narodna stranka – liberalni demokrati (HNS) [ha en es] *Kroatische Volkspartei – Liberaldemokraten*
Istarski demokratski sabor (IDS) [i de es] *Istrische Demokratische Versammlung*
Hrvatska seljačka stranka (HSS) [ha es es] *Kroatische Bauernpartei*
Hrvatska stranka umirovljenika (HSU) [ha es u] *Kroatische Rentnerpartei*

demokracija — Demokratie

komuni|zam, *Gsg* -zma — Kommunismus

komunist / komunist – komunistica / komunistica — Kommunist – -in

sloboda — Freiheit

sloboda govora — Redefreiheit

sloboda tiska — Pressefreiheit

republ|ika, *DLsg* -ici — Republik

U Republici Hrvatskoj ne postoji smrtna kazna. — *In der Republik Kroatien gibt es keine Todesstrafe.*

gradonačeln|ik, *Npl* -ici – **gradonačelnica**	Bürgermeister – -in
(gradska) vijećnica	Rathaus
općina	Gemeinde
služba državna služba	Amt, Dienst öffentliches Amt
služben|ik, *Npl* -ici – **službenica**	Beamter – Beamte
diplomat – diplomatkinja / diplomatkinja	Diplomat – -in
veleposlanstvo / ambasada	(diplomat.) Botschaft
veleposlanik, *Gsg* veleposlanika – **veleposlanica / veleposlanica**	Botschafter – -in
konzulat, *Gsg* konzulata	Konsulat
Ujedinjeni narodi, UN [u en]	UNO, die Vereinten Nationen
zakon *Za izmjenu zakona o zdravstvenom osiguranju glasovalo je 136 [sto trideset šest] zastupnika, 3 [tri] su bila protiv, a jedan suzdržan.*	Gesetz *136 Parlamentsvertreter stimmten für die Änderung des Gesundheitsversicherungsgesetzes, 3 stimmten dagegen und einer enthielt sich seiner Stimme.*

Verbrechen, Recht und Gericht

zločin počiniti zločin	Verbrechen, Straftat eine Straftat begehen
počiniti, počinim, *pf*	begehen
kriminalitet, *Gsg* kriminaliteta	Kriminalität
lopov / kradlji|vac, *Gsg* -vca, *Npl* -vci – **kradljivica**	Dieb – -in
džepar / džeparoš	Taschendieb
krasti, kradem / **ukrasti,** ukradem	stehlen
krađa	Diebstahl
pljačka *U noći s četvrtka na petak dogodila se pljačka zlatarnice.*	Raub *In der Nacht von Donnerstag auf Freitag wurde ein Raub auf einen Juwelierladen verübt.*

pljačkaš, *Gsg* pljačkaša – **pljačkašica**	Räuber – -in
pljačkati / opljačkati	rauben, ausrauben
opljačkan, -a, -o *Jutros oko 10 [deset] sati opljačkana je poslovnica Splitske banke.*	ausgeraubt *Heute Morgen gegen zehn Uhr wurde eine Filiale der Splitska Bank ausgeraubt.*
krijumčariti, krijumčarim, *ipf* *Granična policija spriječila je krijumčarenje cigareta iz BiH [be i ha] u Hrvatsku.*	schmuggeln *Die Grenzpolizei hat den Zigarettenschmuggel von Bosnien Herzegowina nach Kroatien gestoppt.*
krivotvoriti, krivotvorim, *ipf*	fälschen
krivotvorina	Fälschung
provaljivati, provaljujem / **provaliti,** provalim *Netko nam je pokušao provaliti u stan.*	eindringen, einbrechen *Jemand hat versucht, in unsere Wohnung einzubrechen.*
prijevara / prevara	Betrug
porez utaja poreza	Steuer Steuerhinterziehung
silovanje	Vergewaltigung
silovati, silujem, *(i)pf*	vergewaltigen, sexuell missbrauchen
ubojstvo	Mord
ubojica, *m, f*	Mörder – -in
huligan – -ka	Hooligan (m) – (f)
udarati / udariti	schlagen
tući se, tučem se / **potući se,** potučem se	sich prügeln
oružje vatreno oružje	Waffe Schusswaffe
pištolj, *Gsg* pištolja	Pistole
puška	Gewehr
pucati, *ipf* *Nepoznati počinitelj pucao je iz vatrenog oružja.*	schießen *Ein unbekannter Täter schoss mit einer Schusswaffe.*

policija	Polizei
policijska stanica	Polizeiwache
istraga	Ermittlung, Untersuchung
istražitelj – istražiteljica	Ermittler – -in
sumnja	Verdacht, Zweifel
sumnjičiti / osumnjičiti	verdächtigen
osumnjičen, -a, -o	verdächtig
osumnjičenik, *Gsg* osumnjičenika, *Npl* osumnjičenici **–osumnjičenica**	Verdächtiger – Verdächtige
odvjetn|ik, *Npl* -ici – **-ica**	(Rechts-)Anwalt – Anwältin
tužitelj – tužiteljica	Staatsanwalt – -anwältin
branitelj – braniteljica	(Straf-)Verteidiger – -in
pravn|ik, *Npl* -ici – **-ica**	Jurist – -in
pravo	Recht
zakon	Gesetz
zakonski, -a, -o	gesetzlich
zakonit, -a, -o / **lega|lan,** -lna, -lno	legal
protuzakonit, -a, -o / **ilega|lan,** -lna, -lno / **nezakonit**, -a, -o	illegal
sudac, *Gsg* suca, *Npl* suci – **sutkinja**	Richter – -in
svjedok, *Gsg* svjedoka, *Npl* svjedoci – **svjedokinja**	Zeuge – Zeugin
krunski svjedok	Kronzeuge
Krunski svjedok u aferi nije se pojavio na suđenju.	*Der Kronzeuge in der Affäre ist nicht zur Gerichtsverhandlung erschienen.*
očevidac, *Gsg* očevica, *Npl* očevici	Augenzeuge
očevid	Tatortarbeit
Očevid je u tijeku.	*Die Tatortarbeit ist im Gang.*
braniti (se) / obraniti (se), obranim (se)	(sich) verteidigen
Osumnjičeni F. L. pušten je da se brani sa slobode.	*Der Verdächtige F. L. wurde freigelassen, um sich in Freiheit zu verteidigen.*
jamčevina	Kaution

uhapsiti, *pf* / **uhititi,** *pf* — festnehmen, verhaften

B. R. (22) iz Bjelovara uhićen je sinoć zbog osnovane sumnje da je počinio ubojstvo iz koristoljublja. — *B. R. (22) aus Bjelovar wurde gestern Abend wegen mutmaßlichen Mordes aus Habgier verhaftet.*

(sudska) presuda — Urteil, (Gerichts-)Beschluss

Sud je izrekao presudu. — *Das Gericht fällte das Urteil.*

osuditi, osudim, *pf* — verurteilen

zatvor — Gefängnis

Osuđen je na četiri godine zatvora. — *Er wurde zu vier Jahren Gefängnis verurteilt.*

zatvorenik, *Gsg* zatvorenika, *Npl* zatvorenici – **zatvorenica** — Häftling (m) – (f)

pritvor — Arrest

sud, *Npl* -ovi — Gericht

Sud joj je odredio jednomjesečni pritvor zbog opasnosti od utjecaja na svjedoke. — *Das Gericht verurteilte sie zu einem Monat Arrest wegen der Gefahr der Zeugenbeeinflussung.*

doživo|tan, -tna, -tno — lebenslänglich

kazna — Strafe

doživotna zatvorska kazna / doživotna kazna zatvora — lebenslängliche Gefängnisstrafe

smrtna kazna — Todesstrafe

terorist / terorist – teroristkinja / teroristkinja — Terrorist – -in

terori|zam, *Gsg* -zma — Terrorismus

Zeitgeschichte

povijest, *Isg* -i / poviješću, *f* — (Zeit-)Geschichte

seoba Slavena — Wanderung der Slawen (*hist.*)

knez, *Npl* -ovi / kneževi — Fürst

kneževina — Fürstentum

pokrštavati, pokrštavam / **pokrstiti,** pokrstim — christianisieren

kralj, *Npl* -evi – **-ica**	König – -in
Kralj Tomislav, prvi hrvatski kralj, okrunjen je 925. [devetsto dvadeset i pete] godine.	*König Tomislav, der erste kroatische König, wurde im Jahre 925 gekrönt.*
kraljevstvo / kraljevina	Königreich
Ujedinjeno Kraljevstvo Velike Britanije i Sjeverne Irske	Vereintes Königreich Großbritannien und Nordirland
Kraljevina Norveška	Königreich Norwegen
Kraljevina Srba, Hrvata i Slovenaca	das Königreich der Serben, Kroaten und Slowenen (*hist.*)
Kraljevina Jugoslavija	Königreich Jugoslawien (*hist.*)
Kraljevina Srba, Hrvata i Slovenaca trajala je od 1918. [tisuću devetsto osamnaeste] do 1929. [tisuću devetsto dvadeset devete], a od 1929. [tisuću devetsto dvadeset devete] do 1941. [tisuću devetsto četrdeset prve] zvala se Kraljevina Jugoslavija.	*Das Königreich der Serben, Kroaten und Slowenen bestand von 1918 bis 1929, und von 1929 bis 1941 hieß es Königreich Jugoslawien.*
glagoljica	die glagolitische Schrift, Glagoliza
Glagoljica je slavensko pismo koje je u 9. [devetom] stoljeću sastavio Konstantin (Ćiril).	*Die glagolitische Schrift ist eine slawische Schrift, die von Kyrill im 9. Jahrhundert entwickelt wurde.*
obla glagoljica	runde Glagoliza
uglata glagoljica	eckige Glagoliza
personalna unija	Personalunion
Od 1102. [tisuću sto i druge] do 1527. [tisuću petsto dvadeset i sedme] Hrvatska je bila u personalnoj uniji s Ugarskom.	*Von 1102 bis 1527 war Kroatien in einer Personalunion mit Ungarn.*
feudali|zam, *Gsg* -zma	Feudalismus
ban, *Npl* -ovi	Ban [Bezeichnung für einen Würdenträger] (*hist.*)
Na zagrebačkom glavnom trgu nalazi se kip bana Josipa Jelačića.	*Auf dem Hauptplatz von Zagreb befindet sich die Statue des Ban Josip Jelačić.*
car, *Npl* -evi	Kaiser, Zar
carstvo	(Welt-)Reich
Osmansko Carstvo / Tursko Carstvo	Osmanisches Reich / Türkisches Reich (*hist.*)

Mletačka Republika / Mleci (*mpl*), *Gpl* Mletaka	Republik Venedig (*hist.*)
Dalmacija je bila pod mletačkom vlašću (Mlecima) od 1409. [tisuću četiristo devete] do 1797. [tisuću sedamsto devedeset sedme].	*Dalmatien war von 1409 bis 1797 unter der Herrschaft der Republik Venedig.*
Habsburška Monarhija / Habsburgovci, *Npl*	die Habsburger Monarchie, die Habsburger (*hist.*)
1527. [tisuću petsto dvadeset i sedme] Hrvatska ulazi u sastav Habsburške Monarhije i Ferdinand Habsburški postaje hrvatski kralj.	*1527 wird Kroatien ein Teil der Habsburger Monarchie und Ferdinand der Habsburger wird kroatischer König.*
Hrvatski narodni preporod	Kroatische Nationale Wiedergeburt (*hist.*)
Hrvatski narodni preporod počeo je u prvoj polovici 19. [devetnaestog] stoljeća.	*Die Kroatische Nationale Wiedergeburt begann in der ersten Hälfte des 19. Jahrhunderts.*
Ilirski pokret	Illyrische Bewegung [Nationalbewegung für ein Südslawentum] (*hist.*)
Jedan od glavnih predstavnika Ilirskog pokreta bio je Ljudevit Gaj.	*Einer der Hauptvertreter der Illyrischen Bewegung war Ljudevit Gaj.*
Ilirske provincije / Ilirske pokrajine	Illyrische Provinzen (*hist.*)
Ilirske pokrajine osnovao je Napoleon 1809. [tisuću osamsto devete], a ukinute su 1815. [tisuću osamsto petnaeste] odlukom Bečkog kongresa.	*Die Illyrischen Provinzen wurden 1809 von Napoleon eingeführt und 1815 vom Wiener Kongress abgeschafft.*
Austro-Ugarska	Österreich-Ungarn (*hist.*)
Socijalistička Republika Hrvatska (SRH) [es er ha]	Sozialistische Republik Kroatien (*hist.*)
bivši, -a, -e / **nekadašnji**, -a, -e	ehemalig, vorherig
Socijalistička Federativna Republika Jugoslavija (SFRJ) [es ef er ju]	(offizielle Bezeichnung für) Jugoslawien (Sozialistische Föderative Republik Jugoslawien (*hist.*)
»Azra« je bila jedna od najpoznatijih rock grupa bivše Jugoslavije.	*»Azra« war eine der berühmtesten Rockbands des ehemaligen Jugoslawiens.*

Jugoslavija	Jugoslawien (*hist.*)
(bivša) Juga (*ugs.*)	(Ex-)Jugoslawien
Jugoslavenska narodna armija (JNA)	Jugoslawische Volksarmee (*hist.*)
»Nesvrstani« / Pokret nesvrstanih	Bewegung der Blockfreien Staaten
Hrvatsko proljeće	»Kroatischer Frühling« (*hist.*)

Kroatischer Frühling
war eine politische Bewegung in den 1970er Jahren, die zu einer Liberalisierung des Sozialismus und einer leichten Öffnung Jugoslawiens, v. a. auf kultureller Ebene, führte.

osamostaljenje	Unabhängigkeitserklärung
državni, -a, -o	staatlich, Staats-
republika	Republik
utjecati, utječem, *ipf*	(etw.) beeinflussen
utjecaj	Einfluss
Hrvatska renesansna književnost razvila se pod utjecajem talijanske književnosti.	*Die kroatische Literatur der Renaissance entwickelte sich unter dem Einfluss italienischer Literatur.*
Talijanski pjesnik Francesco Petrarca utjecao je na hrvatske dubrovačke pjesnike 15. [petnaestog] i 16. [šesnaestog] stoljeća.	*Der italienische Dichter Francesco Petrarca beeinflusste die kroatischen Dichter Dubrovniks des 15. und 16. Jahrhunderts.*
revolucija	Revolution
rob, *Npl* -ovi	Sklave
ropstvo	Sklaverei
neovi|san, -sna, -sno / **neovi|san,** -sna, -sno / **nezavi|san,** -sna, -sno / **nezavi|san,** -sna, -sno	unabhängig
neovisn|ost, *Gsg* -osti, *Isg* -osti/ -ošću, *f* / **nezavisn|ost,** *Gsg* -osti, *Isg* -osti/-ošću, *f*	Unabhängigkeit
1991. [tisuću devetsto devedeset i prve] Hrvatska je proglasila neovisnost.	*Kroatien erklärte sich 1991 für unabhängig.*
rat, *Npl* -ovi	Krieg
hladni rat / Hladni rat	Kalter Krieg
Prvi svjetski rat / Drugi svjetski rat	erster / zweiter Weltkrieg

građanski rat	Bürgerkrieg
Domovinski rat	Kroatienkrieg (1990/91–1995)
ratovati, ratujem, *ipf*	Krieg führen
vojnik, *Gsg* vojnika, *Npl* vojnici	Soldat, -in
vojska	Armee
general, *Gsg* generala	General
ginuti, ginem / **poginuti,** poginem	fallen, im Krieg sterben
umirati, umirem / **umrijeti,** umrem	sterben
branitelj – braniteljica	kroat. Soldat – -in im Kroatienkrieg
dragovo|ljac, *Gsg*-ljca, *Npl* -ljci – **dragovoljka**	freiwilliger Soldat im Kroatienkrieg – freiwillige Soldatin im Kroatienkrieg
pobjeđivati, pobjeđujem / **pobijediti,** pobijedim	gewinnen
gubiti / izgubiti, izgubim	verlieren
obrana	Verteidigung
mir	Frieden
sklopiti mir	Frieden schließen
Europska unija (EU) [e u]	EU, die Europäische Union
članstvo	Mitgliedschaft
članstvo u Europskoj uniji	EU-Mitgliedschaft
član, *Npl* -ovi – **članica**	Mitglied (m) – (f)
države članice (Europske unije)	Mitgliedsländer (der EU)
Hrvatska je 2013. [dvije tisuće trinaeste] postala 28. [dvadeset i osma] zemlja članica Europske unije.	*Kroatien wurde 2013 der 28. Mitgliedsstaat der Europäischen Union.*
Ujedinjeni narodi (UN) [u en]	UNO, die Vereinten Nationen

Religion

religija	Religion
vjerovati, vjerujem, *ipf*	glauben
Vjerujem u Boga.	*Ich glaube an Gott.*
vjera	Glaube

vjern|ik, *Npl* -ici – **vjernica**	Gläubiger – Gläubige
islam	Islam
budizam	Buddhismus
budist – budistica / budistica	Buddhist – -in
hinduizam	Hinduismus
židovstvo / judai|zam, *Gsg* -zma	Judentum
Bog, *Npl* -ovi	Gott
božica / boginja	Göttin
U slavenskoj mitologiji Vesna je božica proljeća.	*In der slawischen Mythologie ist Vesna die Göttin des Frühlings.*
(sveta) misa	(heilige) Messe
Svake nedjelje idemo u crkvu na misu.	*Wir gehen jeden Sonntag in die Kirche zur Messe.*
crkva	Kirche
katedrala	Dom
sakristija	Sakristei
Biblija	Bibel
Stari / Novi zavjet	Altes / Neues Testament
kršćanstvo	Christentum
kršćanski, -a, -o	christlich
kršćanin – kršćanka	Christ – -in
rimokatol|ik, *Npl* -ici – **rimokatolkinja**	(römischer) Katholik – -in
rimokatolički, -a, -o	römisch-katholisch
grkokatolički, -a, -o	griechisch-katholisch
grkokatol|ik, *Npl* -ici – **grkokatolkinja**	Griechisch-Katholik – -in
pravosla|van, -vna, -vno	orthodox
pravosla|vac, *Gsg* -vca, *Npl* -vci – **pravoslavka**	Orthodoxer – Orthodoxe
protestanti|zam, *Gsg* -zma	Protestantismus
protestant / protestantica	Protestant – -in
Židov – Židovka	Jude – Jüdin
musliman, *Gsg* muslimana – **muslimank|a,** *DLsg* -i	Moslem, Muslim – -in

Kuran, *Gsg* Kurana	Koran
džamija	Moschee
biskup	Bischof
Zagrebački nadbiskup kardinal Josip Bozanić uputio je božićnu čestitku svim vjernicima.	*Der Zagreber Erzbischof Kardinal Josip Bozanić übermittelte allen Gläubigen [seine] Weihnachtswünsche.*
papa	Papst
Sveti Otac, *Gsg* Svetog Oca	Heiliger Vater, Papst
Za novog poglavara Katoličke crkve izabran je isusovac Franjo I. [prvi].	*Als neues Oberhaupt der katholischen Kirche wurde der Jesuit Franz I. gewählt.*
redovnik, *Gsg* redovnika	Mönch
redovnica / časna sestra	Nonne
svećen|ik, *Npl* -ici	Priester
vjeronauk	Religionsunterricht
samostan	Kloster
Na otočiću Sveta Marija nalazi se benediktinski samostan iz 12. [dvanaestog] stoljeća.	*Auf der (kleinen) Insel Sveta Marija befindet sich ein Benediktinerkloster aus dem 12. Jahrhundert.*
molitva	Gebet
Oče naš / Očenaš, *Gsg* Očenaša	das Vaterunser
moliti se, *ipf*	beten
Na grobu smo se pomolili i zapalili svijeću.	*Am Grab beteten wir und zündeten eine Kerze an.*
psa|lam, *Gsg* -lma, *Npl* -lmi	Psalm
anđ|eo, *Gsg* -ela, *Npl* -eli	Engel
anđeo čuvar	Schutzengel
evanđelje	Evangelium
Prema evanđelju po Luki, anđeo Gabrijel navijestio je Mariji da će začeti po Duhu Svetome i roditi sina Božjeg.	*Nach dem Lukasevangelium kündigte der Engel Gabriel Maria an, dass sie durch den Heiligen Geist empfangen wird und einen Sohn Gottes gebären wird.*
neb|o, *Npl* -a / -esa	Himmel
pa|kao, *Gsg* -kla	Hölle
raj, *Npl* -evi	Paradies
križ, *Npl* -evi	Kreuz

križni put	Kreuzweg
krstitke, *fpl tant.*	Taufe, Tauffest
krštenje	Taufe
kršten, -a, -o *Nisam kršten.*	getauft *Ich (m) bin nicht getauft.*
krstiti, *(i)pf*	taufen
vrag, *Npl* -ovi / (*poet.*) vrazi	Teufel
đa|vao, *Gsg* -vla / -vola, *Npl.* -vli / -voli	Teufel
grijeh, *Npl* grijesi / grijehovi	Sünde
grešn|ik, *Npl* -ici – **grešnica**	Sünder – -in
ispovijed ići na ispovijed	Beichte zur Beichte gehen
ispovijedati se, ispovijedam se / **ispovjediti se**	beichten
pričestiti se, pričestim se, *pf* *Nakon ispovijedi smo se pričestili.*	zur Kommunion gehen *Nach der Beichte gingen wir zur Kommunion.*
hostija	Hostie
atei|zam, *Gsg* -zma	Atheismus
ateist / ateist – ateistkinja / ateistkinja / ateistica / ateistica	Atheist – -in
nevjern|ik, *Npl* -ici – **nevjernica**	Ungläubiger – Ungläubige
sudbina pomiriti se sa sudbinom	Schicksal das Schicksal annehmen, sich mit seinem Schicksal abfinden

GRAMMATIKALISCHE BEGRIFFE

jez|ik, *Npl* -ici	Sprache
književni jezik	Schriftsprache
standardni jezik	Standardsprache
razgovorni jezik	Umgangssprache
službeni jezik	Amtssprache
slavenski jezik	slawische Sprache
južnoslavenski jezik	südslawische Sprache
indoeuropski jezik	indogermanische / indoeuropäische Sprache
biti sro|dan, -dna, -dno	verwandt sein
Hrvatski i češki su srodni jezici.	*Kroatisch und Tschechisch sind verwandte Sprachen.*
dijalekt	Dialekt, Mundart
gramatika	Grammatik
pravopis	Rechtschreibung
Hrvatski pravopis je fonološko-morfološki.	*Die kroatische Rechtschreibung ist phonologisch-morphologisch.*
govor	Rede
neupravni govor	indirekte Rede
upravni govor	direkte Rede
Održao je govor na sastanku u Berlinu.	*Er hielt eine Rede auf dem Meeting in Berlin.*
umanjenica	Diminutiv, Verkleinerungsform
član, *Npl* -ovi	Artikel; Mitglied
U hrvatskom jeziku imenice nemaju određeni i neodređeni član.	*Im Kroatischen haben Substantive keinen bestimmten und unbestimmten Artikel.*
izgovor	Aussprache
glas, *Npl* -ovi	Laut; Stimme
Glas đ zvučni je parnjak bezvučnoga glasa ć.	*Der Laut đ ist das stimmhafte Gegenstück zum stimmlosen Laut ć.*

samoglasn|ik / samoglasn|ik, *Npl* -ici	Vokal, Selbstlaut
Hrvatski jezik ima pet samoglasnika.	*Die kroatische Sprache hat fünf Vokale.*
suglasn|ik, *Npl* -ici	Konsonant, Mitlaut
nagla|sak, *Gsg* -ska, *Npl* -sci	Akzent, Betonung
mjesto naglaska	Akzentstelle
(ne)naglašen, -a, -o	(un)betont
slog, *Npl* -ovi	Silbe
(ne)naglašen slog	(un)betonte Silbe
U hrvatskom postoje četiri naglasna tipa.	*Im Kroatischen gibt es vier Akzenttypen.*
kratkosilazni (naglasak)	kurzfallend(er Akzent)
kratkouzlazni (naglasak)	kurzsteigend(er Akzent)
dugosilazni (naglasak)	langfallend(er Akzent)
dugouzlazni (naglasak)	langsteigend(er Akzent)
intonacija	Intonation
glasovna promjena	Lautveränderung
nepostojano »a«	bewegliches a

bewegliches a

A zwischen zwei Konsonanten, das in einigen Formen des Wortes verschwindet: *Nsg* **novac**, *Gsg* **novca**, *Npl* **novci**, *Gpl* **novaca** etc.

vokalizacija	Vokalisierung (auslautendes l → o)

Vokalisierung

Im Silben- und Wortauslaut wird l zu o, z.B. im *Nsg* und *Asg mask.* (*Nsg* **posao** *Arbeit*, *Gsg* **posla**, *Dsg* **poslu**, *Asg* **posao** etc.) oder in Adjektiven (**topao** *warm* – **topla**, **debeo** *dick* – **debela**). L bleibt jedoch in Schlussposition in vielen einheimischen Wörtern (*Nsg* **sol** *Salz*, *Nsg* **stol** *Tisch*, **stalno** *immer*) und Fremdwörtern (*Nsg* **konzul** *Konsul*) unverändert.

jednačenje suglasnika	Konsonantenassimilierung
jednačenje po zvučnosti	Konsonantenassmilierung nach der Stimmhaftigkeit
jednačenje po mjestu tvorbe	Konsonantenassimilierung nach der Lautproduktionsstelle

Assimilation der Konsonanten

a) nach der Stimmhaftigkeit:

Konsonanten assimilieren sich, wenn sie nebeneinander auftreten. Der erste richtet sich nach dem zweiten:

Ein stimmhafter Konsonant vor stimmlosem wird stimmlos (z.B. z > s: **nizak** *niedrig* – **niska**, oder b > p: **poljubac** *Kuss* – **poljupca** *Gsg v. Kuss*, **Zagreb** – **Zagrepčanin** *Zagreber, Einwohner von Zagreb*)

Ein stimmloser Konsonant vor stimmhaftem wird stimmhaft (z.B. k > g: **burek** *Burek* – **buregdžija** *Burekbäcker*, oder p > b **ćevap** *Ćevap(čić)* – **ćevabdžinica** *Ćevapčićirestaurant*).

b) nach der Lautproduktionsstelle:

Die Assimilation betrifft die Laute s, z, n, h:

s > š vor č, ć, lj, nj: **nositi** *tragen, anhaben* – **narodna nošnja** *Volkstracht*

z > ž vor đ, dž, lj, nj: **paziti** *aufpassen* – **pažnja** *Achtung, Vorsicht*

n > m vor b, p: **stan** *Wohnung*, **stambena zgrada** *Wohngebäude*

h > š vor ć, č: **orah** *(Wal-)Nuss* – **oraščić** *(Wal-)Nüsschen*

zvučni	stimmhaft
bezvučni	stimmlos
razjednačivanje / disimilacija	Dissimilation

Dissimilation

Im *Isg* mask. steht die Endung -om statt -em auch nach Palatalen, wenn in der ersten Silbe *e* steht: **Bečom**.

palatal, *Gsg* palatala	Palatal

Die palatalen Laute sind: š, ž, č, dž, ć, đ, j, lj, nj.

palatalizacija	Palatalisierung

Palatalisierung

k, g, h vor e oder i > *č, ž, š* (z.B. **prah** *Pulver* – **prašina** *Staub*, **junak** *Held* – **junače** *Held! [Vokativ]*).

sibilarizacija	Assibilierung, zweite Palatalisierung

Assibilierung / zweite Palatalisierung
k, g, h vor i > *c, z, s.* (z.B. *DLsg* fem.: **majka** *Mutter* – **majci** *DLsg v. Mutter*, *Npl/Vpl* mask.: **junak** *Held* – **junaci** *NVpl v. Held*).

jotacija	Jotierung (Palatalisierung durch j)

Jotierung
Palatalisierung von nicht-Palatalen bei der Verschmelzung mit j; z.B. **micati** *bewegen* – (*micjem) **mičem** *ich bewege*, **mlad** *jung* – (*mladji) – **mlađi** *jünger*, **pisati** *schreiben* – (*pisjem) – **pišem** *ich schreibe*, **cvijet** *Blume* (*cvijetje) – **cvijeće** *Blumen* etc.

slovo *Prva riječ u rečenici piše se velikim početnim slovom.*	Buchstabe *Das erste Wort in einem Satz wird mit einem großen Anfangsbuchstaben geschrieben.*
slovkati, *ipf*	buchstabieren
riječ	Wort
riječn|ik, *Npl* -ici jednojezični / dvojezični rječnik	Wörterbuch einsprachiges / zweisprachiges Wörterbuch
značenje	Bedeutung
značiti, *ipf*	bedeuten
pravilo	Regel
nepravi|lan, -lna, -lno	unregelmäßig
pravi|lan, -lna, -lno	regelmäßig
iznimka	Ausnahme
imenica	Substantiv, Hauptwort
pridjev	Adjektiv, Eigenschaftswort
pril|og, *Npl* -ozi	Adverb, Umstandswort
zamjenica	Pronomen

verschiedene Pronomen
osobna zamjenica *Personalpronomen*, **povratna zamjenica** *Reflexivpronomen*, **posvojna zamjenica** *Possessivpronomen*, **povratno-posvojna zamjenica** *reflexives Possessivpronomen: svoj*, **pokazna zamjenica** *Demonstrativpronomen*, **upitna i odnosna zamjenica** *Interrogativ- und Relativpronomen*, **neodređena zamjenica** *Indefinitpronomen*

prijedl|og, *Npl* -ozi — Präposition

vezn|ik, *Npl* -ici — Konjunktion

uskl|ik, uzv|ik, *Npl* -ici — Interjektion

čestica — Partikel

padež — Kasus, Fall

Kasus

Im Kroatischen existieren 7 Fälle: **nominativ**, **genitiv**, **dativ**, **akuzativ**, **vokativ**, **lokativ** und **instrumental**.

deklinacija / sklonidba — Deklination

U hrvatskom jeziku dekliniraju se imenice, zamjenice, pridjevi i brojevi. — *Im Kroatischen werden Nomen, Pronomen, Adjektive und Zahlen dekliniert.*

rod, *Npl* -ovi — Geschlecht, Genus

muški rod — männliches Geschlecht, Maskulinum

ženski rod — weibliches Geschlecht, Femininum

srednji rod — sächliches Geschlecht, Neutrum

broj, *Npl* -evi — Nummer, Zahl

glavni broj — Kardinalzahl

redni broj — Ordnungszahl

Zahlen

Im Kroatischen werden die Zahlen 1–4 (**jedan**, **dva**, **tri**, **četiri**) sowie Kombinationen aus diesen Zahlen (24, 72 etc.) dekliniert. **Stotina** (100), **tisuća** (1000) und **milijarda** (Milliarde) werden wie Feminina dekliniert, **milijun** (Million) und **trilijun** (Trillion) wie Maskulina. Siehe auch S. 18.

jednina — Singular, Einzahl

množina — Plural, Mehrzahl

osnova — Stamm

nasta|vak, *Gsg* -vka, *Npl* -vci — Endung

stupnjevanje / komparacija — Komparation, Steigerung

Imenice se dekliniraju, glagoli se konjugiraju, a pridjevi se kompariraju. — *Nomen werden dekliniert, Verben werden konjugiert und Adjektive werden gesteigert.*

Steigerung

pozitiv, **komparativ** und **superlativ** sind die drei Steigerungsstufen.

glagol	Verb, Zeitwort
pomoćni glagol	Hilfsverb
glagolsko vrijeme	Tempus, Zeitform
glagolski vid	Aspekt

Aspekt

Verben können im Kroatischen **svršeni** perfektiv/vollendet (*pf*) und **nesvršeni** imperfektiv/unvollendet (*ipf*) sein. Es existieren auch Verben, die den *pf* und den *ipf* Aspekt gleichzeitig ausdrücken: Sie sind **dvovidni** (z.B. **telefonirati** *telefonieren*).

glagolsko stanje	Handlungsrichtung (Genus verbi)

Aktiv – Passiv

aktiv (**radno stanje**, wörtl.: aktiver Zustand) / **pasiv** (**trpno stanje**, wörtl.: passiver Zustand)

glagolski pridjev	Partizip

Partizip

Glagolski pridjev radni (**aktivni**) – Partizip Aktiv und **glagolski pridjev trpni** (**pasivni**) – Partizip Passiv

glagolski prilog	Adverbialpartizip

Adverbialpartizipien

Glagolski prilog sadašnji (**particip prezenta**) – Adverbialpartizip Präsens und **glagolski prilog prošli** (**particip perfekta**) – Adverbialpartizip Präteritum

rečenica	Satz
glavna rečenica	Hauptsatz
zavisna rečenica	Nebensatz
infinitiv	Infinitiv
Infinitiv u hrvatskom jeziku završava na -ti ili -ći.	*Der Infinitiv endet im Kroatischen auf -ti oder -ći.*
prezent	Präsens
aorist	Aorist
imperfekt	Imperfekt
imperativ	Imperativ
perfekt	Perfekt

pluskvamperfekt	Plusquamperfekt
futur prvi	Futur (I)
futur drugi	Futur II
kondicional, *Gsg* kondicionala	Konditional
kondicional prvi	Konditional I
kondicional drugi	Konditional II

Notizen:

ANHANG

Kleine Übersicht über die Deklination der Substantive

Die hier gezeigte Zusammenfassung der Deklinationen erhebt keinen Anspruch auf Vollständigkeit.

Maskulina

Maskulina enden auf Konsonant. Ausnahmen von dieser Regel sind im Buch mit m gekennzeichnet. Einige Maskulina erhalten im Plural die Stammerweiterung -ov- nach harten (nichtpalatalen) bzw. -ev- nach weichen (palatalen) Konsonanten. In der Deklination der Maskulina wird zwischen belebten und unbelebten Substantiven unterschieden.

	belebt auf Palatal, kurzer Plural		unbelebt, langer Plural mit -ov-	
	Singular	Plural	Singular	Plural
Nominativ	prijatelj *Freund*	prijatelji	grad *Stadt*	gradovi
Genitiv	prijatelja	prijatelja	grada	gradova
Dativ/Lokativ	prijatelju	prijateljima	gradu	gradovima
Akkusativ	prijatelja[1]	prijatelje	grad	gradove
Vokativ	prijatelju	prijatelji	grade	gradovi
Instrumental	prijateljem	prijateljima	gradom	gradovima

	belebt mit »beweglichem a«		belebt, langer Plural mit -ev-	
	Singular	Plural	Singular	Plural
Nominativ	Nijemac *Deutscher*	Nijemci	muž *Ehemann*	muževi
Genitiv	Nijemca	Nijemaca	muža	muževa
Dativ/Lokativ	Nijemcu	Nijemcima	mužu	muževima
Akkusativ	Nijemca*	Nijemce	muža1	muževe
Vokativ	Nijemče	Nijemci	mužu	muževi
Instrumental	Nijemcem	Nijemcima	mužem	muževima

* belebte Maskulina erhalten im *Akk/Sg* -a, unbelebte bleiben endungslos wie im *Nom/Sg*.

	unbelebt -o (l > o Nom.)		belebt, mit a-Einschub im *Gpl*	
	Singular	Plural	Singular	Plural
Nominativ	posao *Arbeit*	poslovi	student *Student*	studenti
Genitiv	posla	poslova	studenta	studenata
Dativ/Lokativ	poslu	poslovima	studentu	studentima
Akkusativ	posao	poslove	studenta	studente
Vokativ	poslu	poslovi	studente	studenti
Instrumental	poslom	poslovima	studentom	studentima

	unbelebt mit *Gpl* -i		unbelebt mit *Gpl* -iju/-i	
	Singular	Plural	Singular	Plural
Nominativ	mjesec *Monat*	mjeseci	prst *Finger*	prsti
Genitiv	mjeseca	mjeseci	prsta	prstiju / prsti
Dativ/Lokativ	mjesecu	mjesecima	prstu	prstima
Akkusativ	mjesec	mjesece	prst	prste
Vokativ	mjeseče	mjeseci	prste (selten)	prsti
Instrumental	mjesecom / mjesecem	mjesecima	prstom	prstima

	belebt, Substantiv **otac** (Schwund von t vor c)		belebt, mit Lautveränderungen, hier z.B. k › c/č	
	Singular	Plural	Singular	Plural
Nominativ	otac *Vater*	očevi*	pauk *Spinne*	pauci / paukovi
Genitiv	oca	očeva	pauka	pauka / paukova
Dativ/Lokativ	ocu	očevima	pauku	paucima / paukovima
Akkusativ	oca	očeve	pauka	pauke / paukove
Vokativ	oče	očevi	pauče	pauci / paukovi
Instrumental	ocem	očevima	paukom	paucima / paukovima

* Es existiert auch die (seltenere) Form **oci** (Bedeutung nur im übertragenen Sinne, z.B. **gradski oci** *Stadtväter*).

Feminina

Feminina enden auf -a. Einige Feminina enden auf Konsonant. Diese sind im Buch mit *f* gekennzeichnet.

	-a		mit *Gpl* auf -u, Lautveränderung k › c	
	Singular	Plural	Singular	Plural
Nominativ	žena *Frau*	žene	ruka *Hand*	ruke
Genitiv	žene	žena	ruke	ruku
Dativ/Lokativ	ženi	ženama	ruci	rukama
Akkusativ	ženu	žene	ruku	ruke
Vokativ	ženo	žene	ruko	ruke
Instrumental	ženom	ženama	rukom	rukama

wie **ruka** *Gpl* auf -u haben auch **sluga** *Diener* und **noga** *Bein*

	-a mit Lautveränderungen, z.B. k › c	
	Singular	Plural
Nominativ	majka *Mutter*	majke
Genitiv	majke	majki / majka
Dativ/Lokativ	majci	majkama
Akkusativ	majku	majke
Vokativ	majko	majke
Instrumental	majkom	majkama

	auf Konsonant mit zwei Formen im *Isg* und *Gpl*		auf Konsonant	
	Singular	Plural	Singular	Plural
Nominativ	kost *Knochen*	kosti	večer *Abend*	večeri
Genitiv	kosti	kosti / kostiju	večeri	večeri
Dativ/Lokativ	kosti	kostima	večeri	večerima
Akkusativ	kost	kosti	večer	večeri
Vokativ	kosti	kosti	večeri	večeri
Instrumental	kosti / košću	kostima	večeri	večerima

Neutra

Neutra enden auf -o oder -e.

	-o		-e	
	Singular	Plural	Singular	Plural
Nominativ	selo *Dorf*	sela	more *Meer*	mora
Genitiv	sela	sela	mora	mora
Dativ/Lokativ	selu	selima	moru	morima
Akkusativ	selo	sela	more	mora
Vokativ	selo	sela	more	mora
Instrumental	selom	selima	morem	morima

	mit a-Einschub im *Gpl*		mit (e)n-Einschub	
	Singular	Plural	Singular	Plural
Nominativ	pismo *Brief*	pisma	pleme *Volksstamm*	plemena
Genitiv	pisma	pisama	plemena	plemena
Dativ/Lokativ	pismu	pismima	plemenu	plemenima
Akkusativ	pismo	pisma	pleme	plemena
Vokativ	pismo	pisma	pleme	plemena
Instrumental	pismom	pismima	plemenom	plemenima

	mit (e)n-Einschub und Veränderung von ije / e		mit (e)t-Einschub	
	Singular	Plural	Singular	Plural
Nominativ	vrijeme *Zeit*	vremena	uže *Seil*	užeta
Genitiv	vremena	vremena	užeta	užeta
Dativ/Lokativ	vremenu	vremenima	užetu	užetima
Akkusativ	vrijeme	vremena	uže	užeta
Vokativ	vrijeme	vremena	uže	užeta
Instrumental	vremenom	vremenima	užetom	užetima

	mit (e)t-Einschub und Veränderung von ije / je		mit femininem Plural (siehe **kost** mit zusätzlich k › č)	
	Singular	Plural	Singular	Plural
Nominativ	dijete *Kind*	djeca	oko *Auge*	oči
Genitiv	djeteta	djece	oka	očiju
Dativ/Lokativ	djetetu	djeci	oku	očima
Akkusativ	dijete	djecu	oko	oči
Vokativ	dijete	djeco	oko	oči
Instrumental	djetetom	djecom	okom	očima

uho *Ohr* dekliniert wie **oko**; im Plural h › š; uši, ušiju, ušima, etc.

➟ Übersicht über die Deklination der Adjektive

star, -a, -o *(alt)*

<table>
<tr><th rowspan="2">Maskulinum</th><th colspan="2">Singular</th><th colspan="2">Plural</th></tr>
<tr><th>unbestimmt</th><th>bestimmt</th><th>unbestimmt</th><th>bestimmt</th></tr>
<tr><td>Nominativ</td><td>star</td><td>stari</td><td colspan="2">stari</td></tr>
<tr><td>Genitiv</td><td>stara</td><td>starog(a)</td><td colspan="2">starih</td></tr>
<tr><td>Dativ</td><td>staru</td><td>starom(u) / starom(e)</td><td colspan="2">starim(a)</td></tr>
<tr><td>Akkusativ belebt</td><td>stara</td><td>starog(a)</td><td colspan="2">stare</td></tr>
<tr><td>Akkusativ unbelebt</td><td>star</td><td>stari</td><td colspan="2">stare</td></tr>
<tr><td>Vokativ</td><td>–</td><td>stari</td><td>–</td><td>stari</td></tr>
<tr><td>Lokativ</td><td>staru</td><td>starom(e) / starom(u)</td><td colspan="2">starim(a)</td></tr>
<tr><td>Instrumental</td><td colspan="2">starim</td><td colspan="2">starim(a)</td></tr>
</table>

<table>
<tr><th rowspan="2">Femininum</th><th colspan="2">Singular</th><th colspan="2">Plural</th></tr>
<tr><th>unbestimmt</th><th>bestimmt</th><th>unbestimmt</th><th>bestimmt</th></tr>
<tr><td>Nominativ</td><td colspan="2">stara</td><td colspan="2">stare</td></tr>
<tr><td>Genitiv</td><td colspan="2">stare</td><td colspan="2">starih</td></tr>
<tr><td>Dativ</td><td colspan="2">staroj</td><td colspan="2">starim(a)</td></tr>
<tr><td>Akkusativ</td><td colspan="2">staru</td><td colspan="2">stare</td></tr>
<tr><td>Vokativ</td><td>–</td><td>stara</td><td>–</td><td>stare</td></tr>
<tr><td>Lokativ</td><td colspan="2">staroj</td><td colspan="2">starim(a)</td></tr>
<tr><td>Instrumental</td><td colspan="2">starom</td><td colspan="2">starim(a)</td></tr>
</table>

<table>
<tr><th rowspan="2">Neutrum</th><th colspan="2">Singular</th><th colspan="2">Plural</th></tr>
<tr><th>unbestimmt</th><th>bestimmt</th><th>unbestimmt</th><th>bestimmt</th></tr>
<tr><td>Nominativ</td><td colspan="2">staro</td><td colspan="2">stara</td></tr>
<tr><td>Genitiv</td><td>stara</td><td>starog(a)</td><td colspan="2">starih</td></tr>
<tr><td>Dativ</td><td>staru</td><td>starom(u) / starom(e)</td><td colspan="2">starim(a)</td></tr>
<tr><td>Akkusativ</td><td colspan="2">staro</td><td colspan="2">stara</td></tr>
<tr><td>Vokativ</td><td>–</td><td>staro</td><td>–</td><td>stara</td></tr>
<tr><td>Lokativ</td><td>staru</td><td>starom(e) / starom(u)</td><td colspan="2">starim(a)</td></tr>
<tr><td>Instrumental</td><td colspan="2">starim</td><td colspan="2">starim(a)</td></tr>
</table>

Adjektive mit a in der letzten Silbe verlieren dieses a vor der Endung (bewegliches a): **dobar** (*m*), **dobra** (*f*), **dobro** (*n*)

Bei einigen Adjektiven kommt es zu Lautangleichungen infolge des beweglichen a: **bolestan** (*m*), **bolesna** (*f*), **bolesno** (*n*) | **težak** (*m*), **teška** (*f*), **teško** (*n*)

Adjektive auf weichen Konsonanten: **vruć**, -a, -e (*heiß*)

maskulin	feminin	neutrum
vruć/vrući*	vruća	vruće
vruća/vrućeg(a)	vruće	vruća/vrućeg(a)
vruću/vrućem(u)**	vrućoj	vruću/vrućem(u)
vruć, vruća***/vrući, vrućeg(a)****	vruću	vruće
–/vrući	–/vruća	–/vruće
vrućim	vrućom	vrućim

* endungslos unbestimmt, mit Endung -i bestimmt

** Dativ und Lokativ stehen hier zusammen in einer Zeile

*** endungslos unbelebt, mit Endung -a belebt

**** mit Endung -i unbelebt, mit Endung -eg / -ega belebt

Plural der Adjektive auf weichen Konsonant = Plural der Adjektive auf harten Konsonant.

➠ Deklination der Personalpronomina

Pronomina haben im Genitiv, Dativ und im Akkusativ auch unbetonte Kurzformen.

	Singular				
	ich	du	er	sie	es
Nominativ	ja	ti	on	ona	ono
Genitiv	mene me	tebe te	njega ga	nje je	njega ga
Dativ	meni mi	tebi ti	njemu mu	njoj joj	njemu mu
Akkusativ	mene me	tebe te	njega ga	nju je/ju	njega ga
Vokativ	–	ti!	–	–	–
Lokativ	meni	tebi	njemu, njem	njoj	njemu, njem
Instrumental	mnom, mnome	tobom	njim, njime	njom, njome	njim, njime

	Plural				
	wir	ihr; Sie	sie (*mpl*)	sie (*fpl*)	sie (*npl*)
Nominativ	mi	vi	oni	one	ona
Genitiv	nas	vas		njih ih	
Dativ	nama nam	vama vam		njima im	
Akkusativ	nas	vas		njih ih	
Vokativ	–	vi!		–	
Lokativ	nama	vama		njima	
Instrumental	nama	vama		njima	

Flexionsgruppen der Verben

Die Klassifizierung der Verben sowie die meisten Beispiele stammen aus: Težak, S./ Babić, S. (2009): *Gramatika hrvatskoga jezika, priručnik za osnovno jezično obrazovanje*. Školska knjiga, Zagreb. Es existieren weitere Klassifizierungsarten, wir haben uns jedoch für eine möglichst knapp gefasste entschieden, da eine ausführlichere Behandlung der Verben den Rahmen dieses Werkes gesprengt hätte. Es folgt eine Übersicht über die Verbkonjugation.

1. Verbgruppe: Verben auf -sti und -ći sowie einige Verben auf -ti

1.1 Infinitiv auf Vokal + -sti

krasti *stehlen* | Partizip: **krao, krala, kralo**			
ja	**kradem**	mi	**krademo**
ti	**kradeš**	vi	**kradete**
on/ona/ono	**krade**	oni/one/ona	**kradu**

1.2 Infinitiv auf Konsonant + -sti

grepsti *kratzen* | Partizip: **grebao, grebla, greblo**			
ja	**grebem**	mi	**grebemo**
ti	**grebeš**	vi	**grebete**
on/ona/ono	**grebe**	oni/one/ona	**grebu**

1.3 Infinitiv auf -ći

peći *backen* | Partizip: **pekao, pekla, peklo**			
ja	**pečem**	mi	**pečemo**
ti	**pečeš**	vi	**pečete**
on/ona/ono	**peče**	oni/one/ona	**peku**

1.4 Infinitiv auf -reti, -rijeti, -rti

umrijeti *sterben* | Partizip: **umro, umrla, umrlo**			
ja	**umrem**	mi	**umremo**
ti	**umreš**	vi	**umrete**
on/ona/ono	**umre**	oni/one/ona	**umru**

1.5 Infinitiv auf -uti sowie Infinitiv auf -eti und einige auf -jeti

čuti *hören* | Partizip: **čuo, čula, čulo**			
ja	**čujem**	mi	**čujemo**
ti	**čuješ**	vi	**čujete**
on/ona/ono	**čuje**	oni/one/ona	**čuju**

1.6 Infinitiv auf -iti

piti *trinken* | Partizip: **pio, pila, pilo**			
ja	**pijem**	mi	**pijemo**
ti	**piješ**	vi	**pijete**
on/ona/ono	**pije**	oni/one/ona	**piju**

1.7 Infinitiv auf -ati

slati *schicken, senden* | Partizip: **slao, slala, slalo**			
ja	**šaljem**	mi	**šaljemo**
ti	**šalješ**	vi	**šaljete**
on/ona/ono	**šalje**	oni/one/ona	**šalju**

2. Verbruppe: Verben mit Infinitiv auf -nuti

maknuti *weggeben, wegnehmen* | Partizip: **maknuo, maknula, maknulo**			
ja	**maknem**	mi	**maknemo**
ti	**makneš**	vi	**maknete**
on/ona/ono	**makne**	oni/one/ona	**maknu**

3. Verbgruppe: Verben mit Infinitiv auf -jeti, -ljeti, -njeti mit Präsens -im, -iš, -i, …

živjeti *leben* | Partizip: **živio, živjela, živjelo**			
ja	**živim**	mi	**živimo**
ti	**živiš**	vi	**živite**
on/ona/ono	**živi**	oni/one/ona	**žive**

4. Verbgruppe: Verben mit Infinitiv auf -iti mit Präsens -im, -iš, -i, …

baciti *werfen* | Partizip: **bacio, bacila, bacilo**			
ja	**bacim**	mi	**bacimo**
ti	**baciš**	vi	**bacite**
on/ona/ono	**baci**	oni/one/ona	**bace**

5. Verbgruppe: Verben mit Infinitiv auf -ati mit Präsens -im / -em / -jem / -am

5.1 Infinitiv auf Konsonanten č, j, š, ž, št, žd + -ati mit Präsens -im, -iš, -i, …

vrištati *schreien* | Partizip: **vrištao, vrištala, vrištalo**			
ja	**vrištim**	mi	**vrištimo**
ti	**vrištiš**	vi	**vrištite**
on/ona/ono	**vrišti**	oni/one/ona	**vrište**

5.2 Infinitiv auf -ati mit Präsens auf -em, -eš, -e, …

kašljati *husten* | Partizip: **kašljao, kašljala, kašljalo**			
ja	**kašljem**	mi	**kašljemo**
ti	**kašlješ**	vi	**kašljete**
on/ona/ono	**kašlje**	oni/one/ona	**kašlju**

5.3 Infinitiv auf -ati mit Präsens auf -jem, -ješ, -je, … + Jotierung

pomagati *helfen* | Partizip: **pomagao, pomagala, pomagalo**			
ja	**pomažem**	mi	**pomažemo**
ti	**pomažeš**	vi	**pomažete**
on/ona/ono	**pomaže**	oni/one/ona	**pomažu**

5.4 Infinitiv auf -ati mit Präsens auf -am, -aš, -a, …

čitati *lesen* | Partizip: **čitao, čitala, čitalo**			
ja	**čitam**	mi	**čitamo**
ti	**čitaš**	vi	**čitate**
on/ona/ono	**čita**	oni/one/ona	**čitaju**

6. Verbgruppe: Verben auf -ovati, -evati, -ivati wobei -ov-, -ev-, -iv- > -uj-

kupovati *einkaufen* | Partizip: **kupovao, kupovala, kupovalo**			
ja	**kupujem**	mi	**kupujemo**
ti	**kupuješ**	vi	**kupujete**
on/ona/ono	**kupuje**	oni/one/ona	**kupuju**

7. unregelmäßige Verben

biti *sein* | Partizip: **bio, bila, bilo**							
	Singular			Plural			
	Präsens unbetont	Präsens betont	negiert		Präsens unbetont	Präsens betont	negiert
ja	**sam**	**jesam**	**nisam**	mi	**smo**	**jesmo**	**nismo**
ti	**si**	**jesi**	**nisi**	vi	**ste**	**jeste**	**niste**
on/ona/ono	**je**	**jest**	**nije**	oni/one/ona	**su**	**jesu**	**nisu**

htjeti *wollen* | Partizip: **htio, htjela, htjelo**							
	Singular			Plural			
	Präsens unbetont	Präsens betont	negiert		Präsens unbetont	Präsens betont	negiert
ja	**ću**	**hoću**	**neću**	mi	**ćemo**	**hoćemo**	**nećemo**
ti	**ćeš**	**hoćeš**	**nećeš**	vi	**ćete**	**hoćete**	**nećete**
on/ona/ono	**će**	**hoće**	**neće**	oni/one/ona	**će**	**hoće**	**neće**

ići *gehen* | Partizip: **išao, išla, išlo**			
ja	**idem**	mi	**idemo**
ti	**ideš**	vi	**idete**
on/ona/ono	**ide**	oni/one/ona	**idu**

Deutsches Wörterverzeichnis

In diesem Verzeichnis sind ausschließlich deutsche Einträge zu finden. Ein kroatisches Wörterverzeichnis steht unter www.buske.de/kroatisch als kostenloser Download zur Verfügung. Bei Berufen etc. werden ausschließlich die maskulinen Bezeichnungen angegeben.

B

E

G

J

K

L

M

N

O

P

Q

R

S

T

U

W